Über dieses Buch

Die vorliegende Biographie zeichnet den Weg Nansens von jugendlicher Naturbegeisterung über das wissenschaftliche zum humanitären Abenteuer nach. Fridtjof Nansen, bekannt geworden vor allem durch seine Nordpolexpedition 1893–1896 mit seinem Schiff ›Fram‹, verzichtet zugunsten von Amundsen auf die lang geplante Expedition zum Südpol und wird nach Beendigung des Ersten Weltkrieges zunächst norwegischer Völkerbundsdelegierter, später Hoher Kommissar für Flüchtlingsfragen und erhält 1922 für seine Verdienste um die Menschlichkeit den Friedensnobelpreis. Walter Bauer, der in seiner Darstellung auf autobiographische Zeugnisse Nansens zurückgreift, ist dabei ein mitreißendes Porträt dieses unbequemen ›Politikers der Menschheit‹ gelungen.

Der Autor

Walter Bauer, 1904–1976, verfaßte neben Künstler- und Entdeckerbiographien Kriegstagebücher, Kurzgeschichten, Hörspiele und Jugendbücher.

Walter Bauer

FRIDTJOF NANSEN

Humanität als Abenteuer

Fischer Taschenbuch Verlag

Fischer Taschenbuch Verlag
Juli 1981
Umschlagentwurf: Jan Buchholz/Reni Hinsch
Foto: Bildarchiv Preußischer Kulturbesitz, Berlin
Fischer Taschenbuch Verlag GmbH, Frankfurt am Main
Lizenzausgabe mit freundlicher Genehmigung
des Kindler Verlages GmbH, München

Die Originalausgabe erschien unter dem Titel: ›Die langen Reisen‹
Gesamtherstellung: Hanseatische Druckanstalt GmbH, Hamburg
Printed in Germany
1180-ISBN-3-596-25091-9

INHALT

I

JUNGE FLÜGEL

Das Kommen des Frühlings war in jedem Jahr ein unvergleichliches Ereignis; und jetzt, da er wußte, daß er diesen Frühling in Norwegen nicht erleben würde, schien es ihm, als sei der Frühling die Zeit aller Zeiten, und die anderen Jahreszeiten waren nur geschaffen, um den Frühling vorzubereiten oder ausklingen zu lassen. Zum erstenmal würde er das Beste versäumen.

Er liebte die blitzende Härte des norwegischen Winters mit dem flammendweißen Licht und dem eisigen Atem der Stürme; die langen Wanderungen durch die erstarrten Wälder, die sausenden Abfahrten auf Schneeschuhen; die reine Kälte, die einem ausbrennenden Feuer glich. Er liebte den roten Herbst in den Wäldern von Nordmarken und den Sommer an den kühlen Flüssen mit Forellen wie gefleckten Blitzen.

Aber unvergleichlich war der Frühling in Norwegen. In anderen Ländern mochte er mit dem raschen Sprung des Überfalles die Erde an sich pressen. Nach Norwegen kam er zögernd, mit einzelnen scheuen Stimmen und Anzeichen, mit langsam wachsendem Licht, dem verschwiegenen Laut eines Vogels, einer scheuen Blüte, die ihrer Freude nicht sicher war, mit dem Flüstern befreiter Wasser, der rinnenden Stimme von Flüssen, dem Einbruch des Tauwindes in die leblosen Wälder. Langsam stieg der Frühling aus der Erde empor, und dann konnte man ihn hören. Die Erde lebte wieder. Man konnte ihn fühlen, schmecken, riechen, und dann sang der Frühling seine brausende Hymne jungen, freien Lebens – ihm, der frei und jung war.

In diesem Jahr würde er das alles entbehren, und in einem Gemisch von Verlangen, zu Hause zu sein, wenn der Frühling nach Südnorwegen kam, und von Erwartung des großen Neuen sah der schlanke, blonde junge Mensch – Student Fridtjof Nansen, als Gast an Bord des Robbenfängers »Viking« – zum letzten Morgenschlaf der kleinen Stadt Arendal hinüber, und in diesem leichten Frösteln vor dem Beginn einer Reise hörte er die anweisende Stimme des Kapitäns Krefting, die rennenden Schritte der Matrosen, das Klirren der Ankerkette, und er sah den Anker langsam aus dem Hafenwasser heraufkommen, triefend im Licht. Die Maschine fing an zu stampfen, eine gelassen rollende Bewegung, die sich dem ganzen Schiff bis zu den Masten mitteilte, als hätte das Herz des Schiffes angefangen, wieder zu schlagen, und der »Viking« sei erwacht.

Das Schiff glitt langsam durch das morgenkühle Wasser, auf dem das erste Licht wie eine silbrige Haut lag. Die große Fahrt hatte begonnen; in der Frühe des 11. März 1882, einem Samstag. Ein Ruf der Matrosen zum Land hinüber, das sich nun vom Schiff zu entfernen schien; ein paar Fischer, schon zeitig bei ihren Booten, winkten, aus einem halboffenen Fenster wehte ein Tuch. Die Luft wurde frischer, der Wind wehte, das Licht wuchs. Vorüber an den Inseln mit schlafenden Häusern, vorüber am Leuchtturm von Torungen, dessen zukkende Lichtzeichen erloschen waren. Noch einmal der hallende Ton der Sirene des Schiffes und alles noch einsamer, noch leerer; dann öffnete sich das Meer, ein wogender Acker ohne Grenzen.

Nansen war einundzwanzig, dies war seine erste große Schiffsreise. Er war Student der Zoologie. Nach einigem Zögern hatte er sich dafür entschieden, obgleich Physik, Mathematik und die Geheimnisse der Elemente ihn mehr anzogen.

Er war noch jung, aber er konnte sich nicht an einen Tisch gefesselt sehen, er mußte draußen sein, mußte atmen können, er war ein Jäger, Fischer, ein Waldgänger, und das Studium der Zoologie hatte mit Tieren, mit Wasser, Erde, freier Luft zu tun; deshalb hatte er es nach den mit Auszeichnung bestandenen Prüfungen gewählt. Professor Collett, der die Frische dieses hervorragend begabten jungen Menschen mochte, hatte ihm geraten, mit einem Robbenfänger hinauszufahren, zu beobachten, ein Tagebuch zu führen und sich für seine Laufbahn als Zoologe in wissenschaftlichen Untersuchungen zu üben. Schon eine Woche später sagte ihm Nansen, daß er mit Krefting, dem Kapitän des »Viking«, gesprochen hätte und daß alles in Ordnung sei, wenn die Schiffseigentümer ihre Erlaubnis gäben. Nansens Vater bat einen alten Freund in Arendal telegraphisch, sich bei Smith und Thommesen, den Reedern, dafür zu verwenden, daß sein Sohn an der ersten Fahrt des »Viking« teilnehmen dürfte. Die Schiffseigentümer hörten, daß der junge Nansen ein ausgezeichneter Sportsmann und Jäger, ein verträglicher Kamerad, ein ausdauernder Arbeiter mit geschickten Händen sei – und hier war er nun, auf dem Robbenfänger »Viking«, der zum erstenmal zu den Jagdgründen in der Arktis fuhr. Er wußte nicht genau, was dort draußen sein würde, er hatte von Eis und Kälte, von Bären, Walrossen, Robben gelesen und sich zuletzt noch mehr oder weniger flüchtig mit der Anatomie der Seehunde beschäftigt; er wußte nur, daß er in das große Abenteuer eintauchen würde, und es würde anders sein als alles, was in seiner Kindheit und Jugend gewesen war, härter, verwegener, strahlender.

Die Erregung des Aufbruchs wurde zum Gleichmaß ruhiger Fahrt. Gelassen schlug das Herz des Schiffes, langsam, zu langsam zog der »Viking« an der Küste von Südnorwegen entlang, an Grimstad, Kristiansand, Mandal, Farsund. Aus dem Morgen wurde Tag, er sah die Siedlungen, die Wälder, Hügel, Inseln, die weiße Schaumlinie, die Meer und Erde trennt: das Land. Sein Land. Es war Norwegen. Und jetzt, während das Schiff sich langsam vom Anblick des Landes löste, kam es ihm vor, als sähe er zum erstenmal, wie schön und groß sein Vaterland war. Es war Norwegen, ausgestreckt von Lindesnes im Süden bis zur finsteren Härte des Nordkaps, ein Land der Berge, Wasserfälle, Fjorde, des aufsteigenden Lichtes, langer Dämmerung und einer Einsamkeit, die noch in den Städten zu spüren war, ein Land uralter Erde voller Geheimnisse, und hinüberblickend zur langen schwingenden Linie der Küste, mochte er an Ole Bull, den großen Geiger aus Bergen denken, den der dänische König gefragt hatte, wer ihn diese Art von Spiel gelehrt hätte, und er hatte geantwortet: die Berge. Er hätte sagen können: die Flüsse, die Seen, die Wälder, jeder Baum, jeder Stein: Norwegen. Die Schiffe, die Vogelfelsen, die Inseln, die Brandung: Norwegen. Und es war das Land, in dem er, Nansen, geboren worden war, das einzige Land, in dem er hätte geboren sein wollen, zu dem er immer gehören würde.

Wenn man weggeht, sieht man plötzlich die Dinge klarer. Ihr Licht, ihr Schatten, ihre Schönheit und Bedeutung enthüllen sich. Wenn man etwas verlassen hat, sei es auch für die Dauer einer Reise, weiß man, wie es gewesen ist, und jetzt wußte er, wie gut und reich seine Jugend gewesen war und daß er dieser Erde verdankte, wer er war: ein junger, federnder

Mensch mit wachen Sinnen und einem Körper, der Erschöpfung kaum kannte und gelassen, freudevoll in sich ruhte.

Dort, hinter der entschwindenden sanftblauen Küste lag der Herzort seiner Kindheit: das geräumige Gutshaus von Store Fröen in Aker, nicht weit von Oslo, mit dem Blick auf Fjord und Stadt. Vor der Tür des Hauses rann der Frögnerfluß, in dem er und sein Bruder Karl als Kinder schwammen und die Forellen zu fangen lernten, um das Haus lagen die Hügel, auf denen er die ersten Schneeschuhe erprobt hatte, und die Wälder von Nordmarken.

Von diesem Haus war er ausgegangen. Ein Haus war nicht nur Holz und Stein, es war etwas Lebendiges. Es war der Tisch am Morgen und im Schein der Lampe mit Brotlaib, Milchkrug, Grützeschüssel. Es war die Flamme des Herdfeuers und der tiefe, sichere Schlaf, den die Stimmen des Flusses und der Wälder umflüsterten, es waren Werktage und Festtage, es waren Gesichter, Stimmen, Laute, Schritte.

Da war das Gesicht des Vaters, des Rechtsanwaltes Baldur Nansen, eines schmächtigen, kleinen Mannes, streng und genügsam, gründlich und gerecht, von vorbildlichem Verhalten zu jedermann und vor allem zu seinen Kindern; eines Vaters, der mit der Leidenschaft seines Sohnes für das freie Leben draußen nicht viel anzufangen wußte, sie aber nicht unterdrückte und behutsam lenkte. Da war das Gesicht der Mutter, einer geborenen Wedel-Jarlsberg aus altem deutsch-norwegischem Adel, einer schlanken, stattlichen Frau, geradeaus einfach, die in ihrer ersten Ehe gegen den Willen der Eltern einen Bäcker geheiratet hatte, wißbegierig wie der Sohn, mit geschickten Händen, die keine Arbeit scheuten; überdies lebte man auf dem Lande, wo jede Arbeit getan werden mußte, und so schneiderte sie die Anzüge ihrer Söhne, bis sie achtzehn waren. In ihrer Jugend war sie eine gute Schiläuferin gewesen, und man hatte über sie gelacht.

Gesichter ... das Gesicht der freundlichen Marte im Haus, die ihm und dem Bruder manchmal heimlich ein Stück Brot zuschob, das Gesicht des Bruders, des Gefährten der Kindheit, mit dem er das Erlaubte langweilig fand und das Verbotene aufsuchte, Gesichter von Schulfreunden, Knechten, Bauern.

Das Haus lag in der Mitte der Welt. Von dem Haus führten die Wege in die Welt, zu ihm gingen sie immer zurück, weil dort Vater und Mutter waren; der Weg zum Fluß und das eilige, stumme Hilfesuchen bei der Mutter, als der Angelhaken in seiner Lippe hing, und die Mutter schnitt ihn mit dem Rasiermesser heraus, ohne daß der Sohn eine Träne zeigte; der lange Weg zur Schule und die Raufereien mit den Jungen von Balkeby und dann, großartiger als alles andere, das langsame Eindringen in die Wälder von Nordmarken, eine einsame Welt verlorener Täler, steiler Felsen, durchsichtiger Seen und brodelnder Flüsse, als seien sie Robinson Crusoe oder Späher im Urland.

Kindheit: das war für ihn das erste Paar richtiger Schneeschuhe nach denen, die für den Buben aus alten Schneeschuhen geschnitten worden waren. Fabritius, der Drucker, hatte sie ihm versprochen. Frühling und Sommer kamen, ausgefüllt mit Schwimmen und Fischen, aber im Herbst erinnerte er den alten Freund an sein Versprechen, und als der erste Frost kam, wartete er am Wege auf ihn und fragte: »Hör mal, was ist mit den Schneeschuhen?« Fabritius lachte: »Du wirst sie zur rechten Zeit bekommen.« Und jeden Tag wartete er, bis der Winter im Lande war, und dann kam seine Schwester eines Tages mit einem langen Paket herein, das für ihn abgegeben worden war. Sagte sie nicht lachend, es käme von Paris? Es waren die Schneeschuhe von Fabritius, aus Esche geschnitten, rotlackiert mit schwarzen Streifen, und ein blauer Stock. Wenn er sie anschnallte, war es ihm, als bekäme er Flügel, und natürlich waren die Hügel bei dem Haus zu sanft, man mußte einfach, gegen das Verbot der Eltern, zu den Huseby-Hügeln gehen, auf denen die großen Sprungläufe stattfanden; man konnte sie von Fröen sehen. Zuerst startete er wie die anderen Jungen von der Mitte des Hügels, aber das war nicht genug, und als er ein paar Erwachsene über die Schanze fliegen sah, versuchte er das auch. Er glitt hinab, die eisige Luft preßte sich ihm in den Mund, er schwebte durch die sausende Leere, dann wurde es schwarz um ihm. Er bohrte sich mit dem Kopf nach unten tief in den Schnee, kroch mühsam heraus und hörte das Lachen der Leute am Hügel.

Die Schneeschuhe wurden zu einem Teil des Körpers, der schwebend und gleitend andere Fähigkeiten zu bekommen schien, und später dann nahm man heimlich an einem der Huseby-Läufe teil und gewann einen Preis, um ihn beschämt und verstohlen wegzustecken, als er die Bauernburschen von

Telemarken ohne Stöcke laufen sah. Er mußte es ihnen nachtun und erreichte es.

Kindheit: das waren unzählige winzige und dem Knaben so bedeutsame Dinge; der Jahrmarkt mit ein paar vom Vater gespendeten Öre, Kinderbälle, Weihnachten mit dem Baum im Schlafzimmer und der Unruhe des Wartens den ganzen Tag lang. Manchmal war etwas vergessen worden, und Einar oder irgend jemand mußte noch einmal im Schlitten zur Stadt hinunterfahren. Wie wunderbar war es dann, auf weißen Wegen zurückzukommen, die kleinen Glocken am Schlitten läuteten, die Sterne flammten wie Lichter eines unirdischen Baumes am dunklen Winterhimmel. Dann kam der große Augenblick, der Vater zündete im Schlafzimmer die Kerzen an, während sie draußen warteten und zu raten versuchten, was sie bekommen würden. Ein paar lächelten, weil sie schon wußten, was auf dem Tisch liegen würde. Die Tür ging auf, sie traten ein, die Kerzen brannten so ruhig, so freudevoll. Das ersehnte Geheimnis lag vor ihnen.

Die Welt der Bücher öffnete sich, er drang mit bohrender Fragelust in sie ein. Die Hand fing an, die Linien der Dinge nachzuziehen, und Zeichnen wurde zur Leidenschaft eines natürlichen Talentes. Freundschaften wurden geschlossen, um zu dauern. Da war die Geschichte mit Karl, der eines Tages als der Stärkste in die Klasse kam, und als sie miteinander rauften, steckte der Lehrer beide in ein leeres Klassenzimmer. Als er nach einiger Zeit hereinsah, saßen sie umschlungen beieinander und lasen in einem Buche.

So hatte er sich durch seine Kindheit gelebt, immer wach und dann wieder so versunken in seine Gedanken, daß die andern ihn auslachten, und immer fragend nach dem Warum einer Sache. So hatte er geschwommen, gefischt, gerudert, so war er auf Schlittschuhen über die gefrorenen Pfade der Flüsse gejagt, und die Jahreszeiten des Knaben waren gekommen und entschwunden, jene Jahreszeiten, die von keinem Frühling und Herbst je wieder übertroffen werden können. Er war stark, zäh, schlank geworden, ein paar Stunden Schlaf waren ihm genug, und immer waren die Wälder um ihn, die Wälder von Nordmarken im Nebel, mit einem Geschmack von Rauch, Frische und Nässe, den es nirgends wieder gab, im Sommerglanz, im Winterlicht und zeitloser Zeit. Mit Fischgerät und Kaffeekessel waren der Bruder und er aufgebrochen, um zu Ola Knub in

Sörkedal zu gehen, und mit ihm hatten sie die besten Forellenplätze aufgesucht, sie hatten am Feuer auf würzigen Zweigen gelegen oder in einer Meilerhütte, wenn der Regen kam, und im ersten Licht hatten sie am Fluß gestanden, der unberührt aus der Ferne alter Berge kam. Nichts war mit dem Geschmack frischer Forellen, harten Brotes und heißen Kaffees zu vergleichen. Im Herbst hatten sie Hasen gejagt, und länger waren die Wege geworden, als er und der Bruder größer wurden. Sie gewöhnten sich daran zu hungern, um dann, nach erschöpfendem Marsch, in einer kleinen Bahnstation das Büfett der Wirtschaft bis auf die letzte Krume auszuräumen.

Er suchte das Gefährliche nicht, aber er haßte Umwege, er ging auf sein Ziel zu, und in Jotunheimen, als sie den schwarzen Gipfel des Svartdalberges ersteigen wollten, stürzte er beinahe ab. Atemlos sah der Bruder, wie Fridtjof auf einem Schneefelde abglitt und dicht vor dem Absturz noch die Nägel und Absätze der Schuhe in das Eis bohren konnte.

Die andern hielten ihn manchmal für einen Narren, der sich zu früh das Genick brechen würde, und er erinnerte sie mit seinem offenen Lachen an die Geschichte vom Mann in einem Irrenhaus in London, der gesagt hatte: »Ich erklärte, daß die Welt verrückt sei, und die Welt sagte, ich sei es, und so brachten sie mich hierher.« Wenn er ein Narr sein sollte, dann war er in Gottes Namen der Narr, der es liebte, wochenlang allein durch die Wälder zu streifen, allein unter einem Baum zu schlafen, Berge wie lebende Wesen in seinen Händen zu spüren, den Fisch wie einen zuckenden Blitz zu fassen, auf Bären zu warten und den großen, reinen Atem der freien Welt tief einzusaugen. Das war sein Brot und sein Wasser.

Kindheit und Jugend waren nicht nur Ereignisse, Abenteuer, Leben mit Eltern und Geschwistern, nicht nur das Vertrautwerden mit der Natur in ihrer Schönheit, Größe, Härte. Sie enthielten das langsame Wachstum und Sichtbarwerden seines Wesens, alles dessen, was in ihm von seinen Ahnen – Seefahrern, Offizieren, Politikern aus dänischem, norwegischem, deutschem Blut – und von seinen Eltern her angelegt war und sich unter ihrer Pflege und Wachsamkeit entwickelte: Geduld und Umsicht, besonnener Mut und Genauigkeit, Selbstzucht, Ausdauer, Aufmerksamkeit für alles um ihn, das tiefe Gefühl für die Größe der Welt, wie er sie in Nordmarken und Jotunheimen erfuhr, für das geheimnisvolle Atmen hinter den

Dingen, das jemanden dazu bringt, zu schreiben oder zu malen.

Aus dem Kinde, das der Vater auf einer blassen Photographie im Arme hielt, war ein Knabe mit einem Zug von träumerischer Feinheit im Gesicht geworden. Der Knabe hatte sich zu einem jungen Menschen entwickelt, dessen Züge zwischen Entschiedenheit und Weichheit, zwischen Traum und Wirklichkeit schwebten. Stählern und schlank war sein Körper. Aus den Augen brach zuverlässiges blaues Licht aufmerksamer Weltfreude. Seine Hände waren fest, voll und tief waren Stimme und Lachen.

Jetzt war er einundzwanzig und mit dem »Viking« auf dem Wege zum großen Abenteuer. Kindheit und Jugend waren hinabgesunken. Er hatte die Wälder und Seen von Nordmarken verlassen, und nun, als das Schiff im freien Meer vorwärtsstampfte und er, nach Osten blickend, nur noch denken konnte: Dort liegt Norwegen, wandte er sich mit Lust und Erwartung dem Tage der Fahrt zu.

Der »Viking« war später als die anderen Robbenfänger auf dem Wege zu den Eisfeldern bei Jan Mayen, auf denen im Frühjahr die Völker der Robben lagen. Sie mußten sich beeilen. Mit vollen Segeln und äußerster Maschinenkraft stieß das Schiff nach Norden.

II

DIE MORGENRÖTE DER ARKTIS

Das offene Meer zwischen den Kontinenten hatte seine Zeiten wie die Erde. Anders war es am Morgen als am Mittag. Das Licht kam zögernd grau oder mit flammender Herrlichkeit. Die Wolken lösten sich aus der Dämmerung wie wehende riesige Reiche, die langsam oder windgejagt ihre Form veränderten. Aus den Spalten zwischen den Wolken brach der junge Tag hervor, das Meer leuchtete wie frisches Gold, um zu wogendem Silber zu werden oder zu stumpfgrauem Blei. Am Abend verflammte sich die Glorie des Abschiedes, die Nacht zog über das Meer mit Sternen, wie er sie nie gesehen hatte, einsam, mit einem schwachen, wandernden Lichthauch auf der rauschenden Schwärze, und das Schiff mit der unablässig arbeitenden Maschine war der einzige feste Halt zwischen dem Dunkel des Meeres und der Finsternis des Himmels. Er fühlte das Schiff unter sich wie ein lebendiges Wesen, und wenn er nachts zum Steuermann trat und das Ruder hielt, konnte er die ziehende Kraft des Meeres und das Leben des Schiffes spüren, das jeder Bewegung folgte.

Der »Viking« mit seinen 620 Tonnen und sechzig Mann Besatzung war ein gutes Schiff. Der Bug war stärker gebaut als bei anderen Schiffen und nicht so steil, um dem Druck des Eises standzuhalten. Die Rippen standen dicht zusammen, das Holzwerk des gedrungenen Leibes war fest. Er mußte imstande sein, über das Eis hinwegzugleiten. Aber sie sahen das Eis noch nicht.

Das Meer hatte ein anderes Leben und einen anderen Tod als das Land. Sie sichteten ein verlassenes Wrack. Der Fockmast stand noch, die anderen waren zerbrochen. Die zerfetzten Segel wehten. Zwei Boote lagen auf dem Dach des Deckhauses. Vielleicht war die Mannschaft von einem anderen Schiff übernommen oder von schweren Seen fortgerissen worden. Das Meer schwieg. Sie sahen hinüber, die graue Einsamkeit wurde noch leerer. Aber sie hatten keine Zeit, das Wrack nach Stavanger zu bringen, sie mußten sich beeilen, um die Jagdgründe zu erreichen.

Der Wind frischte auf, die Segel wurden gesetzt, die Maschine schwieg, eine andere Bewegung kam in das Schiff. Delphine schossen ihm voraus, sie ließen sich von den Wogen heben, und wenn sie hinabsanken, blieb nur eine blau-grüne wirbelnde Spur. Hinter dem Schiff schwebten Möwen mit weißen Brüsten, blauen Rücken, schwarzgetupften Flügeln. Wenn etwas über Bord geworfen wurde, zuckten sie nieder und blieben zurück. Dann überholten sie das Schiff wieder und glitten über der Fläche dahin.

Der Wind wurde zum Sturm von Südwesten. Jetzt fing Nansen an zu verstehen, was das Meer war. Die Wogen wanderten aus der Ferne heran, dunkel mit flatternden Kronen. Sie schienen vor dem Schiff einen Augenblick anzuhalten, dann erhoben sie sich, und ehe sie niederbrachen, konnte er im Kern der Wogen ein tiefes, reines Grün bemerken. Sie schlugen auf das Schiff ein. Der »Viking« sank hinab, als wollte er aufgeben, dann hob er sich wieder empor, langsam und zitternd.

Es wurde Nacht. Nansen lag in der Kabine und versuchte zu lesen. Er hörte die keuchende Stimme des Sturmes. Aus ungeheuren Fernen kam er und schien nur ein Ziel zu haben: dieses einsame Schiff. Er lauschte dem Keuchen und Donnern. Rasende Geister jagten mit irren Schreien durch die Nacht. Er dämmerte ein, und gegen Morgen fuhr er empor, er hörte ein schmetterndes Krachen, er rannte hinauf. Die Fockrah war unter dem Druck des Segels gebrochen, die Mannschaft war dabei, die Trümmer zu bergen. Er sah sie arbeiten, ruhig, als ginge der Sturm sie nichts an.

»Viking« hieß das Schiff. Wikinger und Nordmänner hatten sie geheißen, die auf schmalen Booten mit scharfem Bug die Inseln und Fjorde von Norwegen verlassen und das Unbekannte aufgesucht hatten. Jetzt, während das Schiff sich durch Stürme langsam nach Norden zwang, verstand er die Größe ihrer Fahrten. Sie hatten Island und Grönland gefunden, sie waren an der irischen Küste gelandet. Sie entdeckten die Küste eines unbekannten Landes im fernen Westen, Winland hatten sie ihre Siedlungen genannt. Sie fuhren nach Osten und besaßen das russische Nowgorod und Kiew. Sie segelten durch das Kaspische Meer und durch das Mittelmeer. Sie saßen in der Normandie, Herren eines geordneten Staates, und eroberten Süditalien. Sie fuhren die Seine empor bis Paris und nach

Sizilien. Reiche waren gegründet worden und zerfallen. Die Erde trug Erinnerungen an ihren Stolz, das Meer kannte keine Geschichte, löschte alle Spuren, vergaß alles.

Aber durch diese jagenden Stürme waren sie geglitten, durch diese Nächte, die Vorfahren, die Ahnen seines Volkes. Er glaubte den fernen Ruf durch die Jahrhunderte in dieser Nacht zu hören, den geheimnisvollen Lockton des Abenteuers, der sie hinausgezwungen hatte, Erik den Roten, Leif Erikson, die Gerühmten und Vergessenen.

Und immer, seit Jahrtausenden, waren Männer in das Unbekannte aufgebrochen, nach Geheimnissen suchend, die sich vielleicht nie auflösten, und dieser junge wache Mensch fühlte das Geheimnis um sich, er schmeckte den bitteren, unvergeßlichen Geschmack des Abenteuers, er hörte die Stimme des Abenteuers in den gellenden einsamen Schreien der Sturmvögel, die ihre Flugkraft aus unerschöpflichen Quellen erhielten, er hörte die Stimme des Geheimnisses im Donnern der Wogen, in der eisigen Stimme des Sturmes, fern aller Leidenschaft, allem Mitleid. Sturm, Wogen und das Geheimnis im Norden. Er begriff den Mut und die Geduld nicht nur der großen Abenteurer, Kolumbus, Magellan, Cabot, Hudson, Baffin, Bering, er fühlte eine tiefe Wärme für die Fischer von Norwegen, für die Leute auf diesem Schiff, für den »Viking« selber, der unter den stählernen Schlägen des Meeres zitterte, in langsam geduldiger Bewegung das Wasser abschüttelte und nach Norden stieß. Und das Meer kannte weder Mut noch Feigheit, schätzte weder das eine, noch verachtete es das andere, es hatte kein anderes Leben als diesen Rhythmus, ewig wiederkehrend, von Zeiten jenseits menschlicher Zeiten her, und nur dann, wenn eine letzte ungeheure Kälte kommen würde, würde es verstummen, Sturm, Schrei, Wogenjagd würden erlöschen.

Er fühlte sich verloren, und zugleich durchflutete ihn eine wilde Freude, hier zu sein, der junge Fridtjof Nansen zu sein. Er stand neben dem Kapitän. Krefting war ruhig und spähte in das sausende Nichts. Aus der Finsternis hob es sich dunkel mit weißem Schaum heran. Man fühlte die Schwere der Wogen. Dann brachen sie über dem Schiff zusammen, und er sah das phosphoreszierende Schimmern wie einen Wasserfall von grünlichem Licht. Plötzlich schrie Krefting: »Achtung, paß auf!« Nansen griff nach den Seilen des Besanmastes, und plötzlich wurde er in erstickende Wassernacht gerissen, eine riesige Kraft zerrte an seinen Armen. Er hörte, wie Krefting schrie: »Laß das Steuerruder!« Der eine der beiden Steuerleute warf sich in das Boot, das in den Davits hing, der andere klammerte sich an etwas, und die mächtige Woge schwemmte weiter, in die Nacht hinein.

Nansen erfuhr etwas, was er nicht gewußt hatte, und alles, was er erfahren hatte, die Jagden, die Abfahrten im schießenden Licht, alle jene Augenblicke von Abenteuer und Gefahr, wurden zu kindlichem Spiel vor der Härte des Meeres und vor der Ruhe, mit der Krefting und seine Leute ihre Arbeit taten. Er begriff, daß in ihnen der Abenteuergeist der Wikinger lebte. Der gleiche Geist suchender Unruhe, lächelnder, rastloser Mut im Sturm und den donnernden Seen. Er fühlte ihn in sich. Man mußte stark und geduldig sein, um diese einsame Welt zu bestehen, und Kraft und Einsamkeit lagen im Schrei der grünen Seemöwe, die die Schiffe begrüßt, wenn sie in das arktische Meer eintreten, und wie Geist aus fernen, kalten Reichen herschwebt, Hunderte von Meilen vom Lande entfernt.

Die Luft wurde kühler, die Farbe des Meeres veränderte sich zu tiefem Grün; sie näherten sich Jan Mayen. Der junge Nansen, Tagebuch schreibend, beobachtend, längst nicht mehr müßiger Gast, den man belächelt, sondern zupackender Kamerad und Arbeitsgenosse, wartete auf das schimmernde Abenteuer des Eises, und das Eis kam am siebenten Fahrttag.

Es kam in der Nacht. Er hörte den Ruf: »Eis voraus!« und flog an Deck. Er starrte in die Finsternis, und dann sah er ein schwaches, weißliches Leuchten. Es kam näher, es wuchs, der Schimmer nahm zu, es leuchtete wie Schnee in der Schwärze und trieb vorbei: die erste Eisscholle. Der kalte Nachtwind durchfuhr ihn, er fühlte sich enttäuscht und war erregt. Dann sah er es von neuem weiß herangleiten und vorbeitreiben, rasch und lautlos von Norden her, versprengte Vorposten des großen Eises, und jetzt gewahrte er am nördlichen Rande des Himmels ein merkwürdiges Leuchten, das am Saum des Horizontes tiefer war als im Zenit, ein geheimnisvolles Halblicht wie den Widerschein eines weißen Feuers, fern, in einer Welt von Geistern, denn so war dieses stete Licht: geisterhaft blaß und stumm, und es war ihm, als trete das Rauschen des Meeres zurück. Schweigen kam aus dem Norden her. Er lauschte, er glaubte einen anderen Laut als den Ton der Fahrt zu hören. Es klang wie ferne Brandung an Felsen. Jetzt wurde es stärker und blieb in der Nacht; ein ferner Donner.

Das Licht war der Widerschein des Treibeises am dunklen Himmel. Der rollende Ton der Brandung kam von der See, die sich an den Schollen brach. Für ihn war es mehr; er hörte zum erstenmal den Atem der Arktis.

Häufiger nun trieben Schollen aus der Finsternis her, sie glitten am Schiff entlang und wurden vom Bug zur Seite geworfen. Am Morgen bewegte sich der »Viking« durch das dichte Feld des Treibeises von unberührtem Weiß.

Bei schwerem Sturm tastete sich das Schiff am Eis entlang, ohne eine Öffnung zu finden. Sie mußten in der Nähe der Robbengründe sein. Aber wo lagen sie – im Westen, im Osten? Sie waren zu spät gekommen, um die Robben noch im Wasser zu finden, und sie wußten nicht, wo sie in dieser blendenden Einsamkeit waren.

Spät am Nachmittag eines der nächsten Fahrttage ein Ruf vom Krähennest: Schiff in Lee! Ein winziges, dunkles Wesen lag im Weiß unter dem kaltblauen Himmel. Es war der Robbenfänger »Jason« aus Sandefjord. Jacobsen, der Kapitän, kam an Bord des »Viking«, um mit Krefting zu beraten. Dann trennten sich die Schiffe wieder. Nachts kam der Sturm, und sie waren allein. Als der Sturm abfiel, das Mondlicht auf den Eisfeldern schimmerte, war es, als glitten sie durch eine Welt, die nicht wirklich war, in einer Stille, die betäubte.

Unsicher, ob sie nach Westen oder Osten gehen sollten, sichteten sie glücklicherweise bei ruhigem Wetter drei Schiffe, und das eine machten sie als die »Vega« aus. Krefting fuhr hinüber, um mit dem Kapitän zu sprechen.

Es war nicht irgendein Schiff. Es war die »Vega«, nur ein Schiff dieses Namens gab es, und als Nansen hinüberblickte, sah er das Abenteuer und den Ruhm. Er stand bei den schwatzenden Matrosen und hörte ihre Stimmen. Er hörte, wie eine sagte, daß dieses Schiff weit herumgekommen sei, und eine andere antwortete, man hätte nur dabei sein müssen, als die »Vega« nach Neapel gekommen sei –: »... ein Freund von mir, Gabriel, du weißt schon, war dort, auf einem anderen Kasten, als sie kam. Er hatte so was von Zauber noch nicht gesehen. Feuerwerk und Salut und so ...« Doch dieser junge Mensch, noch unklar, doch schon umfangen von der stummen

Verzauberung des Eises, voller Spannung wie die Sehne, auf der schon der Pfeil liegt, bereit, ins Unendliche abzuschnellen, er sah mit anderen Augen als sie hinüber.

Mit der »Vega«, auf der jetzt das Mondlicht wie Schnee lag, hatte Nordenskiöld vor ein paar Jahren einen der großen geographischen Träume erfüllt. Er hatte die Nordost-Passage gefunden.

Nordenskiöld – ein großer Name, groß wie die Namen anderer, die in das Schweigen der Arktis eingedrungen waren, die im Eis gefangen gewesen waren, verhungert, erfroren oder mühsam zurückgekommen, Baffin und Hudson, Barents und John Roß, Franklin, eine Kette von Namen derer, die das große Wagnis aufgesucht hatten. Sie gehörten zu einer Bruderschaft, und sie selber hatten sich auserlesen. Nordenskiöld, von schwedischer Herkunft, hatte zweimal, 1868 und 1872, versucht, den Nordpol zu erreichen. Dazwischen hatte er seine erste Reise nach Grönland unternommen, und 1878 setzte er, nach Erkundungsfahrten zur Mündung des Jenissei, zum großen Abenteuer an: die Nordost-Passage zu finden und Asien und Europa zu umsegeln.

Hier, vor den Augen des jungen Nansen, lag das Schiff, mit seinen dreihundert Tonnen kleiner als der »Viking«, auf dem Nordenskiöld mit dreißig Gefährten nach dem alten Cathay des Mittelalters aufgebrochen war. Er hatte seinen Traum vorbereitet, jeder Schritt war durchdacht, jede Möglichkeit erwogen. Das Logbuch der Fahrt enthielt keinen Seufzer, kein Leiden und Erlöschen. Es enthielt den Heroismus der Geduld und planvoller Arbeit. Der Winter band die »Vega« im Eis fest, hundertzwanzig Meilen vom Ziel entfernt, dem freien Wasser des Pazifischen Ozeans. Zehn Monate lagen sie fest. Am 20. Juli stiegen die Flaggen am Mast empor, die kleine Kanone wurde abgefeuert. Die Nordost-Passage war vollendet.

Nansen sah das große Abenteuer in der Gestalt dieses Schiffes, das jetzt als Robbenfänger diente, und was immer nun auch folgte: dies war einer der großen Augenblicke der Fahrt. Er hatte den lebendigen Zeugen des Abenteuers gesehen, und die Botschaft schrieb sich in sein Herz.

Was nun auch folgte: langsames Eindringen in den weißen Glanz der Arktis, Sturm wieder und Windstille, Festliegen im Eis, vergebliche Suche nach den Robbengründen; und er in allem, und alles sank in ihn ein und blieb dort, es würde ihn nicht mehr verlassen, er würde sich danach sehnen, es wieder zu erfahren, diese reine Kälte wieder zu spüren, in diesen flammenden Sonnenuntergängen sich frei zu atmen. Die Arktis gab Zeichen, die er nie mehr vergessen konnte. Eines Tages, als der »Viking« festlag und er über das Eis wanderte, um Möwen zu schießen, fand er ein Stück fichtenes Treibholz. Woher war es gekommen? Vielleicht hatte der Golfstrom es von Amerika hierhergebracht. Aber warum sollte es nicht von der sibirischen Küste her auf dem Eis getrieben sein? Für einen Augenblick blitzte in ihm der Gedanke auf und versank wieder, daß es einen Eisstrom gäbe, der vom nördlichen Sibirien durch das Polarmeer führte, um im östlichen Grönland-Strom zu enden, und daß ein Schiff ihn benutzen könnte, ein Schiff, das stärker als der »Viking« war.

Die Arktis gab unvergeßliche Zeichen, und das großartigste wurde wie von unsichtbaren ungeheuren Händen gegeben, wenn die Nacht gekommen, das Grün, Blau, Ultramarin des Eises erloschen waren, die arktische Welt in unfaßlicher Stille erstarrte. Dann kam das Nordlicht, ein stummes Spiel von Feuer und Licht, das Gott sich selber zu spielen schien, denn Gott mußte einsam sein in diesen Eisländern, und der Betrachter stand allein in einem Dom, dessen Fußboden das gefrorene Nichts, dessen Dach der in kalten Flammen zitternde Nachthimmel waren. Ungeheure Vorhänge farbigen Lichtes stiegen und sanken, änderten sich unaufhörlich, zerfielen und kehrten in neuen Formen wieder. Er stand und sah, als sähe er etwas Unerlaubtes. Er fühlte sein Leben, fühlte, daß es nichts war und alles, es war wie Gottesdienst, und das Licht war der Prediger im Nichts und im All.

Getrennt von den anderen Schiffen, durch Nebel und Eis tastend, suchten sie fünf Wochen nach den verlorenen Robben, sie fanden hier und da versprengte Gruppen, die sie jagten, aber die Ernteplätze fanden sie nicht. Als der »Viking« die anderen Schiffe wieder traf, waren sie übervoll beladen. »Albert« hatte 14000 Robben erlegt, »Hekla« 10000, die »Vega« hatte eine gute Ladung. Der »Viking« hatte vier Meilen von den Robbengründen im Eis festgelegen, der Nebel hatte die Sicht genommen.

Aber sie mußten die Robben finden, sie konnten nicht leer nach Hause kommen. Sie mußten weitersuchen.

Spitzbergen tauchte auf. Seevögel schrien und wehten wie

Wolken um die Felsen. Von den Bergen schoß Wasser wie silberne Feuer herab. Zwischen Schneefeldern und nacktem Stein leuchteten Moosflecken. Bäume gab es hier nicht. Sechs Monate im Jahr lagen die Inseln, die zu Spitzbergen gehörten, unter Eis. Svalbard nannten die Norweger die Inseln – kalte Küste. Es war ein Urland. Der Holländer Barents hatte 1596 Spitzbergen entdeckt und ihm den Namen gegeben. Die Fangschiffe aller seefahrenden Nationen des Nordens hatten in reichen Gründen den Grönlandwal gejagt und fast ausgerottet. Auf der Amsterdam-Insel lagen noch die Reste der holländischen Siedlung Smeerenburg. Hier hatten zum erstenmal 1633/34 sieben Matrosen eines Walfängers überwintert. Fangschiffe zogen durch das sommerliche Meer. Im Winter gehörten die Inseln den maßlosen Stürmen. Die Spiele der Nordlichter durchflammten die Polarnacht.

Und weiter westwärts! Ho! Am fünfundzwanzigsten Mai erschien die Küste von Island. Die Gletscher des Eyafialla-Jökel schimmerten in der untergehenden Sonne, die schwarzen Lavafelsen der Vestmanna-Inseln standen in wilder Einsamkeit gegen die Röte. Für einen Augenblick fühlten sie Erde unter den Füßen.

Westwärts wieder durch Eis und freies Wasser, und da waren die Robben! Sie ließen die Boote herab, das Jagen und Schlachten begann. Nansen hatte gesehen, gelauscht, beobachtet. Er hatte Tagebuch geschrieben, mit einer Genauigkeit, der nichts entging. Sie hatten manchmal über ihn gelacht und sich daran gewöhnt, daß er stundenlang über dem Mikroskop saß, um zu untersuchen, was er mit Schöpfnetzen aus dem Meer heraufgeholt hatte. Er war ein Student, aber er war auch ein junger, kräftiger Bursche, der sie alle im Rumpfhaken-Spiel an Deck hinlegte, den Kapitän eingeschlossen, sich überall nützlich machte, abends mit ihnen zusammensaß, zuhörte, lachte, redete, zu ihnen gehörte. Jetzt, als endlich die Robben gefunden worden waren, stand er in dem Boot, das ihm als ausgezeichnetem Jäger zugeteilt worden war, schoß, feuerte seine Leute an, und die Stille hallte von Schüssen, die Eisschollen färbten sich rot.

Die Fahrt fing endlich an, sich zu lohnen, für Krefting und die Mannschaft, für Thommesen und Smith, die Schiffseigentümer. Für Nansen hatte sie sich längst gelohnt, mehr, als er selber jetzt wissen konnte, und während Krefting mißmutig und sorgenvoll den nun vom Eis eingeschlossenen »Viking« langsam auf Grönland zutreiben sah, kamen zu Nansen die großen Tage der Begegnung mit dem Polarbären.

Er traf den Herrn der eisigen Wildnis und stellte ihn. »Bär in Lee!« Er ließ Zeichenblock, Farben, Stift, flog in die Kajüte zu Büchse und Patronen, jagte auf das Eis hinaus. Da war er, da lief er oder erwartete den Fremden, und wenn die Schüsse hallten, das riesige Tier zusammenbrach, empfand er wilde Freude und Mitleid zugleich. Ein Bär! flüsterte es in seinen Schlaf, er fuhr empor, stürzte an Deck, so, wie er war, in leichten Sportschuhen und im Wollsweater. Der Bär trottete über das Eis davon. Die andern umgingen eine breite Wake. Nansen wollte zuerst am Bären sein und sprang über die Spalte. Die Eiskante, auf der er landete, brach, er stürzte ins eisige Wasser. Das Gewehr hochhaltend schwamm er zum Eisrand und warf das Gewehr zuerst hinauf. Es glitt zurück, Nansen tauchte danach, fand es, warf es höher auf das Eis und kroch triefend aus dem Wasser. Gewehr und Patronen waren noch in Ordnung, er jagte dem Bären nach, der hinter einem Eisblock verschwand. Nansen erreichte den Block, spähte hinüber und fuhr zurück. Der Bär war dicht vor ihm, starrte ihn an, und ehe Nansen gezielt schießen konnte, stürzte der Bär ins Wasser und verschwand; der Schuß hatte ihn nur gestreift. Nansen sprang auf die Kuppe des Eisblockes und spähte. Wo war der Bär? Dann sah er tief im Wasser eine weiße Bewegung, der Bär war getaucht, um zur anderen Seite der Wake zu kommen. Nansen wollte vor ihm drüben sein. Die Wake war für einen Sprung zu breit, aber in der Mitte trieben zwei kleinere Schollen. Ob das Eis ihn tragen würde, wußte er nicht. Er sprang und stand, sich mühsam im Gleichgewicht haltend, als plötzlich der Kopf des Bären emporschoß. Der Bär griff nach der Scholle, Nansen sah seine Augen voll rasender Wut, hörte das dumpfe Brüllen, er fühlte den kochenden Atem, er schoß. So nahe waren sie sich, daß er, ehe der Bär und er ins Wasser stürzten, den gelblichweißen Pelz auf der Brust vom Pulver geschwärzt sah. Der Bär sank unter, Nansen griff nach ihm und konnte ihn, an die Scholle geklammert, bei den Ohren halten, bis die andern Jäger herankamen. Es war einer der größten Bären, den er geschossen hatte, und mühsam schleppten sie ihn an Nansens Ledergürtel zurück, um ihn auszunehmen. Nansen hatte vergessen, daß er im eisigen Wasser gewesen war, aber Krefting schickte ihn zum Schiff.

Als er zurückging, sah er in einiger Entfernung vom Schiff drei Leute, von denen zwei Gewehre in der Hand hatten. An Bord sagte man ihm, daß sie einen Bären verfolgten. Er wäre gern dabeigewesen, aber es schien ihm, daß er genug getan hätte. Aber als jemand erwähnte, daß sie hinter drei Bären her waren, hielt es ihn nicht. So wie er war, noch in seinen nassen Sachen, jagte er ihnen nach; auf etwas Nässe mehr oder weniger kam es nun nicht an.

Dann fand er sie auf dem Eis in Deckung liegen. Er sah einen Bären auf sie zukommen, aber sie schossen zu früh, der Bär wurde nur verwundet und floh brüllend. Nansen schoß, traf ihn durch die Brust, der Bär stürzte, erhob sich wieder und rannte langsamer weiter. Nansen war dicht hinter ihm. Als der Bär sich stellte, streckte Nansen ihn mit einem Kopfschuß nieder. Nun der nächste. Aber wo war er? Rufe und Zeichen vom Schiff zeigten Nansen und den andern die Richtung, und sie sahen ihn. Er stand ruhig, über einen toten Seehund gebeugt. Nansen pfiff und schrie, damit er den Kopf höbe. Der Bär richtete sich auf, sie schossen und trafen ihn, er sprang ins Wasser. Nansen, den anderen voran, stürzte zum Rande des Eises, um den Bären zur anderen Seite schwimmen zu lassen und ihm dann den Fangschuß zu geben, aber er sah ihn nicht mehr. Der Bär mußte, durch einen Eishügel geschützt, entkommen sein – da sah er ihn, schon weit weg. Er flog ihm nach, die anderen waren weit zurück, der Bär und er waren allein. Der Bär rannte um sein Leben, Nansen um seine Ehre – ein merkwürdiger Lauf in der Arktis. Er sprang über Spalten und schwamm durch die Lachen. Dann schien der Bär müde zu werden, Nansen kam näher. Endlich konnte er ihn stellen, und das Tier stürzte im Dröhnen des Schusses.

Er war allein mit dem riesigen toten Bären, und jetzt tat es ihm fast leid, ihn, der sein Bestes getan hatte, um zu entkommen, niedergeschossen zu haben. Er sah sich um, er brauchte Hilfe, um die Last zum Schiff zu bringen, aber er sah nur die Spitzen des Mastes in der Ferne. Er war allein, ohne Patronen, mit einem Federmesser in der Tasche. Er stieg auf einen Eishügel und winkte. Dann fing er an, den Bären mit seinem kleinen Messer auszuweiden, um, wenn niemand kommen sollte, wenigstens das Fell zu retten. Nach langer Zeit hörte er eine Stimme, es war Olaf, der bei der Jagd nach dem Bären mit seinen schweren Stiefeln zurückgeblieben und, das Herz im Munde, hinter Nansen hergerannt war, weil er kein Gewehr hatte. Sie zogen das Fell ab und schleppten es zum Schiff. Dann kamen ihnen ein paar Leute entgegen, um ihnen zu helfen. Nansen gab ihnen sein Gewehr und die Patronen, die Olaf gehabt hatte, und ging mit Olaf voraus. Olaf sah ihn staunend an; er hatte eine solche Bärenjagd noch nicht gesehen, und Nansen trug noch immer die nassen Sachen. Dann kam wieder jemand vom Schiff und brachte mit einem Gruß von Krefting Essen und Bier. Sie setzten sich hin und ließen es sich wohl sein, sie hatten das Picknick verdient. Der dritte Bär, hörte Nansen dann an Bord, war entkommen. Im ganzen hatten sie, während sie im Eis eingeschlossen an der Ostküste von Grönland entlangtrieben, neunzehn Bären geschossen, und dies war die letzte Jagd. Ein paar Tage später brach das Eis auf, der »Viking« war frei. Die Zeit der Robbenjagd war zu Ende. Das Schiff wandte sich nach Osten, Norwegen zu, nach Hause.

Sechsundzwanzig Tage waren sie an der Küste von Grönland entlanggetrieben. Er hatte immer wieder hinübergesehen, im Krähennest sitzend, das Fernglas an den Augen. Dort drüben, vom Schiff durch einen riesigen Eisstrom getrennt, war die vollkommene Einsamkeit. Das Licht kam und ging über den Gletschern und Bergen. Die Schatten der Wolken fielen auf Felsen und Eis. Stille. Er konnte durch das Fernglas sehen, wie sich Eismassen von den Gletschern lösten und ins Meer stürzten. Er glaubte, das Donnern zu hören. Zwischen dem Eis lag nackte Erde; das vollkommene Nichts im ewig wandernden Licht. Hier gab es keine Veränderungen, keine Geschichte, keine menschliche Zeit. Hier atmete außermenschliche Geduld, die von niemandem gestört wurde. Keiner war hier gewesen. Und wenn eines Tages jemand käme, würde er eine dünne Spur menschlichen Willens durch das Nichts ziehen, und schon hinter seinem Schritt würde das Schweigen wieder zusammenfallen. Wer würde es sein? Er? Zwischen dem Lande und dem Meer trieb der Strom des Eises und schützte das Schweigen. Aber warum sollte es nicht möglich sein hinüberzukommen? Im Scherz – oder war es schon mehr als das? – bat er Krefting, ihm zu erlauben, mit einem Boot hinüberzugehen; nur um zu sehen, wie es drüben war. Es rief, es lockte ihn.

»Borealia«, hieß es in einem alten Buche, »ist der gemeinsame Name für alle Länder, die nördlich von Europa, Asien und Amerika liegen, bis zum Nordpol hinauf. Einige davon sind wenig, andere überhaupt nicht bekannt, wegen der strengen Kälte und des Eises, die dort herrschen. Die berühmtesten von ihnen sind Grönland, die Bären-Insel, Jan Mayen, Nowaja Semlja, kalte und leere Länder, von denen kaum etwas berichtet zu werden braucht.«

»Grönland ist ein Land von sehr großer Ausdehnung und gehört zum Königreich Norwegen. Seine Küsten wurden vor langen Zeiten durch die Norweger erforscht und besiedelt, und zwei Bischoftümer wurden gegründet. Aber es ist lange her, seit Grönland wirklich aufgesucht worden ist, und obgleich es nicht allzuweit nordwestlich von Island liegt, ist es uns so unbekannt geworden, daß wir nicht einmal mehr genau wissen, ob die christliche Religion dort ausgeübt wird.«

Das Buch hieß »Compendium Cosmographicum« und war 1633 von Andrea Koch in Kopenhagen gedruckt worden. Der Verfasser hieß Hans Nansen – einer von Nansens Vorfahren, geboren in Flensburg 1598. Er war als Bürgermeister von Kopenhagen gestorben, ein umsichtiger, kluger, tapferer Mann, treu dem dänischen König. In seiner Jugend war er, jünger als jetzt sein Nachfahr war, fast ein Knabe noch, auf dem Schiff seines Onkels in das Weiße Meer gefahren. Der Winter hatte sie bei Kola eingeschlossen, Nansen hatte die Gefangenschaft im Eis benutzt, um Russisch zu lernen. Als das Schiff im Sommer zurückfuhr, war der junge Nansen allein durch die nördlichen Küstengebiete gewandert. Die Stadt, von der er nach Kopenhagen zurückfuhr, hatte er Kuwantz genannt. Mit zwanzig Jahren war er Leiter einer Pelzhandel-Expedition zur Petschora gewesen. Im Auftrag des Zaren hatte er die Weißmeer-Küste erforscht, um danach lange Jahre im Dienste der Island-Kompanie zu arbeiten. Er hatte beobachtet, gelesen, gesammelt, aus Büchern ausgezogen; die Winter waren lang. So war dieses »Compendium« entstanden, ein Handbuch, das lange Zeit für seefahrendes Volk von Nutzen gewesen war, eine Mischung von Wissen und Sage.

Er war der Ahne gewesen, und der junge Nachfahr seines Namens und von seinem Blut und Geist sah die Einsamkeit von Grönland. Er nahm sie auf. Sie war in ihm nun. Sie würde ihn rufen, wenn die Zeit gekommen sein würde.

Und jetzt fuhr der »Viking« nach Norwegen zurück. Die

Stürme verloren ihre Härte, das Licht wurde reicher und wärmer. Ende Juli sahen sie die Küste von Norwegen. Aus den sanften Linien wurden Berge, die schönsten Berge der Welt. Man mußte vom Meer kommen, um zu wissen, wie schön das Vaterland war. Alles kehrte in die Augen zurück, die Wälder, die Inseln, die roten Häuser. Er konnte schon den Tau schmekken, er fühlte schon Regen und Sonne von Norwegen im Gesicht. Langsam glitt das Schiff in den Hafen von Arendal. Es war Sommer in Norwegen. Die Wälder warteten auf ihn, die Flüsse, das Haus, von dem er einst ausgegangen war.

Er sagte Lebwohl zu Krefting und allen anderen. Sie hatten ihn angenommen. Auch das gehörte zu den Erfahrungen dieser Fahrt: er hatte unter Männern gelebt und war von ihnen angenommen worden. Er würde sie nie wiedersehen, aber er würde nie vergessen, daß er mit ihnen im großen Abenteuer des Eises gelebt hatte. Er würde nichts vergessen. Aber jetzt war es gut, wieder zu Hause zu sein. Der Sommer war in Norwegen eine wunderbare Zeit.

III

WELT IST ÜBERALL

Wie merkwürdig doch die Wege waren, die man ging. Manchmal sah es aus, als brauchte man selber über die Zukunft kaum nachzudenken. Ein anderer schien zu planen, das Richtige für einen zu wissen, das, was man tun mußte, und wirklich, wenn man später nachdachte, wie eines zum andern gekommen war, wußte man, daß es gut und notwendig gewesen war.

Jemand hatte für ihn gedacht, während er vor Grönland in Sportschuhen hinter Bären herrannte, eisige Lachen durchschwamm, zu den kalten Geheimnissen der Küste hinübersah. Jemand hatte für ihn schon den nächsten Ort ausgemacht, er hatte nur ja zu sagen, und natürlich sagte er ja. Nicht jeder bekam mit einundzwanzig Jahren eine solche Chance. Er suchte nicht nach ihr. Man bot sie ihm an.

Dr. Daniellsen, der Leiter des Museums in Bergen, suchte für die zoologische Abteilung einen neuen Assistenten oder Kurator und hatte sich an Professor Collett gewandt; vielleicht wußte er jemanden. Collett hatte sofort an den jungen Nansen gedacht. Nicht nur, daß er diesen blonden, langen Burschen gern hatte, der wie ein junger Wiking aussah, mit Freimut sagte, was er dachte, und mit Beharrlichkeit seine Meinung verteidigte. Er hatte es im Gefühl, daß aus ihm ein ausgezeichneter Wissenschaftler werden würde. Kaum daß Nansen zurückgekommen war, fragte er ihn, ob er Lust habe, nach Bergen zu gehen. Sofort. Der junge Robbenfänger und Bärenjäger, der Wanderer und Schneeschuhläufer ging nach Bergen, setzte sich an den Tisch, beugte sich über das Mikroskop und hob kaum noch die Augen.

Bergen an der Westküste von Norwegen war die zweitgrößte Stadt des Landes. Es war eine alte Stadt, König Olaf Kyrre hatte sie gegründet. Der Rosenkrantzturm und König Haakons Halle in Bergenhus Fort erinnerten an große Zeiten. In der Stadthalle aus dem frühen sechzehnten Jahrhundert war der Sitz des Bürgermeisters, der noch das alte Siegel von 1591 gebrauchte. An der Tyskebriggen standen die alten schmalen Holzhäuser aus der Zeit der deutschen Hanse, in der Bergen, vom übrigen

Norwegen beinahe abgeschnitten, fast selbständig gewesen war, eine reiche Stadt der Schiffe, die nach England und Schottland, nach Deutschland und Holland fuhren und die Welt und Reichtum zurückbrachten. Die Könige waren gestorben, die Hanse war erloschen, aber die dunklen Häuser an der Tyskebriggen mit den Räumen für die Kaufleute und den Verschlägen für die Angestellten standen noch, und noch immer kamen und gingen die Schiffe.

Ole Bull, der große Geiger, war in Bergen geboren worden. Er hatte ein norwegisches Theater in Bergen und die Musikakademie in Oslo gegründet, das damals noch Kristiania hieß. Ein großer Spieler und Phantast, der für norwegische Siedler in Amerika unbrauchbares Land gekauft hatte und dessen Traum von »Oleana« zerronnen war. Ludwig Lindemann, Organist und Komponist, hatte hier gelebt und die norwegischen Volkslieder gesammelt. Ibsen war von Bergen gekommen. Griegs Musik hatte hier begonnen.

Es war eine lebendige Stadt an Buchten vor den Bergen, an denen sich die Wolken abregneten, eine Stadt mit Nebel, Sonne, schnell wechselndem Wetter. Wenn man in Wäldern von Nordmarken und in den Bergen von Jotunheimen gelebt hatte, konnte man sich manchmal wie ein Gefangener vorkommen, und wenn man an das Eis und an Grönland dachte, mußte man einfach aufstehen, sich recken und in die Berge rennen, um sich gründlich auszulaufen. Dann kehrte man ruhiger zum Mikroskop zurück, das der Vater ihm auf den Weihnachtstisch gestellt hatte, und im Museum war Dr. Danielssen, der Lehrer und väterliche Freund.

Daniellsen war jetzt ein alter Mann, Chefarzt des Krankenhauses und Leiter des Museums, das er aus der Zufälligkeit ungeordneter Sammlungen zu einem Ort wissenschaftlicher Arbeit verändert hatte. Der Sohn eines Uhrmachers, der Lehrling in einer Apotheke hatte sich zum Arzt emporgearbeitet. Er hatte beachtete Bücher über die Lepra geschrieben, er war Ehrendoktor von Lund und Kopenhagen geworden und hatte leidenschaftlich an der Politik teilgenommen, ein glänzender, unbestechlicher Geist, ein Freund guter Gespräche und ein Betreuer junger Menschen, die intelligent und nicht nur für das enge Feld ihres Berufes offen waren. Collett hatte ihm in diesem Nansen einen hervorragenden jungen Mann geschickt, und Nansen verehrte den etwas hinkenden, kleinen alten

Mann, der Erschöpfung nicht kannte und in einem langen, harten Leben gelernt hatte, im Gleichgewicht zu sein.

Bergen war ein guter Ort, und das Mikroskop öffnete ihm eine andere Welt, in der es Geheimnisse gab wie hinter den schweigenden Eismauern, Abenteuer, überraschende, wunderbare Einsichten. Das kaum Sichtbare enthielt Größe und war Welt wie die Berge und das Meer. Über das Mikroskop gebeugt, war er ein junger Wissenschaftler, unbekannt noch, doch eines Sinnes mit Darwin und Pasteur, den großen Namen der Zeit. Die Biologie, eine junge Wissenschaft, entfaltete sich. Schneider entdeckte die Zellvermehrung durch Kernteilung. Billroth fand Strepto- und Staphylokokken, Koch entdeckte den Tuberkelbazillus. Das Jahrhundert der Naturwissenschaften war angebrochen, und der junge Nansen war ihr Gläubiger.

Ein gutes, intensives Leben in Bergen; so intensiv, daß der altgewordene Vater den Sohn bitten mußte, doch auf seine Gesundheit zu achten, denn das Photo, das er nach Hause geschickt hatte, zeigt ihn abgemagert mit einem asketischen Gesicht. Der Vater konnte beruhigt sein, er war Mitglied von zwei Sportvereinen, und oft genug lief er mit seinem Hund die Berge wie besessen hinauf und herab. Er konnte nicht leugnen, daß er manchmal gern alles hingeworfen hätte, um auf und davon zu gehen – irgendwohin, dorthin, wo die großen Stürme wehten und sein Körper sich hätte spannen müssen wie der Mast des »Viking«. Der »Viking« ... Krefting schrieb ihm von Hamburg einen Brief. Seit Nansen nicht mehr an Bord war, kam ihm das Schiff leer vor. Erinnerte er sich noch daran, wie sie in jenen Tagen miteinander gerungen hatten und wie Nansen ihn und alle andern glatt hingelegt hatte? Sie sollten zusammen wieder nach Grönland gehen ... das war ein Leben nach ihrem Herzen gewesen.

Er dachte daran, an alles dachte er, was in jenen unvergeßlichen Monaten gewesen war, und wenn er dann an den Vater schrieb, war in seinen Briefen ein sehnsüchtiger Ton. »Ich fühle eine heimliche Sehnsucht in mir aufzubrechen – Sehnsucht nach neuen Erfahrungen, nach Unterwegssein, und das bringt Rastlosigkeit über mich, ich kann es manchmal kaum unterdrücken. Es macht mich unruhig, bis es endlich wieder abklingt. In jedem Fall ist Arbeit die beste Medizin, und ich kann es, glaube ich, sagen, daß meine Arbeit erfolgreich ist.«

Seine wissenschaftliche Arbeit war so ausgezeichnet, daß ein jüngerer englischer Professor, der häufig in das Museum kam, ihn als Zoologen für den Mitarbeiterstab des Professors Marsh an der amerikanischen Yale-Universität gewinnen wollte.

Nansen lebte im Hause von Pastor Holdt wie bei Freunden. Holdt war ein freundlich-energischer Mann, der die christliche Botschaft nicht nur beim Wort ließ. Er hatte jahrelang unter Leprakranken gearbeitet und tat für die Leidenden, was er konnte. Holdts Frau war wie eine Mutter zu Nansen, der seine eigene Mutter mit sechzehn Jahren verloren hatte. Er hatte in dem jungen Dr. Grieg einen guten Freund, mit dem er oft zusammen war, und Grieg – wenn er sich später erinnerte – sah in ihm einen jungen Menschen, der rücksichtslos und starrköpfig sein konnte, seine Überzeugungen bis zum Äußersten verteidigte und Kompromisse nicht kennen wollte, und dann, plötzlich, fand er in seinem Gesicht eine beinahe kindliche Gelöstheit, wenn sie in Griegs Zimmer saßen und seiner Schwester lauschten, die Lieder von Schumann und Schubert sang, oder wenn Nansen Gedichte sprach. Etwas Überraschendes bei jemandem, der wie von Stahl schien, von unerschöpflicher körperlicher Kraft war und sich abhärtete, als bereite er sich auf etwas ganz anderes vor als auf eine ruhige, sichere Laufbahn als Naturwissenschaftler.

Er hatte Pläne; er bereitete sich vor. Er hatte die Botschaft empfangen, und sie war für ihn bestimmt. An einem Abend im Herbst 1883 saß er im Wohnzimmer im Holdtschen Hause. Es war irgendein Abend, der Wind schlug den Regen gegen das Fenster, jemand las aus der Zeitung vor. Er hörte die gleichmäßige Stimme. Sie las die Nachrichten aus aller Welt und schien fern zu sein, und als sie den Namen Nordenskiöld nannte, war sie plötzlich ganz nahe, sie las nur noch für Nansen.

Nordenskiöld war von seiner Expedition in das Innere Grönlands gesund zurückgekommen. Er hatte nur endlose Schneefelder gefunden und die Expedition abgebrochen. Die Lappen, die bei ihm gewesen waren und die er zur Erkundung weitergeschickt hatte, hatten auf Schneeschuhen in kurzer Zeit erstaunliche Strecken zurückgelegt. Dann hatte Nordenskiöld den Versuch, das Innere Grönlands von Westen nach Osten zu durchqueren, aufgegeben und war zum Ausgangspunkt zurückgekehrt.

Die Stimme las andere Nachrichten. Nansen hörte nicht mehr hin. Ein Blitz hatte ihn durchfahren. Sahen die andern es nicht? Nein, sie hörten dem Lesenden zu, während draußen der nasse Herbstwind wehte. Er wollte nach Grönland! Er wollte vollbringen, was alle andern versucht hatten. Er wollte nach Grönland, er hatte es gewollt, immer, vom ersten Tage an, als er die Küste gesehen hatte, im »Viking« vorübertreibend. Das war die Botschaft. Heute abend war sie gekommen. Er sah das Licht über den Gletschern. Er fühlte das stolze Schweigen der Berge. Es war nie aus ihm herausgegangen. Die andern sind gescheitert. Er wird siegen.

Er konnte es im warmen Raum nicht mehr aushalten. Er stand auf und ging unter einem Vorwand hinaus, zog den Regenmantel an und lief durch die Nacht. Nordenskiöld war in Grönland gewesen. Er kannte ihn nicht, aber er hatte sein Schiff gesehen, und der Anblick der »Vega« war wie eine Begegnung mit dem großen, alten Mann gewesen. Jetzt war er zurückgekommen, gesund, wie es hieß.

Nordenskiöld war schon einmal, 1870, in Grönland gewesen, um es an seinem schmalen Ende bei Godthaab zu durchqueren. Mit Berggren, zwei Lappen und Proviant für einen Monat auf zwei Schlitten war er aufgebrochen. Als sie auf zerrissenes Eis stießen, hatten sie die Schlitten verlassen und waren, Proviant in Rucksäcken, weitergegangen. Die Lappen waren erschöpft zurückgeblieben, Nordenskiöld und Berggren hatten sich noch fünfundvierzig Meilen auf dem langsam ansteigenden Eis weitergezwungen. Totenstille überall; aber wenn sie sich niederbeugten, konnten sie in der Tiefe das Rauschen von Flüssen hören, eingeschlossen im Eis, Flüsse in ewig dauernder Nacht, und zuweilen hörten sie ein fernes, unterirdisches Dröhnen. Dann waren auch sie umgekehrt.

Niemand wußte, was im Innern war. Die Eskimos sprachen von grünen Tälern, von Wäldern und riesigen eisfreien Landflächen. Waren es Märchen? Von den Zeiten Egedes an, des großen Missionars, waren Versuche gemacht worden, in das eisige Innere einzudringen, Paars 1728, Dalager, ein dänischer Kaufmann 1751, Rae, Whymper, der Alpinist, der das Matterhorn bezwungen hatte; alle waren gescheitert.

Jetzt war Nordenskiöld zurückgekommen. Achtzehn Tage lang war er mit zehn Begleitern im Eis gewesen. Als die schweren Schlitten im tiefen Schnee einsanken, hatte er aufgegeben und die Lappen auf Schneeschuhen weitergeschickt; vielleicht würden sie eines der Täler erreichen. Bei gutem Schnee waren sie 145 Meilen vorgestoßen und hatten nichts als ansteigendes Eis gefunden.

Die Schneeschuhe! Und Nansen, mit langen federnden Schritten durch die Nacht rennend, wußte, daß das die Lösung war. Ein paar gute Leute, je weniger um so besser, die hervorragende Skiläufer sein mußten, leichtestes, genau berechnetes Gepäck, leichte Schlitten. Nichts durfte zur Last werden. Daran waren so viele Expeditionen gescheitert.

Außerdem: alle hatten am falschen Punkt angesetzt. Man durfte nicht von Osten nach Westen gehen, nicht aus der Wärme der Siedlungen zur unbewohnten Küste, um dann, wahrscheinlich, ohne Proviant und erschöpft zu verkommen. Oder man würde, wenn die Schwierigkeiten zunahmen, zu früh aufgeben, um nach Godthaab zurückzukehren. Es mußte ausgeschlossen sein, daß man aufgab. Man durfte nichts hinter sich wissen. Grönland oder der Tod – ja, so ähnlich. Kein Rückzug. Dann allein konnte man ankommen. Man mußte im Nichts anfangen und von Westen nach Osten gehen. Dann brauchte man nur Proviant für die Zeit der Durchquerung mitzunehmen. Er wollte nach Grönland!

Ob er es Grieg, dem Freunde, sagen sollte? Er würde ihn für einen Narren halten. Alle würden ihn anstarren, unsicher, ob er nicht verrückt geworden sei; und er erinnerte sich wieder der Geschichte von dem Mann, der ins Irrenhaus gesteckt worden war; er hatte die Welt für verrückt gehalten, und die andern sagten, er sei es. Er wollte schweigen, wollte den Traum tief in sich bewahren und die Grundlagen vorbereiten. Träumen konnte jeder. Man mußte den Traum genau und sorgfältig unterbauen, dann wurde er Wirklichkeit. Zudem hätte er jetzt auch noch nicht gehen können, er konnte seine Arbeiten im Museum nicht im Stich lassen, und sein alter Vater war krank.

Nichts änderte sich an den Tagen. Es waren Tage im Laboratorium und über dem Mikroskop. Wenn er konnte, ging er in die Berge. Den Schlaf warf er wie etwas Überflüssiges beiseite. Er arbeitete, las, bereitete vor.

Der Herbst sank in den Winter. Der Winter in Bergen war eine drückende Zeit. Morgens trat man aus dem Haus und sah die Berge in frischem Schnee leuchten – morgen wollte er die Schneeschuhe anschnallen und sich frische Luft holen. Am nächsten Tag regnete es, und wenn die schweren Wolken sich verzogen, waren die Berge wieder braun und schwarz. Dann sehnte er sich nach den Abfahrten in Jotunheimen. Herrgott, man müßte sich wieder einmal richtig auslaufen können!

Eines Abends, an einem Samstag Ende Januar 1884, ging Nansen vom Museum nach Hause. Es regnete, der nasse Wind machte alles noch leerer und trübsinniger. Nichts mit Schnee. Er hatte sich mit einem ruhigen Wochenende abzufinden. In der Post ließ er sich seine Zeitung »Idreetsblad«, ein Sportblatt, geben, schlenderte heim und las für einen Augenblick in der Zeitung, um dann wieder zu arbeiten. Nichts Besonderes, wie es schien. O ja, etwas ganz Besonderes, ein paar Zeilen, die die dünne Haut über der Sehnsucht zerrissen: Schisprunglauf auf der Huseby-Schanze am 4. Februar. Es war kaum zu glauben: es gab einen Ort in Norwegen, an dem Schnee lag: in Bergen vergaß man das. Mein Gott, dachte er, hier sitze ich im nassen Land, und dort liegen die Wälder in tiefer Stille, das Licht blendet die Augen, alles ist leicht und frisch in der Winterkälte. Er konnte fühlen, wie sich die Schneeschuhe an ihn schmiegten, er sah sich die Hänge hinabschießen. Und hier regnete es. Regen, Regen, er konnte schon das Wort nicht mehr hören.

Am Sonntag arbeitete er, aber die Huseby-Hügel gingen nicht aus seinem Sinn. Er las die Wetterberichte der letzten Tage. Nein, nichts zu machen, der warme Luftstrom zog über das ganze Land, Tauwetter überall. Doch in Huseby mußte noch Schnee sein.

Am Nachmittag klopfte er bei Daniellsen an und bat ihn um ein paar Tage Urlaub, rannte nach Hause, bereitete alles vor, ließ sich von Grieg einen Narren nennen und saß am Montagmorgen im Zuge nach Voss, dem Endpunkt der Bergenbahn. Regen auch hier. Die Schi auf dem Rücken, seinen Hund neben sich, ging er los. Schon auszuschreiten tat gut, wenn es auch aussah, als würde der verfluchte Regen nicht aufhören. Nach zwanzig Meilen Marsch schlief er in Vinje, am nächsten Morgen ging er bei Sonne und Schneefall nach Gudvangen weiter. Endlich lag der Schnee hoch genug, um die Schi anzuschnallen. Was für ein Gefühl, die geliebten alten Bretter zu spüren und einen steilen Hang hinabzufahren. Er konnte es noch. Er warf den Rucksack ab und suchte nach einem Hügel, um zu sehen, ob er noch springen konnte. Nichts war mit einem guten Sprung zu vergleichen, man fühlte sich für ein paar Atemzüge wie eine Möwe, göttlich leicht. Dann ging er weiter, auf Stalheim zu und dann die Sturzhänge hinab nach Gudvangen.

Er war allein, das war wunderbar. So gut fühlte er sich, so bei sich selbst. Wenn er innehielt, um nach seinem Hund zu sehen, der wie ein kleiner brauner Ball auf den Serpentinen des Weges entlangrollte, konnte er die Winterstille hören. Das Licht flammte. Ein fernes Donnern, wachsend und schwindend; eine Lawine war irgendwo niedergegangen. Danach wurde die Stille noch tiefer. Er warf sich herum und schoß in einem Strom von Licht und sausendem Schnee den Hang hinab. Das Gesicht eines Bauern, aufgerissen, als käme ein Geist von den Bergen, und schon vorüber, Wendungen, Sprünge, und dann war er im Tal von Gudvangen. Es war ihm, als sei er nie in Bergen gewesen, als habe er immer im Herzen der weißen Stille geatmet. Abends fuhr er mit dem Schiff nach Laerdal.

Am andern Tag ging er durch das enge, wilde Tal von Laerdal. Kein Mensch. Die Stimme eines Wasserfalles. Schweigen. Gegen Mittag saß er am Wege nieder und aß etwas. Er sah sich um. Berge waren um ihn. Durch den Schnee zog sich vom Gipfel eines Berges über ihm eine mächtige schwarze Spur bis zum Fluß in die Tiefe; der Weg einer Lawine. Laerdal war für Lawinengefahr bekannt. Er dachte an den Sommer ... hier im Tal konnte man eine gute Zeit haben, die kleinen Seen im Tal waren voller Fische. Vielleicht war der Sommer besser. Aber so ein Frühstück im Licht eines Wintertages war köstlich; es gab nichts Besseres.

»Hör mal«, sagte plötzlich eine Stimme neben ihm, er sah einen Bauern, der auf seinem Toboggan unhörbar herangeglitten war, »du hast dir da den besten Platz ausgesucht. Du bist verrückt, hier zu sitzen.«

»Ist das so gefährlich?« lächelte Nansen. »Ich denke, man kann eine Lawine kommen hören, dann ist noch Zeit genug.«

Der Bauer starrte ihn an. »Kommen hören? Die kommt wie ein Flintenschuß, haargenau so.« Und er glitt fort.

Nansen aß ruhig weiter. Dann kam ein anderer Mann vorbei und schrie ihm zu, er sollte von hier verschwinden, der Platz sei gefährlich. Nansen beendete sein Frühstück, nahm seinen Skizzenblock heraus und zeichnete die Berge. Dann ging er weiter.

Nachts war er auf der Höhe des Passes. Die Sterne waren herausgekommen, er konnte sich nicht erinnern, sie so einsam leuchtend gesehen zu haben. Im Schweigen einer solchen Nacht war es einem, als würde man gereinigt. Etwas tief innen wurde frei, das sonst gefangen war. Man fühlte seine Existenz, man spürte das Wunder des Daseins, des eigenen und des Daseins der Welt. Fern von Häusern, von Menschen. Er brauchte es. Kein Laut, das stumme Feuer der Sterne. Man fühlte den Hauch... wessen?... Gottes? Sicherlich Gottes, auch wenn man im Zweifel darüber lebte, ob man Gott in der Kirche fand.

Weiter nach Breistölen und nach einem Glas Milch in einer Farm, in der die Leute ihn anstarrten wie einen Geist, ein tiefer Schlaf. Am nächsten Mittag kam er nach Olsberg, nahm den Zug, fuhr nach Oslo, ruhte sich einen Tag aus, nahm am Huseby-Rennen teil, gewann den neunten Preis und kehrte, fünfhundert Kilometer weit, nach Bergen zurück.

Er hätte den gleichen Weg benutzen können, er kannte ihn nun. Aber er entschied sich dafür, über die Hallingberge zu gehen – man sollte nicht zweimal den gleichen Weg nehmen. Er fuhr im Schlitten bis Nes, übernachtete in Gudbrandsgaren, dem höchstgelegenen Bauernhof des Gebietes, und ging morgens gegen drei Uhr weiter. Der Bauer sagte ihm, es sei gefährlich, im Winter über Hallingskeid und Vosseskarlen nach Voss zu gehen, er würde keinen finden, der ihn begleitete; vielleicht ein Mann in Myrstölen, der winters bei seinen Renntieren im Gebirge war. Er wollte nach Myrstölen gehen, um ihn zu bitten, ihn zu führen. Als er nach Myrstölen kam, war der Mann nicht da. Nansen ging allein weiter, um von Hallingskeid die Höhe der Berge zu erreichen, aber er fand die Häuser von Hallingskeid nicht. Er ging über gefrorene Seen, stand plötzlich an steilen Abstürzen, er war nie hier gewesen, er hatte sich verirrt, aber ohne Zweifel mußte er dem Fluß folgen, der in der Tiefe rauschte. Er stieg hinab, tastete sich an Felswänden entlang, kroch Schneefelder empor, unter denen dröhnend Wasser schoß. Nachts stand er im scharfen Wind auf der Höhe. Sterne, Stille, nirgends das Licht einer Hütte. Es war zwecklos zu suchen, und er war seit frühmorgens unterwegs. Zwischen einer Schneewehe und einem Felsen grub er eine Höhlung, zog die Wolljacke über, die er bei sich hatte, kroch mit seinem Hund hinein und schlief, den Rucksack als Kissen.

Der Mond schien, als er erwachte. Um zu wissen, wo er war, stieg er zu einem der Berge empor und sah über das Gebirge im

Mondlicht des Winters. Um dieses Anblickes willen hatte sich die Erschöpfung gelohnt. Er sah die Berge wie ein erstarrtes Meer, eine Flut von silbernen Wogen mit tiefen Tälern voller Schatten bis zum Rande des lichtblauen Nachthimmels, und dort verfloß es in leichtestem Schaum. Es war nicht nur sein Land, das er sah, es war die Erde. Man mußte sie einmal so sehen, in diesem Licht, in dieser Einsamkeit, um zu wissen, wie groß das Leben war und daß es sich lohnte, die Kräfte für ein fernes Ziel zu spannen.

Er wartete auf das Kommen der Sonne, dann fand er den Weg nach Vossevangen und schoß über den vereisten Schnee hinab. Als er unten ankam, zitterten ihm die Beine von der rasenden Fahrt. Er wartete auf seinen Hund, den er hoch oben als dunklen Fleck gewahrte. Endlich kam er zu einem Bauernhof. Sie hatten ihn herabfliegen sehen wie einen Troll, aber es war ein junger Mann mit einem Hund, der im Winter über die Berge gekommen war. Das hatte noch keiner getan, selten im Sommer, nie im Winter. Woher er komme? Oh, er hatte an den Sprungläufen von Huseby teilgenommen und wollte nach Bergen zurück. Sie verstanden nicht, daß jemand, noch so jung, sein Leben leichtsinnig aufs Spiel setzte. Hatte er das getan? Noch nie hatte er sich seines Lebens so sicher gefühlt. Noch nie hatte er gewußt, daß das Leben so herrlich sein konnte. Jetzt konnte er ruhig nach Bergen gehen. Er hatte tief geatmet.

Der alte Vater machte ihm Vorhaltungen, und Nansen antwortete mit einem seiner Briefe, in denen Klarheit und beinah kindliche Einfalt nebeneinanderstanden. Der Vater konnte beruhigt sein. Glaubte er, der seinen Sohn kennen mußte, daß er lebensmüde sei? Er liebte das Leben, er lebte jeden Tag mit freudiger Aufmerksamkeit. Er liebte seine Arbeit, und jetzt war er dabei, seine erste größere wissenschaftliche Arbeit abzuschließen, die im nächsten Jahr erscheinen sollte – »Beiträge zur Anatomie und Histologie der Myzostome« –, in der er das Leben einer Gruppe von Würmern, die als Parasiten auf Strahlentieren nisten, untersucht hatte.

Und, so schrieb er dem Vater, er sei durchaus bereit, um seiner wissenschaftlichen Studien willen bescheiden zu leben. Er brauche nicht viel, er habe gefunden, daß derjenige, der mit wenig auskomme, mehr erreiche als jemand mit vielen Wünschen. Aber vielleicht wäre es gut, wenn er nicht mehr zu lange in Bergen bleibe; Unterwegssein sei das beste, um weiterzukommen, und er würde gern die Grenzen Europas verlassen.

Der Vater hatte nicht mehr die Freude, die gedruckte Arbeit des Sohnes zu lesen, und Nansen sah seinen Vater nicht mehr; er starb im März 1885, als Nansen auf dem Wege zu ihm war. Er hatte seinen Vater geliebt. Store Fröen, das alte, geräumige Haus, war nun von den guten Geistern verlassen worden. Wenn die Eltern starben, ging etwas Unvergleichliches aus der Welt. Die Erde, in der sie lagen, war fortan um einen kostbaren Stoff reicher. Von nun an war man allein, und zugleich gehörte man tiefer der Erde und der Kette von Ahnen an, bis in die fernsten Vergangenheiten. Auch das gehörte zu den Geheimnissen des Daseins, doch zu jenen, an die man nicht rührte. Man nahm sie als Geheimnis an, als Schatten, der das Licht noch leuchtender machte. Wenn er jetzt über das Mikroskop gebeugt saß, um eine neue Arbeit über die Struktur des zentralen Nervensystems vorzubereiten, wenn er die Nervenzellen von Lanzettfischen und Krustentieren untersuchte: tieferes Geheimnis überall. Er besaß die Kraft des Staunens und des Wunderns. Wenn man sie besaß, wurde das Leben reich und tief. Der Tod hatte seinen Ort im Leben und war ohne Schrecken.

IV

GAST IN EINEM ANDEREN LICHT

Abends durch die Gassen von Neapel zu gehen, war berauschend. Wie schmale, übervolle Bäche flossen sie von den Hügeln herab zum Meer. In Neapel war das Meer überall. Aus den offenen Häusern brachen Lärm, Stimmen, Gesang. Alles war sichtbar. Von den Höhen über der Stadt mit Villen, Gärten, zauberhaften Wegen klang es wie das betäubende Summen eines Bienenkorbes, der auch nachts keine Ruhe findet. Licht strömte aus den offenen Läden und überschwemmte die Steine. Die Eingänge erschienen wie grüne Grotten, mit Zweigen von Früchten behängt, die wie Sonnen glänzten. Haufen von Zwiebeln, Fenchelknollen, Tomaten sammelten das Licht. Es glänzte in den gebrochenen Augen toter Lämmer, im starren Blick gefesselter Hühner. Korbflaschen voller Wein standen auf Regalen im Halbdunkel von Gewölben, der herbe Duft des Weines vermischte sich mit dem Geruch von Menschen und Hafenwasser. In den kleinen Restaurants saßen Matrosen, Bauern, Arbeiter und aßen und tranken. Neapel am Meer unter der stummen oder grollenden Drohung des Vesuvs hatte eine wilde, reiche Geschichte. In Wogen war die Geschichte über die Stadt hingegangen, und das Volk, heiter, zäh, leidenschaftlich und vergeßlich, hatte alle Wogen überstanden, es lebte im Tag. Die staufischen Eroberer von Norden, die Franzosen, die Spanier waren gekommen und geschwunden, das Volk war geblieben. Abends dröhnten die Gassen vom Lobpreis des Lebens in seinem rätselhaften Gemisch von Hunger, Liebe, Haß, Zufriedenheit, aufflammender und erlöschender Rebellion.

Wenn er durch die Gassen ging, konnte er sich nur schwer vorstellen, daß er vor ein paar Monaten im nassen, nebligen Bergen gelebt hatte. Das Licht blendete die Augen, ein heißeres Licht als das Leuchten von Nordmarken und Jotunheimen. Aber er war hier und nicht als Reisender, der flüchtig falsche Bilder sammelt, um dann zu sagen: Ich kenne Neapel.

Nansen war seit dem Frühjahr 1886 in Neapel, um zu arbeiten und seine Studien fortzusetzen. Daniellsen hatte ihm das großherzige Angebot eines Urlaubes von jeder Dauer gemacht, der seine Bindungen zum Museum nicht stören würde. Nansen war nach Italien gegangen, um in Pavia Professor Golgs neue Methoden, Nervenzellen zu entblößen, kennenzulernen. Das Glück wollte es, daß er für seine Arbeit über die Myzostome eine Goldmedaille erhielt; er entschied sich für die kupferne und verwandte den Goldwert für seine Reisekosten. Dann war er nach Neapel gegangen. Hier war der beste Ort für seine Arbeit.

Neapel war eine Stadt des Meeres. Alles kam vom Meer, und es war überall, im Aufblitzen des Leuchtturms, in den Matrosen, die durch die Gassen schlenderten und in den Trattorien saßen, in den Schüsseln voller Fische und Seemuscheln, in dem aufsteigenden und über die Stadt hallenden Ruf von Schiffen, die in den Hafen einfuhren oder ihn verließen, in dem Blick von den Höhen der Stadt auf die veilchenblaue oder dunkle Fläche. Aber schöner, geheimnisvoller lebte das Meer in den Glaskästen der Zoologischen Station im Garten der Villa Nazionale. Hinter den Glasscheiben der Grotten, durch die man wie durch Fenster in das Innere des Meeres zu sehen glaubte, bewegten sich wie in einem leichten Wind der Tiefe die Fische und Lebewesen des Mittelmeeres, Zauberwesen, Geister, Ungeheuer von Fischen in zartesten und flammenden Farben. Sie standen in Wäldern von Algen und Gräsern. Seesterne, Seeigel ruhten am felsigen Grunde. Vor den Kästen stehend, hatte man das Empfinden, wie ein Taucher die Tiefe des Meeres anzuschauen. Das Meer war an Land gekommen und öffnete sich.

Oben, in den Forschungsräumen und Laboratorien, saßen Studenten und Wissenschaftler aus vielen Ländern, beobachteten, untersuchten, was unten das Entzücken der Reisenden war. Hier arbeitete Nansen.

Ein Deutscher hatte das Meer an Land gebracht. Adolf Dohrn, jetzt ein alter Mann, etwas wie ein freundlicher, weiser Poseidon und Herr der magischen Tiefe, hatte sein Leben für die Gründung und den Ausbau der Zoologischen Station eingesetzt, in der die Welt des Mittelmeeres am lebenden Objekt studiert werden konnte statt am toten im Spiritusglas. Er war ein Don Quixote gewesen, in Jahren unbelohnter Mühe hatte er gegen kleinliches Unverständnis um die Villa Nazionale als den Ort der Station gekämpft. Bittgänge ohne Erfolg, Eingaben ohne Antwort, Ablehnungen; was er besaß, war erschöpft. Nach fünf Jahren hatte das Haus gestanden, und jetzt gab es diese einmalige Stätte. Eine Meereswoge ruhte an Land. Es war seine Hoffnung, daß andere Orte dieser Art in anderen Ländern gegründet würden, und es war Nansen, der die Gründung der Zoologischen Station in Norwegen anregte.

In den unteren Räumen beobachtete er die Fülle. Am Arbeitstisch ruhte die Aufmerksamkeit auf dem einzelnen lebendigen Wesen. Der Wissenschaftler fand alles, was er brauchte, ungestörte Zeit, eine ausgezeichnete Bibliothek. Er konnte vom Tisch aufstehen, wann er wollte, in einem Boot oder mit einem der kleinen Schiffe der Station hinausfahren, um die Objekte in ihrer Welt zu finden.

Eine fruchtbare Zeit für den jungen Wissenschaftler, der mit einem von Dohrn gerühmten Fleiß arbeitete, gut und reich für den jungen Menschen aus dem Norden, dem die Leute nachsahen, weil er wie ein schlanker, blonder Wiking erschien. Glück war es, auf den Höhen über der Stadt oder auf der breiten Via Caracciola mit Freunden zu schlendern, im Meer zu schwimmen, auf warmen Felsen zu liegen. Es war irdisches Glück, in einer Trattoria zu sitzen, dunklen Wein von der Farbe des Blutes zu trinken, zu singen, mit Bauern und Fremden in der herzlichen Wärme südlicher Humanität zu sitzen, zu tanzen, und er tanzte gut und gern, oder mit einem gemieteten Wagen nach Sorrent zu fahren. Leicht und reich war das Leben.

Aber in ihm gab es noch ein anderes, niemandem anvertrautes Leben. Es flüsterte in ihm mit den grünen Stimmen der Wälder. Es sprach zu ihm mit dem Flammen der Nordlichter über den Eisfeldern, es rief ihn zurück. Dann verlor die Sonne von Neapel ihren Glanz, das Blau des Meeres wurde matt, die tönende Sprache wurde fremd.

Eines Tages wanderten sie, eine heitere Gesellschaft von Freunden, zu den erstarrten Lavafelsen von San Sebastiano hinaus. Sie bewegten sich zwischen zerstörten und verlassenen Häusern, aber Nansen ging nicht mit ihnen. Wenn sie sich umwandten, sahen sie ihn sitzen, reglos auf einem Block, als gehöre er zu niemandem; als sei er ein Verbannter im fremden Land. Sie riefen aus der Ferne, es sei Zeit zurückzukehren. Er rührte sich nicht, und als er endlich aufstand, um zu ihnen zu kommen, war er stumm und blieb es auf dem ganzen Heimweg. Er sagte nichts, er erklärte nichts. Wie hätte er auch erklären können, was er gesehen hatte? Wer konnte den einsamen Flug der Eismöwe über den arktischen Feldern beschreiben und ihren verloren gellenden Schrei? Er hatte ihn gehört, in diesem flammenden südlichen Licht. Es war Zeit, dorthin zu gehen, wo die Eismöwe flog. Er hatte ihren Schrei nie vergessen, nie die Freiheit, die in ihm bebte. Er hatte Grönland nie vergessen. Es rief ihn zurück.

V

GEH VORWÄRTS – SIEH NICHT ZURÜCK

Auch wenn es noch längere Zeit dauern würde, bis er handelte: jetzt war die Zeit zum Sprechen gekommen. Diejenigen, zu denen er sprach, konnten es nie vergessen. Grieg, der Freund in Bergen, erinnerte sich für alle Zeit an den Abend, einen Winterabend 1887.

Die Tür zu seinem Zimmer flog auf, mit einem Schwall von Kälte trat Nansen ein, begleitet von seinem Hund. Er setzte sich Grieg gegenüber und sah ihn ruhig an. Dann begann er zu sprechen. Das Entscheidende sagte er zuerst.

»Hör zu«, sagte er, »ich werde versuchen, Grönland zu durchqueren.« Es klang, als wollte er zum Museum gehen. Grieg begriff nicht, was jemand in Grönland wollte. Dann bat Nansen Grieg um seinen Atlas und öffnete ihn. Da war Grönland und die Arktis. Dann brach es aus ihm heraus, er sprach, erklärte, zeigte.

Er wußte alles, was über Grönland bekannt war, er hatte gelesen, gelesen, Geschichte, Geographie. Vier Jahre lang hatte er den Traum in sich genährt, wo immer er gewesen war. Er hatte gedacht, geplant, vorbereitet. Er schien ein Experte in arktischen Fragen geworden zu sein, vor allem in dem, was Grönland anging. Er wußte von Rabna Floki, der nach der Legende um die Mitte des neunten Jahrhunderts Island gefunden hatte; von Erik dem Roten, der als Totschläger Norwegen verlassen, auf Island gesiedelt, als gesetzloser Flüchtling Grönland entdeckt hatte, ein Land, dessen Küsten ihn an Norwegen erinnerten und die besiedelt werden konnten. Grünland hatte er es genannt, das klang verlockend. Siedler kamen von Island. Erik der Rote wurde der Erste in einem neuen Bauernstaat. Ost-Bygd hieß der besiedelte Streifen an der Südwestküste. Sein Sohn Leif Erikson brachte das Christentum nach Grönland. Um 1055 war die Kolonie über den Ort des jetzigen Frederikshaab hinaus gewachsen, und die neuen Siedlungen hießen West-Bygd. Zweitausend Menschen lebten auf 250 Siedlerstellen; es gab siebzehn Kirchen. Die Bauern hatten Pferde, Kühe, Schafe, Ziegen. Sie fischten und jagten Seehund,

Walroß, Wal. Die Kolonie blühte bis zum 13. Jahrhundert, aber um 1400 gab es sie nicht mehr. Leer standen die Höfe, die Kirchen verfielen. War die Pest eingeschleppt worden, waren die Eskimos gekommen? Keiner wußte es, und bald wußte niemand mehr, daß es die Kolonie gegeben hatte. Sagen sprachen undeutlich von ihr.

Später landeten dänische und holländische Wal- und Robbenfänger an der Westküste. Keiner von ihnen suchte nach den alten Siedlungen. Anfang des 18. Jahrhunderts kam ein junger Pastor, Hans Egede, nach Grönland. Er hatte gelesen, was er finden konnte, und wollte die verschollenen Siedlungen finden. Friedrich IV., der König von Dänemark, unterstützte ihn. 1721 landete Egede nach schwerer Überfahrt im Gilbert-Sund mit seiner jungen Frau, vier kleinen Kindern, vierzig Begleitern, Proviant und einem transportierbaren Haus. Er suchte die Küsten ab und fand nur die Siedlungen von Eskimos. Die meisten, unfähig, hier zu leben, kehrten nach Dänemark zurück. Er suchte weiter und fand die Ruinen von Ost-Bygd. Er lernte die Sprache der Eskimos und wirkte als Missionar.

1728 schickte der König von Dänemark, der auf die neue Kolonie Hoffnungen setzte, den ersten Gouverneur nach Grönland, Major Paars. Er legte ein Fort an und nannte es Godthaab. Skorbut schwächte die vom Mutterland für lange Monate des Jahres getrennte Kolonie. Zwei Jahre später befahl der König die Räumung und stellte es Egede anheim, mit allen anderen noch Lebenden zurückzukehren oder auf eigene Verantwortung zu bleiben. Er blieb mit seiner Frau, den Kindern und zehn Seeleuten. 1733 kam ein dänisches Schiff. Der dänische König unterstützte Egede mit einer beträchtlichen Summe jährlich. Drei Missionare kamen als Hilfe, und das gleiche Schiff brachte mit einem jungen Eskimo die Blattern. 2500 Eskimos starben. Egede pflegte die Kranken und begrub die Toten. Im Winter erlosch die Epidemie. Als seine Frau starb, war er müde und kehrte mit ihrem Sarg nach Dänemark zurück. Er wurde zum Leiter der grönländischen Mission ernannt, und als er starb, wurde er der »Apostel von Grönland« genannt. Grönland blieb dänische Kolonie, und die Siedlungen an der Westküste entwickelten sich langsam.

Das war die Geschichte der Westküste. Die Ostküste war zuerst von Hudson 1607 gesichtet worden. Er hatte drei Punkten Namen gegeben. Holländische Walfänger waren vor dem Eisstrom getrieben, auf alten Karten fanden sich holländische Namen: Land van Lambert, Land van Edam. Die holländischen Walfänger waren durch englische verdrängt worden. 1777 wurden zwölf Walfänger, vierzig Meilen vom Land, vom Eis umschlossen und trieben durch den Herbst. Ein Schiff nach dem andern sank, 320 Mann starben, die letzten preßten sich auf dem letzten Schiff zusammen, es kam bei Kap Farewell aus dem Eis heraus.

Andere Schiffe kamen. Scoresby, englischer Walfänger, Abenteurer, Forscher, sichtete die Ostküste zu Anfang des 19. Jahrhunderts und kam vierzehnmal zurück. Er erfand das Krähennest und hatte als erster die Idee, Hundeschlitten zu benutzen, um den Nordpol zu erreichen. Sein Sohn setzte die Erforschung der grönländischen Ostküste fort und nahm die Ostküste vom 66. bis zum 72. Grad nördlicher Breite kartographisch auf. Er zeichnete, trug ein, landete an mehreren Orten, beobachtete Vögel, Moskitos, Gräser, Bienen, Schmetterlinge, fand die Spuren von Eskimolagern, die Asche von Feuern. Er schrieb über die Reisen einige Bücher – Nansen hatte sie gelesen – »Journal of a Voyage to the Northern Whale Fishery« und »Account of the Arctic Regions« von 1820 und 1823.

Gieseke, ein deutscher Mineraloge, in seiner Jugend Schauspieler und Verfasser des Librettos der »Zauberflöte«, untersuchte die Ostküste. Graah, ein dänischer Offizier, drang 1829 in grönländischen Umiaks oder Frauenbooten von der Westküste aus nach Osten bis zum 65. Breitengrad vor. Sabine und Clavering entdeckten nördlich des 66. Breitengrades eine kleine Eskimosiedlung, Hunderte von Meilen von anderen Siedlungen entfernt. 1868 versuchte Petermann, ein deutscher Forscher, sich der Ostküste zu nähern. Ein Jahr später wurde ein deutscher Versuch, den Nordpol zu erreichen, unter Payer und Koldewey mit der »Hansa« unternommen. Das Schiff sank im Packeis. Sie bauten eine Hütte aus Kohlen und trieben 237 Tage bis Frederikshaab, nachdem sie an der grönländischen Ostküste überwintert und auf Schlitten bis zum 77. Breitengrad, über Kap Bismarck hinaus, vorgedrungen waren. 1883 landete Nordenskiöld an der Ostküste. Das war die Geschichte und Gegenwart. Nansen kannte sie und wußte alles, was die Zeit wußte. Grieg fand in alledem nichts Erwärmendes. Was um Gottes willen wollte Nansen auf Grönland?

Nansen sprach weiter. Er glaubte zu wissen, weshalb alle

Versuche der Durchquerung von Grönland gescheitert waren, Nordenskiölds letzten Versuch eingeschlossen, und gerade Nordenskiöld hatte ihm den wichtigsten Hinweis gegeben: man mußte Schneeschuhe benutzen und von Osten nach Westen gehen, da – und er zeigte auf die Karte. Man muß mit einem Schiff bis zum Strom des Treibeises fahren, über das Eis die Küste erreichen, dann zum Inlandeis empor und auf Schneeschuhen losgehen, mit ein paar Schlitten und vier, fünf Leuten. – Und das Schiff? fragte Grieg. – Es wird umkehren. Die fünf Leute werden allein sein und nur vorwärts gehen können, bis zum Ziel. Es gibt keinen Rückweg.

In all den Jahren, vom ersten Blick auf die Küste vom »Viking« an, war Grönland in seinem Sinn gewesen. Er hatte nie davon gesprochen, warum auch, Grieg sollte nicht denken, daß er etwas hatte verschweigen wollen, er hatte nur eben allein darüber nachdenken müssen, und übrigens war er manchmal seiner Sache nicht sicher gewesen. Ja, er liebte die Wissenschaft, er hatte gearbeitet, gut und erfolgreich, wie Grieg wußte, und in diesem Jahr hatte er seine Doktordissertation über das zentrale Nervensystem eingereicht. Er hatte angefangen, sich mit der Entwicklung der Schleimaale zu beschäftigen, mit einer unglaublich interessanten Sache, und er war mit Leidenschaft dabei, wie er selber am besten wußte. – Er hatte Glück gehabt, das gab er zu, es war ihm nicht schwer gemacht worden, und die Monate in Neapel waren fruchtbar und reich gewesen. Ja, auch dort hatte er an das Eis und Grönland gedacht. Der Plan hatte ihn nie verlassen, und jetzt war die Zeit gekommen. Außerdem mußte er es bald tun, denn im vorigen Jahr waren Peary und Madgaard in das Innere von Grönland vorgestoßen, um einen endgültigen Versuch vorzubereiten. Zudem war er jetzt in gewisser Weise frei, seine wissenschaftliche Hauptarbeit war beendet. Wenn er den Doktor hatte – auf und davon.

Dann sagte er, daß er vor allem nach Stockholm gehen würde. Grieg, der das alles nicht recht verstand – er hatte sich für das Eis nie interessiert, und warum eigentlich nach Grönland? – Grieg fragte ihn, was er in Stockholm wollte. Sehr einfach: Nordenskiöld sehen und ihn fragen, was er von seinem Plan halte. Im nächsten Frühling wollte er dann nach Grönland gehen. »Das wird ein harter Frühling, mein Junge, aber ich werde es schaffen.«

Unterdes war ein anderer Freund hereingekommen, Nansen erklärte weiter. Sie waren erregt, das Zimmer wurde ihnen zu eng, sie gingen durch die Nacht und redeten sich heiß. Grieg und der andere spürten, daß, was sie auch an Einwänden vorbrachten, Nansen nicht berührte. Als sie sich trennten, konnte Grieg nicht mehr sagen, als daß er ihm Glück wünschte. Er war bewegt und fühlte, daß der Freund ihnen schon davongeflogen war. Ja, er hatte Flügel, das wußte er, während sie redlich und geduldig durch ihre Tage gingen, aber er war nicht sicher, ob das Ganze nicht Irrsinn sei, obgleich das, was Nansen gesagt hatte, vernünftig und überzeugend klang. Daß Nansen seinen Plan nicht aufgeben würde, war ihm klar.

Nansen fuhr nach Stockholm, und hier war es der norwegische Professor Brögger, der nie mehr vergaß, daß es der dritte November 1887 war, ein Donnerstag, an dem Nansen zu ihm in das Mineralogische Institut kam, um es mit ein paar Worten gewissermaßen in Brand zu setzen.

Nansen war schon dagewesen, als Brögger in das Institut kam. Der Hausmeister sagte, daß ein junger Norweger nach Brögger gefragt habe und wieder weggegangen sei, ohne seinen Namen zu nennen oder seine Karte zurückzulassen. Wie er ausgesehen habe, fragte Brögger. Wie ein Seemann oder so ähnlich; er hatte keinen Mantel. – Sicher war es jemand gewesen, der Hilfe brauchte; es kam öfters vor, daß Landsleute in Not zu ihm kamen.

Dann erschien Professor Wille und sagte, der junge Nansen sei bei ihm gewesen und habe ihm erzählt, daß er nach Grönland gehen würde. – Ob er einen Mantel gehabt hätte, fragte Brögger. – Wieso einen Mantel? Nein. In jedem Fall wollte er über das grönländische Eis gehen.

Dann kam Nansen zu Brögger zurück, schlank, mit breiten Schultern, ein junger Athlet. Unbefangen trat er ein und gab Brögger die Hand.

Er wolle nach Grönland gehen? begann Brögger sofort. – Ja, sagte Nansen ruhig, er meine, daß er das tun wolle, und er setzte Brögger auseinander, wie er sich seinen Plan denke – ruhig, als kannte er Brögger schon seit langem und wüßte, daß er ihm vertrauen könne.

Brögger sah ihn an, während Nansen sprach. Ruhig, gelassen stand dieser junge Mensch vor ihm, und wenn er von den Schwierigkeiten sprach, ging ein Lächeln über sein Gesicht, ein merkwürdig warmes Lächeln, das in den andern eindrang. Brögger wußte plötzlich, daß Nansen durchkommen würde, und eben hatte er ihm noch sagen wollen, daß er das Ganze für Wahnsinn halte. Nansen würde es schaffen. Es war ihm, als kannte er ihn schon sehr lange, und er wünschte, daß sie Freunde werden könnten, für das ganze Leben. Ja, sagte er, sie müßten sofort zu Nordenskiöld gehen, und sie gingen zur Akademie der Wissenschaften, in der Nordenskiöld sein Laboratorium hatte.

Der Assistent flüsterte Brögger zu, der alte Mann sei tief in der Arbeit. Sie traten ein, Brögger begrüßte Nordenskiöld und stellte seinen Begleiter als den Kurator Nansen aus Bergen vor, der die Absicht hätte, über das Inlandeis von Grönland zu gehen. Er sei gekommen, Nordenskiöld um seinen Rat zu bitten. Als Brögger das Eis erwähnte, unterbrach ihn Nordenskiöld mit drei Worten: »Um Gottes willen.« Dann begann Nansen zu sprechen.

Er wußte, was er zu sagen hatte, und dieser alte, große Mann war nicht zu täuschen. Nordenskiöld war für sein Leben wichtig geworden. Er hatte die »Vega« im Eis gesehen, und die Nachricht von Nordenskiölds letztem Versuch hatte ihn entzündet. Jetzt stand er vor ihm und sprach über Schlitten, Schneeschuhe, Proviant, Entfernungen, und der alte Mann sah ihn an und suchte sein Gesicht ab. So hatte er, Nordenskiöld, angefangen, vor langen Jahren. Einmal mußte man anfangen, man mußte mit zusammengebissenen Zähnen in das eisige Wasser des ersten Abenteuers springen. Dieser junge Norweger würde es tun. Er spürte die ruhige Entschiedenheit in seiner Stimme. Ob er durchkommen würde? Das Unberechenbare war im Eis stärker als anderswo. Aber Nansen war es wert, daß man ihn unterstützte.

Er sollte wiederkommen, sagte Nordenskiöld zu Nansen, jetzt hätte er zu tun. Als sie hinausgingen, flüsterte Brögger ihm zu, was er meinte, er, Brögger, sei dafür, daß man ihm helfe. Nordenskiöld sagte, er hätte recht, und Brögger merkte, daß Nansen auf Nordenskiöld Eindruck gemacht hatte.

Sie gingen zu Brögger nach Hause und sprachen bis zum späten Abend über Nansens Plan. Plötzlich klingelte es, Nordenskiöld trat unerwartet ein. Er hatte über Nansens Plan nachgedacht und wollte noch mit ihm sprechen. Als sie sich trennten, war es früher Morgen, und sie sahen sich auch am anderen Tag.

Nansen hatte mehr erhalten, als er je hätte erwarten können. Ein paar Menschen vertrauten ihm.

Zu ihnen zu sprechen, war leicht gewesen, wenn er auch nicht sicher gewesen war, wie sie es aufnehmen würden. Eine andere Sache war es, in die Öffentlichkeit zu treten und das Geld für ein Unternehmen zusammenzubringen, dem man, er wußte es, mit Kopfschütteln, offener Ablehnung und Hohn begegnen würde.

»Ich beabsichtige, im Sommer eine Reise über das grönländische Inlandeis von der Ostküste zur Westküste zu unternehmen«, fing sein Gesuch um Unterstützung an das norwegische Collegium Academicum an; er bat um fünftausend Kronen. Die Regierung lehnte das Gesuch ab. Ein offizielles Blatt drückte die Gründe dafür kühl genug aus: die Regierung sähe nicht den geringsten Grund, warum das norwegische Volk einem Privatmann eine Vergnügungsreise nach Grönland ermöglichen sollte.

Er las, was die Zeitungen schrieben. Sie sprachen von Unvernunft, Narrheit, von Selbstmord im Eis, von verletzten Gefühlen der Grönländer. Er las, was ein Witzblatt in Bergen dazu sagte: »Hinweis! Im nächsten Juni wird Kurator Nansen auf dem Inlandeis von Grönland eine Vorstellung im Schilaufen und im Weitsprung geben. Numerierte Plätze in den Gletscherspalten. Rückfahrkarte nicht notwendig.«

Er hörte, was die Freunde und Bekannten sagten. Die Freunde verstanden es nicht, die Bekannten bedauerten ihn. Alle anderen hielten ihn für einen Narren. War er nicht immer ein Sonderling und Narr gewesen, sagten sie, dieser junge Mann, der Kaffeehäuser und literarische Zirkel mied, im tiefsten Winter ohne Mantel herumlief und in seinem enganliegenden Wollanzug wie ein Seiltänzer aussah, nicht wie ein Wissenschaftler mit Würde und Haltung? Übrigens konnte es auch mit seiner Wissenschaft nicht weit her sein, denn anstatt wie andere junge, hoffnungsvolle Leute am Tisch zu sitzen, rannte er in den Bergen herum, lief sinnlos über das Gebirge, schwamm, jagte, fischte; alles verdächtig. Natürlich würde er im Eis umkommen.

Sie brauchten ihm nichts zu sagen, nichts vorzuhalten. Er wußte genau, was vor ihm lag. Sie brauchten ihn nicht daran zu erinnern, daß es noch keinem geglückt war, das Inlandeis von Westen nach Osten zu überqueren. Und nun von Osten nach

Westen – Narrheit. Er hatte den Strom des Treibeises vor der Küste gesehen. Der »Viking« war sechsundzwanzig Tage vor Grönland im Eis getrieben. Daß es kein Spaziergang werden würde, wußte er. Er wußte, daß er für das Leben derer, die mit ihm gehen würden, verantwortlich sein würde, und sein eigenes Leben war ihm kostbar genug, um es nicht leichtsinnig wegzuwerfen. Erstaunlich genug nach allen Angriffen, allem Hohn, daß es nicht nur beim Planen blieb; daß plötzlich Geld da war. Im Januar 1888 teilte ihm das Collegium Academicum mit, daß der dänische Staatsrat Gamél fünftausend Kronen zur Verfügung gestellt hatte. Nansen sprang in die Vorbereitungen.

Er hatte recht gehabt, wenn er zu Grieg gesagt hatte, daß es ein harter Frühling werden würde. Er gehörte nicht zu denen, die sagten, daß es schon irgendwie gehen wird. Er haßte das »Irgendwie«. Jeder wirkliche Ratschlag war wichtig. Nordenskiöld und Rink, der Grönland kannte und die Existenz des Inlandeises festgestellt hatte, gaben ihm ihren Rat. Die Ausrüstung mußte durchdacht werden. Jedes Stück war wichtig. Ein fehlendes Stück konnte zum Scheitern führen. Da waren die Schneeschuhe. Mit ihnen stand und fiel das Unternehmen. Er suchte aus, verwarf, prüfte. Die Bindungen, die Stöcke, die Holzart, alles war wichtig. Nicht jedes Holz besaß die gleiche Gleitfähigkeit. Unzählige Überlegungen: was für Proviant, wie mußten die Schlitten sein, wie das Boot, das sie zur Küste bringen sollte. Er notierte, prüfte. Er ging in die Berge und schlief im Freien, um die Schlafsäcke zu erproben; er entschied sich für Schlafsäcke aus Renntierfell statt für wollene. Unzählige Überlegungen. Das Überflüssige würde belasten. Immer wieder: alles mußte leicht sein. Expeditionen scheiterten oft an dem Zuviel der Ausrüstung, nicht nur am Zuwenig. Dazwischen ein Vortrag in Bergen über Natur und Leben in Grönland. Dann nach Oslo, um die These seiner Doktorarbeit in einem Vortrag zu erörtern. Wieder zurück nach Bergen und schon auf dem Wege nachdenkend. Da waren die Schlitten. Er mußte andere Schlitten haben, als sie bei Expeditionen allgemein benutzt wurden. Sie mußten stark und leicht sein, sie durften nicht zu tief im Schnee einsinken. Die Kufen mußten breit genug sein. Er selber konstruierte nach dem Vorbild des norwegischen Schischlittens einen Schlitten aus Esche, der durch Bindungen zusammengehalten wurde. Nägel waren zu schwer und gefährlich. Der ganze Schlitten wog nicht ganz dreißig Pfund. Da waren die Kochapparate, die nicht versagen durften, die Kleidung, die warm und leicht sein mußte, schneedichte Zelte, Schuhe, Handschuhe, Kopfbedeckungen, Schneebrillen, Werkzeuge, wissenschaftliche Instrumente. Der Proviant, sorgfältig durchdacht und geprüft, würde bestehen aus Fleischpulver, Fleischkeks, Butter, Käse, Schokolade, Milch, Trockenfisch, etwas Tee, etwas Kaffee und Tabak. Alkohol war nicht dabei. Niemand sagte ihm, welche Art von Schuhen die beste sei; er wählte lappische Lauparsko, eine Art von Mokassins. Die Listen wuchsen an. Hatte er etwas vergessen? Ja, die Kerzen. Zu den Kerzen gehörten Zündhölzer, sie waren so wichtig wie Gewehre und Munition, sie bedeuteten Wärme, und Wärme war Leben. Dort, wo sie gehen würden, war das eisige Nichts, einen Monat lang. In der Kindheit hatte man von Robinson Crusoe geträumt. Jetzt wurde der Traum wahr: Robinson auf Grönland, und Robinson mußte sich fragen, wie die Schneebrillen sein sollten, die sie tragen würden.

Sie: denn er ging nicht allein. Und wenn er der Kopf und das Herz des Unternehmens sein würde und der eine und einzige, bei dem die ganze und von ihm nicht gescheute Verantwortung lag, es waren die andern, die das Unternehmen mit ihm zusammen tragen würden. Aber welche andern?

Je kleiner die Expedition war, um so besser. Das Risiko mußte soviel wie möglich verringert werden. Fünf Begleiter sollten mit ihm gehen, er suchte und fand sie. Von den vierzig, die sich meldeten, fielen die meisten sowieso aus, es waren, wie immer, Träumer, Schwätzer, gescheiterte Naturen, Aufschneider, Leute guten Willens ohne Erfahrung. Er suchte aus: Otto Sverdrup, vierunddreißig, einen Bauern, Jäger, Seemann; Dietrichson, einen jungen Offizier und Feldmesser, zweiunddreißig, der das norwegische Gebirge kannte und ein hervorragender Schiläufer war; Kristiansen, einen Bauern und Seemann, der nach Nansens Meinung mit vierundzwanzig zu jung für das Unternehmen war. Nansen war siebenundzwanzig; an sich selber als jung dachte er nicht. Zu den dreien kamen Balto, ein Flußlappe von Karasjok, siebenundzwanzig, der gebrochen norwegisch sprach und über den sie oft lachten, und Ravna, fünfundvierzig, ein Berglappe, der eine kleine Herde von Renntieren zurückließ. Nansen dachte, daß die Lappen, ausdauernd und intelligent, von mehr als gewöhnlichem Nutzen sein würden. Ravna, verheiratet und Vater von fünf Kindern, beunruhigte ihn. Die Lappen waren bestürzt, als sie von der Art des Unternehmens hörten. Er mußte sie nehmen, wie sie waren, und hoffen, daß sie sich bewährten.

Er hatte alles getan, um das Unberechenbare so gut wie möglich auszuschalten, und war ruhig. Daß zu allen menschlichen Unternehmungen Glück gehört, wußte er. Die Expedition war in einigen und entscheidenden Punkten besser ausgerüstet als manche anderen, er hatte ihre Erfahrungen im Guten wie im Verhängnisvollen benutzt.

Der Aufbruch war nicht sonderlich glanzvoll. Nansen schickte die fünf Begleiter voraus, in Leith in Schottland sollten sie auf ihn warten. Dann wollten sie nach Island fahren, um den Robbenfänger »Jason« zu treffen. Der »Jason« sollte sie zur Küste von Grönland bringen, an einer bestimmten Stelle würden sie in die Boote gehen, um über den Treibeisstrom die Küste zu erreichen. Das Schiff würde umkehren, sie würden allein sein. Er hatte das alles bedacht.

Einige Zeit vor dem Aufbruch nahmen alle bei Rink, dem Grönlandforscher, einen Kurs in der Eskimosprache, um wenigstens die notwendigsten Worte sprechen zu können. Am letzten Abend, als sie vor der Tür standen, um Lebwohl zu sagen, kam es Frau Rink in den Sinn, zu Nansen zu sagen, er sollte doch auch zum Nordpol gehen. Sie sagte es im Scherz. Nansen antwortete, als habe er auch das schon bedacht, daß er es tun würde.

Er fuhr allein nach Kopenhagen, um von einigen Leuten, die Grönland kannten, die letzten Auskünfte zu erhalten, und traf die andern in Leith. Auf der »Thyra« erreichten sie Island. Der »Jason« wartete auf sie. Merkwürdig, daß es der »Jason« war. Es war das erste Schiff gewesen, das er in der Arktis gesehen hatte. Jason ... würden sie das Goldene Vlies finden? Genauer: ein weißes Vlies von eisiger Schönheit.

Am 4. Juni 1888 verließ das Schiff den Dyrafjord. Nansen hatte ein Islandpony an Bord genommen und hoffte, es für den großen Versuch verwenden zu können. Diese kleinen, wilden Pferde waren von erstaunlicher Kraft. Am 5. Juni waren sie in der Dänemarkstraße und bald sahen sie die ersten Robben. Das Fahrtziel des »Jason« waren die Robbengründe, und Nansen hatte mit den Schiffseigentümern vereinbart, daß das Schiff sie im Laufe seiner Fahrt vor Grönland absetzen würde.

Alles, was vor Jahren gewesen war, kam zurück: der Flug der Eismöwen und ihre gellenden Schreie, das Leuchten der Sonne und der Sterne, die Flammen der Nordlichter und die ungeheure Stille des Eises.

Er war zurückgekommen.

Die Welt war weitergegangen. Hier hatte sich nichts verändert. Das Licht kam und ging, das Eis trieb dahin, Nebel erschien und löste sich auf.

Am 11. Juni sahen sie die Berge und Gletscher der Ostküste von Grönland. Der »Jason« versuchte, durch eine Öffnung im Eis dem Lande näher zu kommen, aber er zog sich wieder zurück, als Gefahr bestand, daß das Schiff vom Eis umschlossen würde. Sturm und Nebel kamen. Das Islandpony mußte erschossen werden, weil kein Futter mehr da war. Das Schiff trieb vier Wochen an der Küste entlang, ohne dem Lande näher zu kommen. Das Unberechenbare sah Nansen kalt und gleichgültig an. Es wartete darauf, daß Nansen sagen würde: Jetzt. Sie trieben nach Süden. Zwischen dem Schiff und dem Geheimnis lagen vierzig Meilen schnell strömenden Eises.

VI

WEISSER STROM UND NEUE ERDE

»...unsere zwei Boote warten schon auf unsere Abreise. Da hier wenig Eis ist, habe ich mir zu dem Boot, das wir von zu Hause mitgenommen haben, eines der Jagdboote vom ›Jason‹ geliehen. Es ist praktischer, zwei zu haben, und auch sicherer für den Fall, daß eines vom Eis zerpreßt wird.

Und nun ist es Zeit für uns, dem mutigen und ausgezeichneten Schiffer des ›Jason‹, Kapitän Jacobsen, und seinen Leuten Lebwohl zu sagen. Wir nehmen vom ›Jason‹ viele liebe Erinnerungen an gute Freunde und angenehme Stunden mit. Wir besteigen unsere Boote mit ungebrochener Hoffnung auf ein erfolgreiches Unternehmen. Ein griechischer Philosoph hat bemerkt, daß Hoffnung der Traum der Wachenden sei, und in der Tat erfüllten sich Träume manchmal. Ich bin sicher, daß sich unser Traum erfüllen wird.

Ich hoffe, Kristianshaab zu erreichen, ehe das letzte dänische Schiff im September abfährt; in diesem Fall werden wir im Herbst zu Hause sein. Wenn nicht, werden wir im nächsten Sommer kommen. Auf Wiedersehen. Ihr Fridtjof Nansen.«

Der Brief war für die norwegische Zeitung »Morgenbladet« bestimmt, Kapitän Jacobsen sollte ihn mitnehmen. Es war der 17. Juli 1888.

Am frühen Morgen war Nansen aus dem Mastkorb herabgeglitten und hatte sich entschieden. Ihm war leicht und freudig zumute wie vor einem Tanze. In den letzten Tagen war der »Jason«, nach Südwesten treibend, der Küste näher gekommen. Am 14. Juli hatten sie, fünfunddreißig Meilen entfernt, Ingolfsfjeld gesichtet, am 16. Kap Dan, aber das zusammengepreßte Eis war zu gefährlich. Am 17. schien eine Öffnung tief in das Eis hineinzuführen, die sie benutzen konnten. Hinter dem Eis lag offenes Wasser. Noch einmal in den Mastkorb, um zu sehen, wie sie fahren mußten, und dann das letzte Wort. Letzte Worte waren immer schwerfällig, man wollte mehr sagen als man konnte, und sagte das Banalste. Gute Reise. Dank. Alles wird gut gehen. Sicher. Auf Wiedersehen zu Hause. Dann stiegen sie in die Boote. Nansen, Dietrichson und Balto waren in dem einen, Sverdrup, Ravna und Kristiansen in dem zweiten. Die Besatzung des »Jason« rief Hurra und feuerte ihre Gewehre ab. Der Hall der Schüsse schwebte über dem knirschenden Eis. Die Boote stießen vom Schiff ab, sie begannen zu rudern. Es war gegen sieben Uhr abends. Über den Bergen der Küste lagen schwere Wolken. Das Licht der untergehenden Sonne kam noch mühsam durch. Es fing an zu regnen. Der Regen wurde stärker und schlug in die Gesichter.

Das Abenteuer hatte begonnen. Nansen hatte erklärt, daß man ohne die Möglichkeit des Rückzugs vorwärtsgehen und die Brücken hinter sich abbrechen müßte. Die Brücken waren abgebrochen. Jeder Ruderschlag führte sie weiter vom Schiff fort.

Das dritte Boot, das sie ein Stück begleitet hatte, kehrte bald um. Sie waren allein.

Rudernd zwangen sie sich durch Lücken offenen Wassers zwischen dem treibenden Eis. Das Land war schon so nahe, daß sie die Einzelheiten der Felsen am Sermilikfjord erkennen konnten. Dann schob sich das Eis zusammen. Mit Äxten und Brechstangen arbeitend, versuchten sie die Boote weiterzubringen. Von Zeit zu Zeit zerrten sie die Boote aus dem Wasser, schleppten sie über das Eis, fuhren weiter. Der Eisstrom war stark und trieb sie schnell von ihrem Kurs ab. Das Eis schob sich zusammen und drohte die Boote zu zerpressen. Sie zogen sie auf eine Eisscholle, dabei wurde Sverdrups Boot schwer beschädigt. Sie mußten es entladen und ausbessern. Unterdessen schloß sich das Eis. Sturmwolken jagten schwer heran, es regnete in Strömen. Sie mußten die Nacht auf der Eisscholle verbringen und krochen erschöpft in das Zelt. Sie wachten abwechselnd.

Am Morgen konnten sie das Schiff noch sehen. Es hatte gewartet, und jetzt mochte Jacobsen sie sicher an Land wissen. Sie sahen, daß es mit voller Kraft davonfuhr. Dann entschwand es. Während des ganzen Tages blieb das mit erstaunlicher Schnelligkeit treibende Eis geschlossen, und sie mußten warten. Nach gutem Anfang sah das nicht aus. Sie wurden von dem Ort abgetrieben, an dem sie hätten landen wollen. Am Morgen des 19. Juli waren sie zweimal so weit von der Küste entfernt wie am Tage des Aufbruchs, und sie wußten nicht, wo und wie sie die Küste erreichen würden; aber sie waren ruhig. Das Eis zeigte eine Öffnung, sie brachten die Boote zu Wasser und versuchten, im Eisstrom treibend, dem westlichen Rande des Eises näher zu kommen. Dann mußten sie es aufgeben, und sie zerrten die Boote wieder auf eine Eisscholle, um zu warten. Im Osten war ein leises Donnern zu hören. Das war die Brandung der offenen See gegen den Ostrand des Eises.

Der Regen hatte aufgehört, in der Glorie des Sonnenunterganges sahen sie die wilde, einsame Größe der Küste mit dem hinter den Bergen verfließenden endlosen Inlandeis. In der Nacht brach die Scholle, auf der sie lagen. Sie schleppten alles auf eine andere Eisscholle, die größer war und sicherer schien. Das Donnern der Brandung nahm zu, die Dünung wurde schwerer und schwemmte über das Eis, mit erschreckender Geschwindigkeit trieben sie dem Rande des Eises und dem offenen Meere zu.

Morgens vermißte Nansen die beiden Lappen und suchte nach ihnen. Dann bemerkte er, daß ein paar Persenninge über eines der Boote gezogen waren, und er hörte im Boot eine Stimme lesen. Er hob behutsam eine Decke empor und sah Balto und Ravna im Boot liegen. Balto las mit lauter Stimme aus seinem lappischen Neuen Testament vor. Nansen deckte das Boot, ohne etwas zu sagen, wieder zu. Arme Kerle, dachte er. Sie hatten mit dem Leben abgeschlossen und bereiteten sich nach ihrer Art auf das Ende vor. Was sollte er auch von ihnen erwarten? Sie waren nicht er, sie verstanden seinen Plan nicht und waren, ohne es zu wissen, in ein Abenteuer gerissen worden.

Aber auf die drei andern konnte er sich verlassen. Nicht ein Zug von Spannung war in ihren Gesichtern. Sie aßen und lachten, während die Scholle, auf der sie sich befanden, sich hob und senkte. Ruhig sahen sie die langen Wogen kommen. Sie hoben sich mit ungeheurer Kraft, stürzten auf die Eisschollen, ihre grünen Brüste leuchteten, dann brachen sie sich und schleuderten Fetzen von Eis in den kaltblauen Himmel. Wenn sie wirklich sterben sollten, hatten sie sich einen seltsamen und großartigen Ort ausgesucht.

Jetzt sahen sie den Gischt der Brandung, die Brecher nahmen zu. Sie waren ruhig, und was sie sagten, war alltäglich. Die Lappen waren stumm gefaßt. Die Dünung war so mächtig geworden, daß sie, im Tal der Wogen schwebend, das Eis ringsum nicht mehr sehen konnten. Wenn sie die Eisscholle verlassen mußten, und das würde wahrscheinlich in ein paar

Stunden sein, mußten sie versuchen, mit Booten durch die Brandung zu kommen, das war ihre letzte Chance. Proviant und Munition wurden auf die Boote verteilt, aber dann entschied Nansen, daß sie nur ein Boot benutzen wollten.

Die Nacht kam. Nansen schickte alle in das Zelt, damit sie noch einmal schliefen. Bald würden sie alle Kraft brauchen, um im offenen Meer zu rudern und sich vom Eis fernzuhalten. Auch er kroch in den Schlafsack. Wie einsam war hier alles. Er spürte die Bewegung des Meeres wie einen tiefen, beinahe gleichmäßigen Atem. Jetzt kam das Donnern der Brecher. Horch! Stille dann und in dieser Stille das Zittern des Eises. Wieder der Donner, lang hinrollend. Waren sie am Ende? Was hieß das: am Ende sein? Solange man lebte, war man nie am Ende. Das Kommen des Unerwarteten bedeutete nicht, daß man aufgab. Sverdrup hatte die Wache. Gut, daß er ihn mitgenommen hatte. Alle waren gut. Er hatte sich nicht versehen.

Dann wachte er von einem Rauschen dicht neben dem Zelt auf. Er lag im Zelt wie in der Kabine eines Schiffes bei schwerer See. Sie mußten jetzt der Brandung nahe sein, er lag wach und wartete darauf, daß Sverdrup rufen würde. Aber er hörte nur die gleichmäßigen Schritte des Wachenden. Jetzt kamen sie heran, hielten am Zelt. Dann entfernten sie sich. Er konnte Sverdrup sehen, die Hände in den Taschen, langsam auf und ab gehend. Dann schlief er wieder ein.

Am nächsten Morgen trieb die Eisscholle, auf der sie sich befanden, erstaunlicherweise landwärts. Der Sturm war erloschen. Sverdrup sagte, daß er in der Nacht ein paarmal am Zelt gestanden habe, um sie zu wecken. Er öffnete schon einen Knopf, sah zu den Booten, die schon im Wasser lagen, knöpfte leise wieder zu und beobachtete die Brandung. Die Scholle trieb bis zum äußersten Rand des Eises. Wieder ging er zum Zelt, wartete einen Augenblick. Jetzt mußten sie in die Brandung kommen. Und jetzt, als schöbe eine mächtige Hand sie vom Ende fort, jetzt bewegte sich die Scholle von der Brandung weg, dem Lande zu. Er konnte sie ruhig schlafen lassen. Der Morgen kam.

Sie trieben nach Südwesten, und die beste Zeit des Sommers war vertan. Wind, Regen, Nebel und wieder das Licht. Der Ton der Brandung wurde schwächer. Wieder brachten sie die Boote zu Wasser und versuchten, durch die Öffnungen zwischen den

Eisflächen dem Lande näher zu kommen, und wieder gaben sie es auf. Dann schleppten sie die Boote über das Eis. Die Drift war schnell, manchmal sah es aus, als würden sie wieder seewärts getrieben. Schwarze Enten flogen über ihnen nach Norden. Ein Rabe erschien von Südwesten. Das waren Grüße vom Land, das sie sahen und nicht betreten konnten. Ein Bär tauchte auf und verschwand lautlos, ehe Nansen schießen konnte. Die Nächte wurden kälter, und wenn der Mond kam, trieben sie in einer stummen Zauberwelt.

Nansen übernahm gewöhnlich die erste Wache, um seine Zeichnungen von der Küste zu beenden. Er zeichnete viel in diesen Tagen und photographierte mit dem Eastman-Apparat. Bald wurde es für Augen und Hand zu dunkel. Es war vollkommen still, auch der Wind war schlafen gegangen, nur das Meer atmete in tiefen Zügen. Ein fahles Lichtband zwischen dem Mond und dem Eis zeigte im Osten die offene See an. Die Schneeberge der Küste standen scharf gegen den Himmel. Es war Sommer ... Sommer in Norwegen ... die roten Häuser auf den Felsen leuchteten, die Lustschreie der Badenden hallten. Wie kühl die Flüsse waren. Aber auch das hier war schön, von einer außermenschlichen Schönheit, in der alles zur Ruhe kam und jedes Begehren erlosch. Keine Frage nach Gelingen oder Versagen. Hier gab es weder Sieg noch Niederlage, nur das schweigende Eingebettetsein in Stille. Aber bedeutete es, daß man aufgab, weil zuletzt alles umsonst und nur ein flüchtiger Traum war? Der Mensch war geschaffen zu kämpfen. Man konnte besiegt werden, aber man gab nicht auf.

Manchmal, wenn er nicht schlafen konnte, kroch er aus dem Schlafsack und trat zu dem Wachenden, zu Sverdrup vielleicht, und sie redeten halblaut miteinander und sprachen von ihrer Schulzeit. Wenn sie lachten, klang es merkwürdig in der Stille. Er erinnerte sich ... die Bubenschlachten, der erste Schilauf auf der Huseby-Schanze, die chemischen Experimente mit Karl und ihre schwarzen Gesichter nach der Explosion ... das schien alles geträumt zu sein. Und auch das hier schien wie ein Traum, schwebend in eisigem Frieden. Vielleicht suchte man Anstrengungen und Erschöpfung nur auf, um eine Nacht lang so dahinzugleiten.

Am 28. Juli hatten sie den inneren Rand des Eisstromes erreicht und brachten die Boote endgültig zu Wasser. Die Gefangenschaft im Eis war zu Ende. Die Brandung, die sie hörten, kam vom Lande. Sie waren in der Nähe der Insel Kekertarsuak. Einen Tag später knirschten die Boote ans Ufer. Sie hatten das Land erreicht.

Sie stampften die Erde und sangen und lachten. Sie waren wie Kinder. Alles war ihnen frisch und neu. Ein Moosfleck, eine Blume zwischen den Felsen, es war ihnen, als hätten sie nie Augen gehabt. Man mußte die Erde verloren haben, um zu wissen, was die Erde war. Erde: so köstlich, so zauberhaft und der Ort unserer Kämpfe und unseres Friedens, unserer Liebe und Trauer, der einzige Ort unseres Lebens. Der irdische Tag umfing sie. Die beiden Lappen jagten in die Berge hinauf, ihre Freudenschreie klangen durch die Stille.

Nansens Plan war es gewesen, am Sermilikfjord zu landen und von da über das Inlandeis zu gehen. Sie waren etwa fünfhundert Kilometer nach Süden getrieben, und kostbare Zeit war verloren, zuviel Zeit. Er hätte jetzt nach Frederikshaab oder Julianehaab gehen können, um auf den nächsten Sommer zu warten. Er konnte das Inlandeis von dem Ort, an dem sie gelandet waren, überqueren. Wäre das nicht ein armseliger Ersatz für seinen Plan gewesen?

Er wollte so weit nach Norden rudern, wie die Zeit es erlaubte, so wenig schlafen wie möglich, so schnell essen wie möglich. Sie würden von Keks, Wasser, Pemmikan (einem Fleischpräparat) und getrocknetem Fleisch leben und keine Zeit an das Kochen verlieren, um den Rest des kurzen Grönlandsommers zu nutzen.

Das Festmahl am Ort ihrer ersten Landung mit Schokolade, Käse, Marmelade war das letzte für lange Zeit. Wie lang diese Zeit sein würde, wußte Nansen nicht. Gegen fünf Uhr nachmittags bestiegen sie die Boote und ruderten nach Norden.

VII

DER GEFRORENE PFAD

»Während die Boote entladen wurden«, schrieb er in sein Tagebuch, »kochte ich Kaffee. Es war die zweite warme Mahlzeit, die wir während der zwölf Tage unserer Fahrt an der Küste entlang hatten. Wir labten uns an Abendessen und Kaffee auf den Felsen unten am Boot; sogar die Lappen schienen zufrieden. Wir wußten, daß wir einen unserer Bestimmungsorte erreicht und eine unserer Mühseligkeiten hinter uns gebracht hatten. Sicherlich: der schlimmste Teil des Unternehmens lag noch vor uns, aber wir würden auf festem Grund gehen, mit verläßlichem Eis zu tun haben, nicht mit Treibeis und nicht mit Booten, die jeden Augenblick zerpreßt werden konnten. Vor allem die Lappen würden sich auf den Schneefeldern des Inlandeises wohler fühlen als zwischen den launenhaften Eisschollen.«

Dann beschrieb er den Ort, an dem sie am 10. August gelandet waren: graue, nackte Gneisfelsen zwischen den erstarrten Strömen zweier Gletscher, auf denen ihr Zelt im Windschutz stand, und wenn sie morgens aufwachten, flammte der lichtblaue Spätsommerhimmel über dem Umivik-Fjord, dem Meer und dem Inlandeis. Manchmal rollte ein Donner in der Ferne und verschwebte; ein Eisberg war geboren worden. Sie waren angekommen, um wieder aufzubrechen.

Zwölf Tage lang und oft in der Nacht hatten sie gerudert. Mit Äxten und Bootshaken hatten sie sich durch dichtes Eis geschlagen und die Boote geschleppt, um wieder im freien Wasser zu fahren. Eisberge schlugen um, plötzlich kämpften sie gegen einen Sturm von Wogen. Riesige Trümmer brachen von den Gletschern ab und gefährdeten sie. Sie trafen Eskimosiedlungen und traten in die von Zukunft unbeschwerte heitere Gastfreundschaft der kleinen Jäger und Fischer ein, um sie nach einer Nacht wieder zu verlassen. Sie hatten kaum geschlafen und gehetzt gegessen.

Proviant, Schneeschuhe, Schlitten wurden überprüft, die Boote an einem geschützten Ort geborgen, Dietrichson zeichnete eine Karte des Ortes, Nansen und Sverdrup stiegen zum

Inlandeis empor, um einen Weg zu finden. Sie tasteten sich mühsam zwanzig Kilometer weit über Spalten und Schneebrücken zur offenen, ansteigenden Fläche des Eisschildes empor, die hier und da von nackten Felsen, nunataks, unterbrochen wurde. Sie übernachteten zum erstenmal, neunhundert Meter hoch, auf dem Eis.

Am Abend des 16. August brachen sie mit fünf Schlitten nach Kristianshaab auf. Es regnete, als sie den steilen, schwierigen Anstieg hinter sich brachten. Manchmal hatten drei Mann einen Schlitten zu ziehen, und sie arbeiteten mit einer kurzen Unterbrechung um Mitternacht bis zum Morgen. Während die anderen durchnäßt in das Zelt krochen, ging Dietrichson zum letzten Rastplatz zurück, um den Käse zu retten, den sie dort vergessen hatten.

Sie traten in die Eiszeit ein. Von nun an bestand ihr Leben aus dem Ziehen der schweren Schlitten. Die Stricke schnitten in die Schultern ein. Der Schnee wurde schwer, die Schlitten sanken tief ein. Das Eis wurde rissig. Vorsichtig bewegten sie sich über Schneebrücken. Der Regen wurde zum dröhnenden Strom. Tagelang lagen sie wartend im Zelt, und sie aßen kaum, um Proviant zu sparen. Dann kam der Schnee. Sie schmolzen ihn in Blechflaschen, die sie auf der nackten Brust trugen, um Wasser zum Kochen zu haben. Wasser zum Waschen und Reinigen der Eßschüsseln und des Topfes hatten sie nicht.

Tags brannte die Sonne sie aus, nachts kam Frost. Im gläsernen Licht des Mondes bewegten sie sich durch eine blausilberne, tote Wüste, Kundschafter des neunzehnten Jahrhunderts in eisiger Urwelt. Das Spiel der Nordlichter glich einer riesigen Vorstellung, deren Zuschauer sie allein waren, und sie bezahlten mit Schweiß und Erschöpfung. Sie: denn es gab nicht Nansen, Sverdrup und die anderen als einzelne mehr; die sechs, die über den Eisschild von Grönland gingen, waren ein Ganzes. Ab und an lachten sie über Balto und sein gebrochenes Norwegisch, und wenn sie im Zelt lagen und heißen Tee tranken, fühlten sie, daß das Leben gut war und der Tag sich gelohnt hatte.

Schneestürme schossen ohne Halt über die ansteigende Fläche, auf der sich das Eis zu Wogen bäumte. Sie schleppten die Schlitten zur Höhe der Wogen und ließen sie in das Tal hinabgleiten, um wieder zu beginnen.

Der Frost nahm zu. Sie gaben die Nachtmärsche auf und

gingen am Tage. Um die Schlittenlasten zu verringern, benutzten sie die Ölhäute der Schlafsäcke als Brennstoff. Ölhäute schienen dafür nicht sonderlich geeignet zu sein, denn am nächsten Morgen konnten sie die Rußkruste mit dem Messer aus ihren Gesichtern kratzen. Sie glichen Wilden und brüllten vor Lachen.

Am 24. August wurde bei steilem Anstieg der Schnee so schwer, daß alle zwei Kilometer eine Tafel Fleischschokolade verteilt wurde. Dann ging es besser – bis zur nächsten Tafel. An diesem Tage schleppten sie die Schlitten zehn Kilometer. Abends saßen sie vor dem Zelt und aßen Haferkeks mit Zucker und Schnee, der mit Zitronensäure übergossen wurde. Es schmeckte köstlich, beinahe wie italienisches Granite-Eis, und Nansen erinnerte sich an Sommernächte in Neapel. Dann fiel wieder Schnee. Stürme dann, der sausende Schnee drang durch alle Ritzen und verschüttete das Zelt. Im Schlafsack zu liegen und zu frühstücken war angenehm. Aber der Tag in der Wüste war endlos, und sie gingen durch ein wirbelndes, keuchendes Nichts.

Da sie langsamer vorwärts kamen, als Nansen erwartet hatte, und sie das letzte Schiff in Kristianshaab nicht mehr erreichen würden, entschloß sich Nansen, nach Godthaab zu gehen. Der Weg war kürzer, sie mußten das letzte Schiff nach Europa bekommen. Godthaab – das Schiff – richtiges Wasser – welche Träume. Wenn man es noch nicht gewußt hatte: Wasser war eine Herrlichkeit. Die einfachen Dinge erhielten Wert und Größe in der Entbehrung.

Die Zeit verlor ihre Grenzen. Der Schnee wurde zu einem totenstillen oder stürmischen Ozean, in dem es nur drei Dinge gab: die Sonne, den Schnee und sie selber, an Schlitten gefesselt. Längst waren die schwarzen Felsen der nunataks verschwunden; sie waren beinahe wie menschliche Zeichen gewesen. Wie durch blauen Lehm zogen sie, nur daß der Lehm Schnee war. Das Aufstehen wurde zur Anstrengung. Die kargen Mahlzeiten waren Erlösung vom Joch. Wenn sie abends nach zehn Kilometern das Zelt mit klammen Händen errichteten, waren sie zufrieden. Die Kälte nahm bis zu 45 Grad zu, Strümpfe und Schuhe gefroren tags zu einem Stück, das in der Nacht kaum auftaute. Ihr Haar fror am Schlafsack fest. Morgens fiel es ihnen schwer zu sprechen. Keiner beneidete Dietrichson, der als Meteorologe am Abend noch seine Berechnungen und Messungen durchführte, seine Hände waren am schlimmsten mitgenommen. Am meisten entbehrten sie Wasser und Fett; es stellte sich heraus, daß der Pemmikan nicht fetthaltig genug war.

Das Schlimmste des Tages kam morgens für den, der eine Stunde früher als die andern aufstehen mußte, um das Frühstück fertigzumachen. Meist tat Nansen es, damit nicht zuviel Zeit verlorenging. Er kroch aus dem Schlafsack, wärmte den Kocher, füllte die Lampe mit Brennstoff, suchte nach den Dochten, die er in der Hosentasche trug, um sie trocken zu halten, entzündete die Lampe und achtete darauf, daß die Flamme nicht zu stark oder zu schwach war. Wenn der Tee fertig war, weckte er die andern, sie frühstückten im Schlafsack. Dann standen sie auf, reinigten die Schlittenkufen, brachen das Zelt ab, beluden die Schlitten, und der Tag begann.

Unterwegs aßen sie etwas Fleischschokolade. Gegen fünf Uhr tranken sie Tee. Wenn sie abends hielten, wurde der Grund für das Zelt gereinigt, das Zelt aufgerichtet, und Ravna bereitete das Abendessen. Sie hatten den ganzen Tag auf den Abend gewartet, und wenn sie um das schwache Licht des Kochers saßen, war die Mühsal vergessen.

Am 14. September hatten sie bei 2716 m über dem Meer die Höhe des Inlandeises erreicht, die Fläche fing nun an, langsam abzufallen. Nach ihren Berechnungen konnten sie vom Lande nicht mehr weit entfernt sein; etwa sechzig Kilometer. Die Kälte nahm rasch ab, und jetzt wußten sie, daß sie sich dem Spätsommer wieder näherten, den sie verlassen hatten.

Vor zwei Monaten, am 17. Juli, hatten sie den »Jason« verlassen. Jeder von ihnen wußte, was in diesen sechzig Tagen gewesen war. Köstlich war der Tee, den sie an diesem Morgen im Zelt tranken, er schmeckte wie Champagner. Sie redeten – plötzlich war es ihnen, als hörten sie eine Vogelstimme. Sie brachen auf – und da kam er, ein Zauberbote, etwas wie ein winziger Engel im Federkleid einer Schneeammer, die zwitschernd die Schlitten umflog und entschwand. Sie waren durch eine Welt ohne Stimmen gegangen, und jetzt kam das Leben mit dem Laut eines Vogels zu ihnen zurück. Das hatten sie gebraucht, mehr als alles andere, diese fast unhörbare Gewißheit, und sie legten sich in die Stricke.

Der Wind von Südosten nahm zu. Sie banden die Schlitten zusammen und setzten Segel. Ein Schiläufer voraus lenkte die

Schlitten. Dann, nach den ersten mißglückten Versuchen, glitten sie abwärts, dem Ameralik-Fjord entgegen. Sie wußten nun, daß sie ankommen würden.

Am Nachmittag des 19. September schrie Balto, daß er Land sähe. Durch leichten Schneedunst sahen sie fern einen dunklen Bergrücken. Schneller schossen sie über die fallende Fläche. Schneebrücken brachen unter ihnen, und sie retteten einander. Sie glitten bis zum Rande einer Eisschlucht, Nansen konnte die Schlitten im letzten Augenblick seitwärts lenken. Er hatte die Finger erfroren und konnte vor Schmerzen nicht schlafen, als sie in jener Nacht das Zelt errichteten.

Und dann sahen sie das Land von der Höhe des Inlandeises. Es war ein mächtiges, einsames Land ohne Menschen, Berge wie schwarze Wogen mit weißen Schaumspitzen. So hatten sie als Kinder zum erstenmal Gletscher und Schneefelder des norwegischen Hochfjell gesehen, zwischen Furcht, Staunen und Verlockung, und wie Kinder standen sie jetzt nach dem langen Weg im Eis vor dem Land, die ersten Späher, angekommen am Ziel. Ein unterdrücktes Schluchzen stieg in ihnen empor.

Sie fanden das erste Wasser und tranken es, als kämen sie aus einer Wüste. Keiner vergaß den Tag, es war der 21. September, ihnen schien es der beste Tag der ganzen Zeit.

Oder wann öffnete sich ihnen die Größe des zurückgekommenen Lebens am reinsten? Als sie am 24. September den Schnee verließen und feste Erde betraten? Sie gingen durch Heidekraut und Gras. Wenn sie zurückblickten, sahen sie die grauweiße Eiswüste.

Am nächsten Tage stiegen sie durch ein langes schmales Tal hinab zum Ufer eines Sees, um den Weg nach Kristianshaab vorzubereiten. Ein Feuer von Heidekraut brannte prasselnd, sie lagen auf der weichen, würzigen Erde und rauchten Moos in ihren Pfeifen. So gut war es, angekommen zu sein, so gut, auf der alten festen Erde zu liegen, das Kommen des Mondes zu sehen, der immer kam. Sverdrup sagte, er hätte in seinem ganzen Leben nicht einen solchen Abend genossen. Alles war sehr gut.

Am andern Tag gingen sie durch das Austmanna-Tal zum Ameralik-Fjord hinab. Einen Teil des Gepäckes hatten sie zurückgelassen; es sollte später geholt werden. Im Sande am Fluß fanden sie Fußspuren eines Renntierjägers, das erste menschliche Zeichen.

Da sie Godthaab nicht auf dem Landwege erreichen konnten, bauten sie unter Sverdrups Leitung ein Behelfsboot aus dem Zeltboden und Weidenästen. Nansen und Sverdrup wollten nach Godthaab fahren, die andern sollten warten, bis sie abgeholt wurden, und unterdes das zurückgelassene Gepäck holen.

Bei gutem Wetter ruderten sie durch den Fjord. Die Ruderblätter waren aus Segeltuch und die Ruder aus Ästen zurechtgeschnitten. Das Boot leckte und mußte alle zehn Minuten ausgeschöpft werden. Sie schossen Vögel und aßen Beeren; die Zeit der Entbehrung war vorbei, die Zeit der Fülle fing an. Als Nansen und Sverdrup in der letzten Nacht vor der Rückkehr in die Welt am Feuer lagen, bedauerten sie beide fast, daß alles vorbei war. Nansen fühlte weder Triumph noch Stolz. Genugtuung, Erleichterung, das vielleicht. Zu lange hatten sie gewartet, daß das Ziel sichtbar würde, zu lange gekämpft, um sich wie Sieger zu fühlen. Sie hatten gekämpft, nun war es vorüber, und danach kam Ermattung und eine Art von Erstaunen darüber, daß alles zu Ende war.

Ende Oktober kamen Nansen und Sverdrup an der Mündung des Fjordes an. Das offene Meer lag im Licht der untergehenden Sonne vor ihnen. An den Inseln und Klippen stieg die Brandung wie goldener Schaum empor. Der Anblick war überwältigend und machte sie stumm. Es kam ihnen vor, als wären sie schon nach Norwegen zurückgekehrt. Ein Gefühl von Zuhausesein durchflutete sie. So war Norwegen mit dem Atem des Meeres an Inseln und Küste; sie verstanden, daß ihre Ahnen, die Wikinger, auf Grönland eine Heimat gefunden hatten.

Dann fuhren sie dem Ziel entgegen. Sie hörten Stimmen irgendwo in den Bergen. Die Hütten von Neu-Herrenhut tauchten auf. Eskimos, Männer, Frauen, Kinder liefen am Strande zusammen. Sie landeten und standen in dem freundlichen Geschwätz, das sie nicht verstanden. Dann kam ein junger Mann in Eskimokleidung auf sie zu und fragte sie auf englisch mit dänischem Akzent, ob sie Englisch sprächen oder Engländer wären. Nansen antwortete auf norwegisch: »Nein, wir sind Norweger.« – »Darf ich um Ihren Namen bitten?« – »Ich heiße Nansen und komme grade aus dem Innern.« – »Oh«, sagte der junge Mann, ein Volontär des Grönlanddienstes, »dann erlaube ich mir, Ihnen zu Ihrem ›Doktor‹ zu gratulieren.« In der Tat, der junge Mann hatte die guten Umgangsformen in Grönland nicht vergessen, und die Nachricht, daß Nansen seinen »Doktor« gemacht hatte, war also sogar bis hierher gedrungen. Ein dänisches Grönland-Schiff hatte sie gebracht. Nichts hätte Nansen so schnell in die Welt, in der er gewesen war und die er in den Monaten des Marsches im Eis kaum noch als wirklich empfunden hatte, zurückbringen können. Er hatte Mühe, nicht zu lachen. Das Großartige und das Lächerliche lagen dicht beieinander.

Dann fragte Nansen nach dem letzten Schiff. – Es war vor zwei Monaten abgefahren. – Das traf ihn wie ein Schlag, für die andern und für ihn selbst. – Ob es keine Möglichkeit mehr gäbe? – Vielleicht, ein kleines Schiff, der »Fox«, lag noch in Ivigtut, fünfhundert Kilometer von Godthaab entfernt. Es würde Mitte Oktober abfahren. – »Fox« ... mit diesem Schiff hatte McClintock nach dem verschollenen Franklin gesucht.

Sie hatten in der Hoffnung gelebt, das letzte Schiff zu erreichen. Seinetwillen waren sie über das Eis gehetzt. In ihrem Zelt hatten sie immer wieder davon gesprochen. Das Schiff – es war wie Brot und Wasser für sie gewesen. Ihm, Nansen, würde es nicht zuviel ausmachen, einen Winter in Grönland zu verbringen. Aber den andern fielen alle Hoffnungen zu Asche zusammen. Vielleicht wartete der »Fox«; in jedem Fall mußte so schnell wie möglich eine Nachricht zum Schiff geschickt werden, damit es sie noch mitnahm.

Sie waren angekommen und betraten Godthaab unter dem Hall der Schüsse aus einer kleinen Kanone. Die Eskimos standen dicht gedrängt an den Wegen des kleinen, an die Hügel geschmiegten Ortes, der aus ein paar Häusern europäischer Art und Eskimohütten bestand. Ihre breiten Gesichter lächelten.

Ein Blick in den Spiegel: das waren ihre Gesichter, schwarzbraun, dreckig, die Gesichter von Wilden. Ein Grammophon plärrte die »Letzte Rose«. Das erste Bad. Es war gut, angekommen zu sein, aber alles um sie schien so merkwürdig unwirklich und hatte einen Anflug von Lächerlichem. An einem Tisch zu sitzen, wieder mit Messer und Gabel zu essen, statt an einem Lagerfeuer zu sitzen und eine Möwe mit Zähnen und Händen zu zerreißen; und er wußte nicht, was besser war.

Vor allem mußte eine Nachricht zum »Fox« geschickt und den vier Zurückgebliebenen – Dietrichson, Kristiansen und den Lappen Balto und Ravna – am Ameralik-Fjord Hilfe gebracht werden, denn sie wußten noch nicht, daß Nansen und Sverdrup in Godthaab waren. Für den Fall, daß der »Fox« nicht auf sie warten konnte, schrieb Nansen an Gamél in Kopenhagen, der die Expedition möglich gemacht hatte, einen Brief, den ein Bote zu einem Ort im Süden bringen wollte. Zwei Eskimos in Kajaks sollten ihn dann zum Schiff weiterleiten. Nansen teilte Gamél mit, daß Grönland von Osten nach Westen durchquert worden sei, und gab einen kurzen Abriß des geglückten Unternehmens. Sverdrup schrieb einen Brief an seinen Vater.

Am 12. Oktober kamen Dietrichson, Kristiansen und die beiden Lappen in einem Boote an, das zu ihnen geschickt worden war. Wie Sieger zogen sie in Godthaab ein, vor allem Balto fühlte sich großartig und im Mittelpunkt.

Ein Eskimo brachte Nachricht vom »Fox«. Das Schiff hätte nicht warten können, sie mußten bis zum späten Frühjahr in Godthaab bleiben. Immerhin brachte der »Fox« die Nachricht von ihrem Sieg Anfang November nach Norwegen. Während die Welt von ihnen schrieb, mit der hektischen Erregung von heute, die morgen erlischt, lebten sie in der Gastfreundschaft der dänischen Kolonie dem Winter in Grönland entgegen.

VIII

WINTER UND HEIMKEHR

Es war ein guter und fruchtbarer Winter für Nansen und, wie er bald verstand, der wirkliche und sinnvolle Abschluß des Unternehmens. Der Zufall, daß sie für das letzte Schiff nach Europa zu spät gekommen waren, nahm Bedeutung an; mehr, als er jetzt selber wußte.

Er hatte das Land gesehen. Jetzt sah er seine Menschen, die Eskimos. Es war ein Land von einsamer Größe. Weiß war der Schnee, blau das Eis, die Kegel der Berge waren von nackter Schwärze; einfach und stark waren die Farben. Das Land war schön in seiner Armut. Der Winter war hart und lang. Nur zögernd kam der Frühling, doch im Sommer flammten Blumen zwischen den Felsen, Bienen und Schmetterlinge flogen. Jede Blüte hatte Bedeutung, jeder Moosfleck war die Verdichtung von Grün. Die Sonne flammte in der Stille, die immer da war. Dann kam der Winter zurück mit seiner langen Nacht, tief wie der geheimnisvolle Atem der Natur selber, und mit Nordlichtern.

Dies war das Land der Eskimos. Fremde waren gekommen, zuerst die Wikinger; ohne Spur waren sie erloschen. Dann die Dänen, sie waren geblieben und hatten den Eskimos das Christentum und die Güter der Zivilisation gebracht. Vor allem waren die Eskimos geblieben, eine tapfere, heitere Rasse mit einem Gemüt wie das Meer, über dem Wolken und Licht, Sturm und Stille ohne Spur dahinzogen. Sie lebten am Rande des Meeres. Das Meer gab ihnen, was sie brauchten. Auf dem Meer jagten sie im Kajak. Auf dem Meer reisten sie und lebten sie. An seinem Ufer standen im Sommer ihre Zelte, im Winter ihre Schneehütten. Sie nannten sich selber Inuit, das hieß Menschen. Alle anderen Völker rechneten sie zu den höher entwickelten Tieren.

Nansen sah sie nicht als Gast, er lebte bei ihnen während dieses Winters in einer Hütte, in der einige zwanzig Menschen, Frauen, Männer und Kinder wohnten, damit beschäftigt, zu essen, zu schlafen, Nachbarn einzuladen. Als er zum erstenmal durch den niedrigen Eingang in die fensterlose Hütte kroch, war er fast unfähig, den Geruch zu ertragen, der ihm entgegenschlug. Er sagte sich: Du wirst das sechs Monate aushalten müssen, und überwand den Ekel. Er lebte bei ihnen. In dieser Zeit hörte er nicht ein einziges lautes oder zorniges Wort. Alle waren freundlich, leise und maßvoll.

Er lernte ihr Leben verstehen und lieben, weil es etwas in seinem Wesen gab, das ihn mit diesen immer heiteren, zuverlässigen Menschen verband. Tief in ihm war etwas von starker, wilder Urlust. Er war ungezähmt. Seine Jugend war eine Jugend in Wäldern gewesen. Er liebte das Alleinsein, das den Mann auf sich und seine eigenen Fähigkeiten verweist. Wenn er allein war, hatte ihm nichts gefehlt. Er liebte die Städte nicht, sie bedrückten ihn und machten ihn scheu. Er fühlte sich mit Bauern, Fischern, Jägern wohler als mit Menschen der Stadt. Das Gerede vom untergehenden Jahrhundert in den Kaffeehäusern von Oslo war ihm zuwider. In diesen Primitiven fand er das starke, ungebrochene Leben, das er selber liebte, das seine Natur war.

In sein Tagebuch schrieb er: »Ich werde schnell zu einem Eskimo. Ich lebe wie sie, esse ihre Nahrung und lerne solche Leckerbissen zu schätzen wie rohen Walfischspeck, rohe Heilbutthaut, gefrorene Krähenbeeren mit ranzigem Speck ... Man muß sich einfach wohl fühlen in der Gesellschaft dieser Menschen. Ihr unschuldiges, sorgloses Verhalten, ihr Zufriedensein mit dem Leben, wie es ist, ihre Freundlichkeit nehmen einen gefangen und reinigen den Geist von aller Unruhe und Ungenügsamkeit.«

Er tanzte mit ihnen. Sie tanzten, um sich zu bewegen und zu erfrischen, und er erinnerte sich an den fragwürdigen dünnen Zauber europäischer Ballsäle. Er lernte im Kajak zu fahren, diesem schmalen Wunderwerk menschlicher Erfindungskraft, das mit dem Meer spielte, wenn ein guter Mann darin saß. Es gab nichts Stolzeres als den Kampf des Ruderers und Jägers mit den schweren Wellen, diesen spielenden Tanz mit dem Meer und dem Tod. Keinen schöneren Anblick gab es als den der Kajaks, wenn sie, vom Sturm überfallen, wie schwarze Sturmvögel vor dem Winde heranflogen. Dann wirbelten die Ruder durch Wasser und Luft, der Oberkörper war leicht vorgebeugt, und der Kopf wandte sich häufig, nach Sturzwellen ausspähend, halb zurück. Alles war Leben und Mut.

Sie hatten ihre eigenen Gesetze des Lebens und Zusammenlebens, und hier, in einer großen Natur ohne Erbarmen, war das Gesetz der Hilfe, der Freundschaft und Gastfreundschaft das erste aller Gesetze. Sie waren aufrichtig, unaufdringlich, aufmerksam. Sie widersprachen höflich und waren zufrieden. Sie ertrugen Entbehrungen ohne Klagen und freuten sich wie Kinder, wenn Fülle wiederkam. Fülle, das hieß gute Jagd und viel Fleisch.

Er fühlte sich wohl bei ihnen. Manchmal kam es ihm im Ernst nicht unmöglich vor, daß ein Europäer zu einem Eskimo werden könnte, wenn er genug Zeit hätte. Sie hatten Freude am Leben wie er, eine ungebrochene, starke Freude. Sie suchten das Leben am Grunde, wie er es immer getan hatte. Sie lebten an den Außenposten des Daseins und hatten jeden Tag um ihr Leben zu kämpfen. Sie erschienen ihm wie die Flügel der großen Armee der Menschheit in ihrem Kampfe um die Unterwerfung der Natur und waren ihm der lebendige Beweis der seltenen Tugend des Menschen, sich den Umständen anzupassen und die Umstände zu überwinden. Ihr Leben war in Ordnung, es hatte seine gewordene Form, seine moralischen Gesetze, seinen Glauben von der Härte des Eises, der Berge und des Meeres erhalten.

Aber dieses geordnete und richtige Leben der Eskimos war, wie es Nansen schien, tief verstört und beschädigt worden. Das Christentum war gekommen. Zum erstenmal begegnete er einem primitiven Volk, das von der europäischen Zivilisation beglückt oder heimgesucht worden war. Nach seiner Meinung war es Heimsuchung. Er antwortete mit einem tiefen Gefühl des Mitleides für diese tapfere Rasse, die bald aufgeweicht sein würde, um dann schnell zu verfallen. Er kam dazu, die Politik der Kolonisation abzulehnen, hier wie überall. Er dachte, die Dinge zu sehr vereinfachend, daß die beste und richtige Lösung wäre, wenn die Kaufleute und Geistlichen Grönland verließen; aber es war zu spät, es gab keine Lösung mehr.

Er konnte, ob richtig oder falsch, nicht anders empfinden. Er glaubte zu sehen, daß alles, was die Europäer den Eskimos gebracht hatten und gaben – nicht ohne Gegengabe –, dazu geführt hatte, den natürlichen Gang ihres Lebens zu zerstören. Der Eskimo war mit dem Leben, so wie es war, zufrieden gewesen. Er hatte nicht gewußt, daß Leben fruchtlos sei und der Mensch ein armseliges Wesen, wie es die Missionare lehrten. Für ihn war Leben gut und hart gewesen und ein Leben auf dieser Erde.

Nansen lebte bei ihnen und liebte sie. Aber Mitte April kam das Schiff. »Umiarsuit! Umiarsuit!« schrien die Eskimos, als die »Hjeidbjörnen« in den Hafen einlief. Die norwegische Flagge stieg empor – das erste Stück Norwegen, das Nansen und die anderen mit Freude sahen. Die Welt war zu ihnen gekommen, um sie zur Feier ihres Sieges zu führen. Aber er ging ungern von Grönland fort, er verließ seine Eskimofreunde mit schwerem Herzen. Wie tief hatte er gelebt. Wie gut und einfach war das Leben hier gewesen.

»Du gehst nun zurück in die große Welt, aus der du zu uns kamst«, sagte einer seiner besten Freunde zu ihm. »Du wirst dort viel Neues finden, und vielleicht wirst du uns vergessen. Wir werden dich nicht vergessen.«

Mehr hatte der alte Mann nicht zu sagen, und darin lag alles. Es war mehr als jeder Salut der Welt, als alle Reden und Feiern.

Am 21. Mai 1889 waren sie in Kopenhagen, und die Feier des Sieges begann. Der Sieger war zurückgekommen, der Narr und Versager war dem Gedächtnis derer, die über ihn gelacht hatten, entfallen. Oslo dann am 30. Mai und wieder Salutschüsse, Boote und Schiffe, die ihnen entgegenkamen, um sie einzuholen. Das Volk von Norwegen begrüßte seinen großen Sohn. »Ist das nicht ein hübscher Anblick«, sagte Dietrichson zu Ravna, dem Lappen, »all die vielen Leute?« – »O ja«, antwortete Ravna, »nur hätten es Renntiere sein sollen.«

Sie: noch einmal und dann nie wieder. Sie: seine Freunde, seine Gefährten, die Teilhaber der Mühen und des Lichtes. Die beiden Lappen würden zurückgehen zu ihren Renntieren und von nun an die Helden ihres winzigen Lebenskreises sein. Sverdrup, Kristiansen, Dietrichson, was würden sie tun? Zur Arbeit zurückkehren und in Tage, die anders waren als die Tage von Grönland. Das Abenteuer war nur ein Aufleuchten. Aber für zwei Monate waren sie mehr gewesen als nur sie selber. Teil einer Gefährtenschaft.

Und er, der den Traum genährt, durchdacht und planvoll aufgebaut hatte, auch er war Teil der Gefährtenschaft gewesen und zugleich der Erste, ohne daß sie es je gespürt hatten. Er hatte geführt, ohne zu befehlen. Er hatte mit ihnen gehungert, gefroren, Schlitten und Boot geschleppt. Er hatte mit ihnen gelebt. Zusammen waren sie über das Eis gegangen. Das »Zusammen« war das beste gewesen, größer als das Eis.

Dietrichson sagte später von Nansen: »Groß, schlank und stark, war er hervorragend ausgestattet, um die körperlichen Anstrengungen durchzuhalten. In seinen Überlegungen war er ruhig und diszipliniert. Umsichtig wie er war, war es leicht für ihn, schnelle und gleichzeitig wohlbedachte Entscheidungen zu treffen. Mit seinem freien, einfachen, liebenswürdigen Wesen und seiner frohen Laune war er ein Gefährte, ohne seine Autorität als Führer zu verlieren.«

Norwegen sah in ihm seinen großen Sohn. Zu einer Zeit, als in Norwegen das Verlangen nach Unabhängigkeit von Schweden wuchs, erschien Nansen als Zeugnis der besten norwegischen Tugenden: des Stolzes, der auf dem Bewußtsein der Persönlichkeit ruht, der Bescheidenheit, die sich einordnet, der Unbedingtheit und Härte, des kühnen, in das Nichts vorstoßenden Geistes.

Die Welt feierte die Kühnheit des Unternehmens, die Umsicht, den Mut und die Kraft, die zum Gelingen geführt hatten. Um das Abenteuer schwebte immer der Glanz des Seltenen, und die Welt erfrischte sich daran.

Die Wissenschaft empfing neues Wissen. Nansen hatte nachgewiesen, daß das Inlandeis Grönland von Küste zu Küste bedeckt. Die Vermutungen über eisfreie Flächen, die Sagen von grünen Tälern lösten sich auf. Die Stärke des Eises, soweit sie schon vermutet werden konnte, lag bei zweitausend Meter. Die Oberfläche bestand überall aus Schnee von verschiedener Tiefe. Dietrichsons meteorologische Messungen, die Beobachtungen über die Form des Eises, über die Temperatur mit ihren Schwankungen zwischen minus 45 und minus 20 Grad sollten sich in Zukunft als wichtig erweisen.

Künftige Polarexpeditionen würden aus Nansens Erfahrungen Nutzen ziehen. Er hatte einen Schlitten konstruiert, den alle übernehmen würden, und Schneeschuhe benutzt. Er hatte neue Grundsätze für die Ausrüstung gefunden.

Er war zurückgekommen, und plötzlich war er sichtbar vor seinem Volk und vor der Welt. Es war gut, ein Norweger zu sein, gut, auf dieser Erde zu arbeiten und vorwärtszugehen, an die er sich so oft erinnert hatte, als sie ohne Erde lebten.

Erinnern ... das würde nun immer wieder geschehen, wenn er sich niedersetzte, um den Bericht vom großen Eis zu schreiben. Alles würde zurückkommen: Traum und Wirklichkeit des Traumes, Anstrengungen, Erschöpfung, Sturm und Regenfall im weißen Nichts, das Gefühl der Erde unter seinen Füßen, der Duft des Heidekrautfeuers am Abend der Rast. Es war gut und groß, auf Erden zu sein, suchend, findend und auf neuer Suche.

IX

GLÜCK, ARBEIT, TRAUM

In einer solchen Nacht mußte es jemandem, dem das Herz voll war, gleichgültig sein, ob Oslo unter dem blaugrünen Sommerhimmel schlief. Nansen schlief nicht, er war wach wie nie, er fühlte sein Leben in rascher, freudiger Bewegung. Mit dem weit ausgreifenden Schritt des Wanderers ging er durch die leeren Straßen. Oslo war eine rasch wachsende Stadt, aber es war immer eine Stadt unter dem offenen Himmel, und man spürte die Frische, die von den Wäldern und vom Wasser kam, vielleicht am stärksten in den frühen Morgenstunden, wenn die Stadt still war wie Meer und Wald.

Es war etwas geschehen, er mußte es jemandem sagen. Zwei Uhr morgens, und er warf eine Handvoll Sand gegen ein Fenster des Hauses in der Eilert-Sund-Straße, in dem seine Halbschwester mit ihrem Mann wohnte. Das Fenster öffnete sich, die schläfrig-verdrossene Stimme des Schwagers fragte, wer zum Teufel da sei. »Ich bin es«, sagte Nansen, »ich muß hereinkommen.« – Das sei die richtige Zeit für Besuche, bei Gott.

Die Tür wurde aufgeschlossen, Nansen ging an dem Schwager vorbei in das Schlafzimmer. Da stand er, die Hände in den Taschen, schlank, breitbeinig, und sah die Schwester an. Was um Gottes willen passiert sei, fragte sie. Er war schon manchmal zu ungewöhnlicher Zeit gekommen, aber noch nie so früh oder so spät.

Das Geheimnis sprang von seinen Lippen, sein Gesicht öffnete sich und wurde hell. »Ich habe mich verlobt«, sagte er. Schweigen. Sie sah ihn an, besorgt, erwartungsvoll. Mit wem er sich verlobt habe, fragte sie. – »Mit Eva natürlich.« Und jetzt habe er Hunger, er mußte etwas essen, und selbstverständlich mußten sie es mit Champagner feiern.

Ihm war alles natürlich, und sie kannten ihn. Der Schwager ging in den Keller und brachte Champagner, Brot und kaltes Fleisch. Sie breiteten ein Tischtuch über das Bett der Schwester und feierten. Eva Sars – Fridtjof Nansen, das klang gut zusammen.

Es war immer etwas Erstaunliches, etwas Unaussprechliches um das Zusammenkommen von zwei Menschen. Sie trafen sich, sie fingen an, sich zu erkennen. Vielleicht war die alte japanische Geschichte wahr, die Geschichte von dem roten Seidenband, das der Mond um den Fuß eines Mädchens und eines Knaben band, die zueinandergehören würden und füreinander bestimmt waren. Sie suchten einander und fanden sich. Dann waren sie glücklich. Die anderen, die sich nicht trafen, begegneten einander im Himmel und erkannten zu spät, daß sie hätten miteinander glücklich sein sollen. Man mußte sich auf der Erde treffen und hier zusammenleben.

Er hatte sie getroffen, und etwas Neues fing an. Man hatte Freunde, man ging mit Gefährten über das Inlandeis, das war volles Leben, und er würde darauf nie verzichten. Die Gefährtin, die Geliebte, die Frau, das war etwas anderes; vielleicht war es mehr.

Er hatte sie getroffen, sagte man, einige Zeit, ehe Nansen nach Grönland gegangen war; aber er war verschwiegen über das, was ihn selber betraf, und er selber mochte über diesen Anfang lächeln – wenn er nicht gut erfunden war. Man sagte, daß er eines Tages beim Schilaufen in den Wäldern von Frogner Saeter zwei Füße im Schnee habe zappeln sehen, und als er näher gekommen sei, um zu helfen, habe er das Gesicht eines jungen Mädchens aus dem Schnee kommen sehen, ein schönes Gesicht, strahlend von Lebenslust. Aber dann war er nach Grönland gegangen. So erzählte man.

Sie hieß Eva Sars, aus gutem norwegischen Blut, und war die Tochter des Zoologen Sars. Ihre Mutter war die Schwester des Dichters Wellenhaven gewesen. Die Eva kannten, sprachen von ihrer kühlen, stolzen Schönheit, von ihrer tief innen liegenden Wärme. Sie war stark, fröhlich und hatte eine gute Stimme. In Berlin hatte sie studiert.

Man berichtete noch mehr: daß Nansen, als er ihr seine Zuneigung erklärte, gesagt habe, sie müsse wissen, daß er zum Nordpol gehen werde. Wenn es wahr war, klang das nicht nach ruhigem Leben am warmen Herd, eher nach langem Warten und Unsicherheit. Aber es klang nach ihm, nach seiner Aufrichtigkeit, die Täuschung und Spiel nicht kannte. Es enthielt die Entschiedenheit eines Mannes, den niemand von Zielen abbringen konnte, es sei denn, daß er das Unmögliche und Unsinnige daran selber einsah. Und wenn er es gesagt haben sollte, dann hatte sie es angenommen. Sie unterwarf sich nicht, sie nahm an, diese Zukunft und ihn, wie er war, ihn, der so leidenschaftlich versunken am Tisch sitzen konnte, um zu schreiben, zu arbeiten, und dann hinausstürzte, die Schneeschuhe anschnallte und dorthin ging, wo er wirklich zu Hause war, im großen Atem der Natur; ihn, der nicht zu wissen oder zu vergessen schien, daß sie eine junge Frau war und nicht seine Kraft hatte.

Es sah weiß Gott nicht nach behaglichem Leben aus. Einen Tag nach der Hochzeit, 1889, brachen sie zu einer langen Vortragsreise auf; Gotenburg, Hamburg, London, Newcastle, Paris. Nansen sprach über Grönland und die Durchquerung des Inlandeises vor vollen Sälen, und wenn sie heraustraten, atmeten sie unter dem grauen Blau des Himmels von Paris, im raschen, gewaltigen Herzschlag von London. Sie fuhren nach Stockholm. Vor zwei Jahren hatte er vor dem alten Nordenskiöld gestanden und von seinem Plan gesprochen. Jetzt empfing er von der Schwedischen Anthropologischen Gesellschaft die Vega-Medaille, mit der bisher außer Nordenskiöld selber nur vier geographische Forscher ausgezeichnet worden waren. Einer von ihnen war Stanley gewesen, der Livingstone in Afrika gesucht und gefunden hatte.

Neue Ehrungen und Auszeichnungen: die Karl-Ritter-Medaille, die Victoria-Medaille der Royal Geographical Society in London, den St.-Olafs-Orden. Er wurde zum korrespondierenden Mitglied ausländischer Gesellschaften ernannt. Die wissenschaftliche Welt ehrte ihn. Ihn allein? Er wußte, daß jeder seiner Kameraden jede dieser Auszeichnungen mit ebensoviel Recht verdiente wie er selber. Auf ihren Schultern stand er im Licht.

Im Oktober 1889 war er wieder zu Hause; und zwischen den Verpflichtungen seiner neuen Stellung als Kurator am Zoologischen Museum der Universität Oslo und dem Schreiben des Berichtes über die Grönlandfahrt entwarf er das Haus, in dem sie beide leben wollten, draußen vor der Stadt bei Lysaker, wo er ein Stück Grund gekauft hatte. In der Stadt hätte er nicht atmen können. Hier draußen waren Wald, Himmel, Wasser. Hier hatte er als Junge Wildenten geschossen, und in einer kleinen Bucht würde sein Segelboot liegen.

Während das Haus von einem Vetter seiner Frau gebaut wurde, lebten sie in einer Hütte, etwas wie einem primitiven

Studio in der Nähe des Bahnhofes von Lysaker. Die Hütte stand ohne Unterbau auf der Erde. Im Winter war es eisig kalt darin, das Wasser gefror jede Nacht im Waschbecken. Hier saß Nansen und schrieb seinen Grönlandbericht. »Auf Schneeschuhen durch Grönland«. Hier rief er das Abenteuer zurück: die langsame Annäherung an die Küste, den langen gefrorenen Pfad. Alles kam wieder. Die geringste Einzelheit war wert, genannt zu werden: der Matrose, den er von einer Blutvergiftung rettete, als er auf dem »Jason« den Doktor gespielt hatte; die erste Mücke, die sich nach der Landung auf seiner Hand niedergelassen hatte und die er saugen ließ, damit sie wußte, wie sein Blut schmeckte. Das Licht über den Bergen kam zurück, das Flammen der Gletscher, die Stille jener Welt. In seiner Darstellung verband er, was er als Forscher gefunden, als Wissenschaftler beobachtet, als junger empfindsamer Mensch erfahren hatte. Er besaß die Kraft des Schriftstellers, der sich an Fakten entzündet. Unter seiner Hand wurde das geographische Werk zu einem menschlichen Dokument. Die Wärme des Lebenden erfüllte die Tatsachen. Sie verloren deshalb nicht an Genauigkeit; sie erhielten Licht.

Das Haus in Lysaker war fertig, ein warmes, norwegisches Heim. Björnson, der Dichter, gab ihm den Namen: Godthaab – gute Hoffnung. Das Haus war geräumig, und vom Haus konnte man über den Abhang den Oslofjord sehen. Hier konnte man sich einrichten auf ein gutes Leben von langer Dauer. Es war ein Haus für eine zuverlässige Ehe, ein Haus für Freunde, und die Freunde kamen, Werenskiöld, Sinding, Munthe, die Maler. Er war gern mit Malern zusammen, er selber zeichnete und malte mit mehr als dem Geschick des Dilettanten. Es war das Haus, in dem er plante und vorwärtsdachte.

Im Herbst 1890 fuhren Nansen und seine junge Frau Eva wieder hinaus. Nansen hielt Vorträge in Kopenhagen, London, Berlin, Dresden, München, Hamburg. Die ihn sahen, gewahrten einen jungen Menschen von kaum dreißig Jahren, der ohne Aufdringlichkeit, doch auch ohne krampfhafte Bescheidenheit von ihrem Unternehmen sprach. Er stand vor ihnen als eine seltene Vereinigung von athletischer Kraft, biegsamem Willen und noblem Geist. In seinen Augen lag eine gewisse forschende Kühle. Seine Stimme war voll und männlich, seine Bewegungen gelassen sparsam; er war im Gleichgewicht mit sich selber.

Als sie von der Reise zurückkamen, erschien der zweite Band des Grönlandberichtes, und im neuen Haus schrieb er die Ergebnisse des grönländischen Winters in »Eskimoleben« nieder. Beide Werke brachten frisches Blut in die geographische Literatur.

Ein alter Eskimo, der ihm zum Freunde geworden war, hatte ihm beim Abschied gesagt: »Du wirst in die große Welt zurückgehen und uns vergessen; wir werden dich nie vergessen.« In diesem Buche »Eskimoleben« hätten sie alle, mit denen er gelebt und gejagt hatte, erkennen können, wieviel er ihnen verdankte, wie er über sie dachte. Es war mehr als eine ethnographische Studie, in der sich eine ebenso genaue wie lebendige Darstellung des Kajaks fand, und nicht nur eine Beschreibung jener unvergeßlichen Wintermonate. Es wurde zu einer heftigen Anklage gegen die europäische Zivilisation und ihre Wirkungen auf den Eskimo. Er mußte sein Gewissen entlasten, und er klagte an, zu einer Zeit, in der die europäischen Mächte ihre Kolonialreiche gründeten und ausbauten. Er war nicht unparteiisch. Er stand bei den Eskimos mit einer Wärme, die aus seiner Zuneigung zu ihnen und ihrem natürlichen Leben kam.

»Oft meinte ich, diese zähen Naturmenschen Schritt für Schritt von Westen kommend auf ihren Hundeschlitten und in ihren sonderbaren Fellbooten die öde Eisküste entlang ziehen und rudern zu sehen. Mir steht vor Augen, wie sie sich vorwärts kämpften und nach und nach ihre sinnreichen Geräte entwickelten und erstaunlich tüchtige Robbenfänger und Fischer wurden. Jahrhunderte, Jahrtausende vergingen. Sippe auf Sippe unterlag im Kampf, während andere, stärkere ihn überlebten. Tiefe Bewunderung für ein Volk, das eine so harte Natur überwunden hatte, erfüllte mich.

Doch in traurigem Gegensatz zu diesen leuchtenden Bildern der Vergangenheit steigt vor mir die Gegenwart und Zukunft empor, beklemmender, hoffnungsloser Nebel. Auf Grönland begegneten die Eskimos den Europäern, vor neunhundert Jahren den ersten norwegischen Kolonisten unter Eirik Raude. Die Norweger wurden besiegt. Doch in der Neuzeit, als die Europäer mit Christentum und Kulturproduktion kamen, da unterlagen die Eskimos.

Aber auch dieses Volk hat Gefühl wie andere, auch dieses Volk freut sich am Leben, an der Natur – und es blutet unter unseren eisernen Schritten. Jedesmal, wenn ich einen von ihnen all dem Elend erliegen sah, das wir auf sie herabbeschworen haben, fühlte ich den Drang in mir, der Welt die Wahrheit ins Gesicht zu schreien.«

Er schrieb in der Nachtstille des neuen Hauses. Schreibend rief er das Vergangene zurück, und das Vergangene rief ihn. Das Vergangene war der Grund, auf dem die Gegenwart ruhte, und die Gegenwart war reich und voll. Er hatte ein Haus, es stand auf seinem eigenen Grund, und im Haus lebte sie. Es war beglückend, zu wissen, daß sie da war, dicht bei ihm, die Gefährtin.

Mit ihr allein konnte er einen solchen Silvesterabend verbringen wie den von 1890, als sie beide, ohne es eigentlich zu wollen, das Norefjell bestiegen. Es war mühsamer, als Nansen gedacht hatte; zuletzt mußte er mit dem Schistock Stufen in den harten Schnee schlagen. Am späten Nachmittag waren sie auf dem Gipfel und genossen, was sie »Gottes Segen« nannten: Molkenkäse, mit Pemmikan gemischt. Dann fuhren sie in dichter Finsternis ins Tal ab. Die Hänge wurden so steil, daß sie die Schneeschuhe nicht mehr benutzen konnten, sitzend rutschten sie hinab. Dann verlor er seinen Hut und stieg wieder empor, um ihn zu suchen, und verlor Eva. Er schrie, er fand sie wieder, und dann mußte er Schritt für Schritt nach dem Abstieg suchen, während sie in der Finsternis auf ihn wartete. Er rief nach ihr, er fürchtete, daß sie einschliefe; dann würde er sie nie mehr finden. Aber er hörte ihre Stimme. Schließlich tasteten sie sich ein Bachbett entlang und fanden einen Weg, der sie zum Haus des Küsters in Eggetal führte. Es war Nacht geworden, sie mußten die Leute herausklopfen. Der Küster war entsetzt, als er hörte, daß sie vom Norefjell kamen. Sie waren vierzehn Stunden unterwegs gewesen, und Eva schlief vor Müdigkeit auf ihrem Stuhl ein. Was für ein Unsinn es doch sei, sagte der Küster, mit so einem Bübchen in die Berge zu gehen. – Bübchen? Das sei seine Frau, sagte Nansen. – Feierte man so Neujahr – mit seiner Frau? – Warum nicht? Es war doch alles gut gegangen. – Und als das Essen kam und nach anderen Dingen duftete als nach Molkenkäse und Pemmikan, wachte sie auf. So war sie.

Ja, so war sie. Sie war die Begleiterin, sie teilte sein Leben, seine Arbeit, sie war der gute Geist in dem Hause »Godthaab«, und wenn sie Lieder von Grieg oder Schubert sang, wurde das Haus zur Zelle der Freude.

Er wußte, daß er sie verlassen würde, und sie wußte, daß sie zu warten haben würde. Er bereitete den Tag vor, an dem er dem guten, sicheren Leben Lebwohl sagen würde. Sie wartete auf den Tag, an dem das Warten anfing. Sie hatte es angenommen.

X

DER WEG UND DAS SCHIFF

Ein Mann von einunddreißig Jahren stand vor ihnen. Die an diesem Novemberabend 1892 gekommen waren, ihn zu hören, kannten ihn alle. Sie wußten genau, wer er war und was er getan hatte. Vor ein paar Jahren hatte er am gleichen Platz vor der Royal Geographical Society über sein geglücktes Grönlandunternehmen gesprochen. Jetzt sprach Nansen über einen Plan mit der gleichen ruhigen Stimme, mit der er über seine Begleiter und seinen Sieg berichtet hatte. Sie kannten den Plan schon; Anfang 1890 hatte er ihn in der Norwegischen Geographischen Gesellschaft vorgetragen, und im Frühjahr des nächsten Jahres war der Vortrag in der norwegischen Zeitschrift »Naturen« abgedruckt worden. Vor allem außerhalb Norwegens wurde der Plan abgelehnt. Den Grönlandplan hatte man als Narrheit eines jungen unerfahrenen Mannes bezeichnet. Dem Forscher Nansen, der er jetzt war, sagte man: Unmöglich.

Sie hatten ihn damals gesehen. Er hatte sich in diesen Jahren verändert. Mit einunddreißig Jahren war man noch jung, aber diesem Gesicht war die Jugend entglitten, es war das Gesicht eines Mannes, der schon ein volles und hartes Leben gelebt hatte. In ihm gab es nichts Überflüssiges. Die Schlacken des Fleisches waren abgefallen. Die Schatten durchgrübelter Nächte saßen unter den Augen. Ihr Blick war härter und suchender geworden. Die Brauen waren zusammengezogen; das Haar war dicht und blond, ein Bart lag über dem Mund. Die Zeit hatte an diesem Gesicht gefeilt. Die langen Nächte ohne Schlaf, die übervollen Tage der letzten Jahre lagen auf der Stirn. Hinter dem Gesicht war Spannung zusammengepreßt, die Spannung eines Mannes, der sich entschieden hat, aber noch weit vom Ziel entfernt ist.

Als er zu sprechen anfing, sah er sie alle vor sich. Es waren nicht irgendwelche Zuhörer, die einen anregenden Abend erwarteten. Viele von ihnen kannten die Welt, in die er eindringen wollte, um dem Pol sein Geheimnis zu entreißen. Sie waren vor ihm in dem Schweigen jener eisigen Länder gewesen: Admiral McClintock, Admiral Naves, Inglefield,

Young, Dr. Rae. Sie wußten, was dort war, man konnte keinen von ihnen täuschen. Sie waren unbestechliche Zeugen. Sie hatten an dem Rennen zum Nordpol teilgenommen, dieser Kette von ruhmvollen Niederlagen. McClintock hatte mit dem »Fox« nach dem verschollenen Franklin gesucht und die Tragödie eröffnet.

Auch Nansen sprach von einer Tragödie – dem Untergang der »Jeannette«. Auf ihr beruhte sein Plan, den Nordpol zu erreichen. Er hatte die Geschichte der Polarforschung studiert. Alle Versuche, das Eis der Arktis mit Schiffen, Booten, Schlitten zu überwinden, waren gescheitert, wenn nicht aus Gründen der Ausrüstung und der Härte des arktischen Klimas, dann an der Drift des Eises. Wollte man den Pol erreichen, mußte man andere Mittel finden, andere Wege gehen. Er sprach von der »Jeannette«.

Die Tatsachen waren bekannt. Im Juli 1879 hatte die »Jeannette« unter Führung von Kapitän De Long San Franzisko verlassen, um durch die Beringstraße, an der Küste von Nowaja Semlja entlang und durch den warmen Japanischen Strom unterstützt, zum Pol vorzudringen. Das Schiff fror ein. De Long hatte es erwartet und vertraute darauf, daß sie bald wieder aus dem Eis ausschmelzen würden. Es geschah nie, das Schiff trieb zwei Jahre lang nach Nordwesten. Im Juli 1881 wurde es vom Eis zerpreßt und sank. Sie versuchten, über das Eis die Neusibirischen Inseln zu erreichen, und schleppten die Schlitten mit den schweren Booten über das wässerige Eis. Proviant hatten sie noch für zwei Monate. Der Marsch war wachsende Qual, da sie alles und also Überflüssiges mitgenommen hatten. Ende Juli erreichten sie die nördlichste Insel der Neusibirischen Inselgruppe, ihr Ziel war die Deltamündung der Lena. Die drei Boote wurden im Sturm voneinander getrennt, eins ging verloren. Die beiden anderen konnten an verschiedenen Punkten landen, die Besatzung des einen fand ein Dorf, in dem ein russischer Verbannter ihre Bitte um Hilfe verstand. De Long mit der Besatzung des anderen Bootes schleppte sich durch Sumpf, der nachts gefror. Dann waren sie zu erschöpft, um weiterzugehen. Zwei vorausgeschickte Leute fanden ein Dorf. Ihre Bitte, De Long und die anderen zu retten, wurde nicht verstanden. Als man im nächsten Frühjahr nach ihnen suchte, fand man die Toten. De Longs letzte Eintragung war vom 30. Oktober 1881. Er hatte alle sterben sehen.

Das waren die Fakten der Tragödie. Nansens Zuhörer kannten sie. Die Tragödie der »Jeannette« war nicht mehr aus seinem Gedächtnis gegangen, seit er im Herbst 1884 – er war damals noch in Bergen – im »Morgenbladet« einen Aufsatz von Professor Mohn gelesen hatte. Mohn hatte über einige Gegenstände berichtet, die an der Südwestküste von Grönland gefunden worden waren und die von der »Jeannette« stammten, darunter eine Proviantliste mit De Longs Unterschrift, ein Paar Hosen mit dem Namen eines geretteten Matrosen. Diese Gegenstände waren auf dem Eis über das Polarmeer getrieben. In jenem Augenblick hatte Nansen gewußt, wie man dem Pol näher kommen konnte. Er hatte den Plan wachsen lassen.

Er sagte: »Ich glaube, daß, wenn wir auf die Wege achten, die sich in der Natur finden, und versuchen, *mit* ihnen und nicht *gegen* sie zu arbeiten, daß wir den leichtesten und sichersten Weg zum Pol finden werden. Es ist zwecklos, gegen den Strom zu arbeiten, wie es die bisherigen Expeditionen getan haben. Wir müssen untersuchen, ob es nicht einen Strom gibt, mit dem wir arbeiten können. Die ›Jeannette‹-Expedition ist meiner Meinung nach auf dem richtigen Weg gewesen, wenn auch gegen Wissen und Willen.«

Die auf Grönland angeschwemmten Gegenstände von der »Jeannette«, das von den Eskimos auf Grönland verwendete und von Sibirien gekommene Treibholz, möglicherweise auch der auf dem Eis gefundene Schlamm waren Beweis dafür, daß zwischen dem Pol und Franz-Joseph-Land vom Sibirischen Eismeer ein Strom zur grönländischen Ostküste floß.

Diesen Strom wollte er mit einem Schiff benutzen, so weit wie möglich über die Neusibirischen Inseln nach Norden in das Eis eindringen und sich einfrieren lassen, um sich über den Pol treiben zu lassen. Das Schiff mußte klein und stark genug sein, um dem Druck des Eises standzuhalten und ihm zu entschlüpfen. Nach seinen Berechnungen würde es zwischen Grönland und Spitzbergen wieder aus dem Eis ausschmelzen.

Er hatte alle Möglichkeiten bedacht. Die Drift würde etwa zwei bis drei Jahre dauern, aber wahrscheinlich war es besser, sich mit Proviant und Ausrüstung für fünf Jahre zu versehen. Sollte das Schiff gegen alle Erwartung vom Eis zerpreßt werden und untergehen, würden sie die Drift mit allen Vorräten auf Eisschollen fortsetzen und später Grönland in ihren Booten erreichen.

Er war auf die Fragen vorbereitet, die man ihm nachher stellen würde, und beantwortete sie schon jetzt. Sollte das Schiff von der Strömung nicht über den Pol getrieben werden, würde das Ergebnis seiner Expedition nicht weniger wichtig sein.

Er sagte: »Wir ziehen nicht aus, um den mathematischen Nordpunkt der Erdachse zu finden. Diesen Punkt zu erreichen, hat an und für sich wenig Wert. Sondern um in dem großen unbekannten Teil der Erde, der den Pol umschließt, Untersuchungen anzustellen. Diese Untersuchungen werden fast die gleiche große wissenschaftliche Bedeutung haben, ob die Reise über den mathematischen Pol selber führt oder davon entfernt.«

Forschungsreisen zum Pol und in die Arktis waren für viele Zweige der Wissenschaft wichtig und notwendig, so für die Geographie, die Meteorologie, die Physik. Der Versuch mußte immer wieder gemacht werden. Es mußte Kundschafter geben, die der Armee der Wissenschaft vorausgingen, um aus jenen Gebieten ruhmvoller Niederlagen neues Wissen zurückzubringen. Dann sprach er von dem Schiff, das nach sorgfältig durchdachten Plänen schon im Bau sei.

Er hatte gesprochen. Schweigen. Dann eröffnete McClintock die Diskussion.

Er sagte: »Ich glaube, ich darf sagen, daß dies der kühnste Plan ist, der der Royal Geographical Society jemals bekanntgeworden ist.« Mit einem Lächeln fügte er hinzu: »Wir sehen hier einen wirklichen Wiking vor uns, den Nachfahren jener verwegenen Nordmänner, die unserem Lande so regelmäßig so unwillkommene Besuche abstatteten.« Nansens Theorie möge richtig sein, aber er bezweifle, daß er sie durchführen könne. Nach seiner Meinung könne das Schiff, selbst wenn es in das Eis eindringen sollte, seinem Druck nicht standhalten.

Admiral Naves zweifelte daran, daß Nansen den von ihm für sicher angenommenen Polarstrom finden würde und daß es möglich sei, eine Expedition ohne die Möglichkeit des Rückzuges durchzuführen. Young, Inglefield drückten andere Zweifel aus. Andere schlugen Orte vor, von denen das Schiff besser zum Pol vorstoßen konnte. Kapitän Wharton wünschte Nansen viel Glück und gute Reise und sagte am Ende: »Die Leute fragen zuweilen, worin der Nutzen der arktischen Forschung besteht. Ich denke, unter anderem besteht er darin, daß sie den menschlichen Unternehmungsgeist anspornt und ritterliche Männer an die Front bringt. Heute abend sehen wir ein ausgezeichnetes Beispiel in Dr. Nansen. Ich kann zu ihm nur sagen: Gute Fahrt.«

Am späten Abend antwortete Nansen in seinem Schlußwort auf alle Einwände, Warnungen, Bedenken. Er hatte sich entschieden. Nein, keine Rückzugslinie, sagte er zu Naves' Einwand. Als er mit seinen Freunden nach Grönland gegangen war, hatten sie alle Brücken hinter sich abgebrochen, und sie waren angekommen. »Ich hoffe, daß wir auch diesmal Glück auf unserer Seite haben werden.«

Manche seiner Hörer und Kritiker fürchteten, daß sie diesen großartigen jungen Menschen nie wiedersehen würden. General Grelly, der amerikanische Polarforscher, hatte in einem Aufsatz geschrieben, daß sich niemand mit Nansens unlogischem Plan der Selbstvernichtung zu belasten brauche. »Kein Hydrograph wird ernstlich Nansens Theorie diskutieren, kein Forscher wird sich dem Projekt anschließen wollen.«

Der abschließende Bericht über die Tagung im »Geographical Journal« war maßvoll: »Die alten Arktisforscher waren zahlreich erschienen und sahen mit Bewunderung und Mitleid den prachtvollen jungen Norweger, als er sein neues Schiff beschrieb, das, wie er glaubte, emporgehoben und nicht zerpreßt werden würde, wenn es im Eis war und seinen Entschluß aussprach, sich der Drift des Eises über den Pol hinweg anzuvertrauen, ohne im Fall des Scheiterns eine Möglichkeit des Rückzuges zu haben. Die Veteranen rieten ihm, an die arktische Praxis und Tradition zu denken und sein Leben nicht in einem solchen leichtsinnigen Abenteuer zu vergeuden. Nur Kapitän Joseph Wiggins, der das Karische Meer befahren hatte, konnte einige Hoffnung auf Erfolg ausdrücken. Nansen dankte allen und sagte, daß er durch ihre Opposition nur ermutigt worden sei, da sie nicht stark genug gewesen sei, seine Meinung zu ändern. – Die Opposition war durchaus freundlich, aber fest; alle wünschten ihm jeden erdenklichen Erfolg und begrüßten seine Erklärung, daß die Hauptsache sei, die unbekannten Polargebiete zu erforschen und nicht den mathematischen Nordpol zu erreichen.«

Jetzt, als er zum letzten Male gesprochen hatte, war ihm wohler, und er dachte an das Schiff, das in der Raekevikbucht auf ihn wartete. Es war ein hervorragendes Schiff, zustande gebracht durch die großherzige Unterstützung der Regierung und der Öffentlichkeit, und er konnte ihm vertrauen, soweit man sich auf menschliche Dinge verlassen konnte. Immer wieder, nächtelang, hatte er mit dem alten Colin Archer, einem der besten Schiffbauer von Norwegen, über seinen Plänen gesessen, und Sverdrup, der Kapitän des Schiffes sein sollte, war gekommen, um mit zu raten und zu denken. Vom Schiff hing alles ab. Es mußte klein und stark sein. Der Rumpf durfte dem Eis sowenig verwundbare Fläche wie möglich bieten, zugleich mußte er imstande sein, dem größtmöglichen Druck zu widerstehen. Geschwindigkeit und Seetüchtigkeit waren nicht entscheidend. Es mußte der Besatzung und ihm während der langen Drift einen sicheren Schutz geben. Mit scharfem Vorder- und Hintersteven erinnerte es an ein Lotsenboot. Der Bug bestand aus schweren Eschenbalken. Die Spanten aus alter italienischer Eiche wurden durch Streben und Verbindungen gestützt; das Innere des Schiffes sah aus wie ein Spinngewebe von Balken und Stützen. Das Ruder lag tief im Wasser, um nicht vom Eis getroffen und beschädigt zu werden. Der Schiffsraum war für den Fall eines Lecks in drei Abteilungen eingeteilt. Die Wohnräume lagen unter dem Halbdeck und gruppierten sich um den gemeinsamen Salon. Alle Räume waren durch Kork- und Filzfüllungen gegen Kälte und Feuchtigkeit geschützt. Das Schiff besaß durch einen von der Maschine oder einem Windmotor angetriebenen Dynamo elektrische Beleuchtung. Von den acht Booten waren zwei besonders groß. Sollte das Schiff vom Eis zerstört werden, würden sie die Drift in diesen Booten fortsetzen. Das Schiff hatte bei 402 Tonnen eine Länge von 89 m, eine Breite von 11 m. Es war gedrungen und plump, aber es war ein gutes Schiff.

Nansen vertraute ihm. Aus allen Plänen und Erwägungen war es langsam gewachsen. Immer wieder war er zur Werft hinausgefahren, um zu prüfen, zu verbessern. Wie ein lebendiges Werk war es gewachsen.

Jetzt, da die Tat langsam, unausweichbar auf ihn zukam, da alle Worte gesagt worden waren und ihm leichter zumute war, erinnerte er sich des sonnig-kalten Oktobertages in diesem Jahr, an dem das Schiff vom Stapel gelaufen war. Tausende hatten auf der Werft und den Felsen am Fjord gestanden. Eva hatte dem Schiff den Namen gegeben. Er hörte ihre klare Stimme, als sie eine Flasche Champagner gegen den Bug schmetterte: »Fram skal den hede« – Fram sollst du heißen! Vorwärts: das war ein guter Name. Kein Rückzug. Die Brücken abbrechen. Vorwärts. Langsam war das Schiff in das Wasser geglitten. So tief war es eingetaucht, als würde es untergehen; dann war es wieder emporgekommen und hatte ruhig im Fjord gelegen. In jenem Augenblick, in dem das Schiff seinen Namen »Fram« erhielt, hatte die Tat begonnen. Für ihn die Tat. Das Warten für sie.

XI

ABSCHIED UND LANGE FAHRT

Alles war getan. Das Menschenmögliche war getan worden. Er hatte gedacht, geprüft; er hatte ausgewählt und verbessert. Er hatte Anregungen erhalten, angenommen oder verworfen. Er allein war verantwortlich, er konnte sich auf niemanden berufen. Die Verantwortung für Unterlassungen und Fehler lag bei ihm. Wenn er später erklären sollte, daß er Monate vor dem Aufbruch nachts wach gelegen habe, um sich vorzustellen, was geschehen könnte, um einen möglichen Zwischenfall nach dem anderen zu erfinden; daß er dann die Kerze wieder und wieder angezündet habe, um Verbesserungen zu notieren und so, nach menschlichem Ermessen, das Scheitern auszuschließen: alles das würde ihn im Falle des Scheiterns nicht freisprechen. Er war verantwortlich.

Die »Fram« war gebaut und lag in Pipervik. Die Maschine arbeitete zuverlässig. Der Proviant, unter dem Rat von Sachverständigen ausgesucht, um die Gefahr von Skorbut und den Fetthunger von Grönland auszuschließen, und wasserdicht in Büchsen verpackt, füllte die Schiffsräume. Kleidung, Schlitten, Waffen, Munition, eine von Freunden und Verlegern ausgewählte und geschenkte Bücherei, die besten wissenschaftlichen Instrumente, alles, was die Besatzung eines Schiffes für fünf Jahre brauchte, war ausgesucht worden; er konnte sich auf sie verlassen. Hunderte hatten sich gemeldet, Engländer, Franzosen, Deutsche, Amerikaner. Er hatte nur Norweger genommen und von ihnen nur diejenigen, die er mit untrüglichem Blick als zuverlässig und wertvoll herausfand.

Sverdrup, der Gefährte von Grönland, war Kapitän der »Fram«. Die anderen waren Leutnant Scott-Hansen von der norwegischen Marine, verantwortlich für die magnetischen, meteorologischen, astronomischen Beobachtungen; der Arzt und Botaniker Blessing; der Steuermann Jacobsen; der erste Maschinist Amundsen; Juell, der Koch und Magazinverwalter; der zweite Maschinist Petersen; Leutnant Hjalmar Johansen, der als Heizer angenommen wurde und als meteorologischer Assistent arbeitete; Henriksen, Harpunier und Eismeerschiffer; Nordahl, verantwortlich für die elektrische Ausrüstung des Schiffes, zugleich Heizer; Mogstad und Berntsen. Mit Nansen waren es dreizehn. Er blieb bei seinem Grundsatz, die Expedition so klein wie möglich zu halten. Das Durchschnittsalter war dreiunddreißig Jahre. Nansen war einunddreißig.

Bis zu diesem Augenblick durfte er sich sagen, daß er sich des in ihn gesetzten Vertrauens nicht unwürdig erwiesen hatte. Noch nie war eine arktische Expedition so hervorragend ausgestattet gewesen. Als er nach Grönland gegangen war, hatte sich Norwegen gleichgültig und abweisend verhalten; Gamél, ein dänischer Privatmann, hatte das Unternehmen ermöglicht. Damals hätte er sich frei fühlen können, wenn das in seiner Natur gewesen wäre. Jetzt war er nicht frei. Jetzt sah Norwegen ihn an. Norwegen erwartete von ihm alles. Jeder Schritt geschah im Licht der Öffentlichkeit, und sie hatte das neue größere Unternehmen möglich gemacht.

Die norwegische Regierung bewilligte auf seinen Antrag 200 000 Kronen. Der König von Schweden, mit dem Norwegen durch Personalunion verbunden war, gab 20 000 Kronen. Norwegische Reeder und Großhändler stifteten größere Beträge. Unter den ausländischen Spendern war die Royal Geographical Society mit 300 Pfund Sterling als einem Zeichen ihrer Sympathie. Als die Kosten über die Berechnungen weit hinausgingen, wurde eine nationale Sammlung durchgeführt, und das Storting, die norwegische Nationalversammlung, gab noch einmal 80 000 Kronen. Seine eigenen Mittel hatte Nansen längst erschöpft.

Sie alle hatten das Unternehmen möglich gemacht. Sie sahen ihn an. Was erwarteten sie von Nansen? Aber jetzt, in den letzten Tagen vor dem Aufbruch, konnte er über Verantwortung und Erwartung der Öffentlichkeit nicht nachgrübeln, er hetzte durch die Tage und warf den Schlaf beiseite, kaum daß er mit ihr, die auf ihn warten würde, sprechen konnte. Ein flüchtiger und tiefer Blick auf die jungen Bäume im Garten, die von einem alten Mann gesetzt wurden. Wie groß würden sie sein, wenn er wiederkam? Aber da waren neue Rechnungen, neue, letzte Erwägungen und Verbesserungen, letzte Gespräche mit arktischen Experten, letzte, eilig diktierte Briefe, und der Tag, auf den er seit Jahren gewartet hatte und den er jetzt beinahe fürchtete, der 24. Juni, der Johannistag 1893, kam grau, verhangen. Aufbruch hieß immer Abschied. Als er nach Grönland gegangen war, war er frei gewesen, ein Mann für sich. Er war nicht mehr frei, er war tief in das Leben hineingewachsen, er ließ zuviel zurück, um leichten Herzens als Abenteurer zu gehen. Es war Morgen, und man brachte ihm seine kleine Tochter. Liv hatten die Eltern sie genannt – Leben. Sie lachte und schlug fröhlich die Hände zusammen. Ein Schluchzen stieg in ihm empor. »Ja, du lachst, Liv«, sagte er, »aber ich –.«

Die letzten Worte, immer hilflos. Die letzte Umarmung, die alle Umarmungen birgt; und dann über den feuchten Grashang hinab zum Ufer des Fjords. Er stieg in das Motorboot, das ihn zum Schiff bringen sollte, und wandte sich zum Haus zurück. Er suchte die Fenster ab. Da waren sie beide, winkend. Man konnte als Sieger wiederkommen, aber man ging als Mensch fort.

Das Boot legte am Schiff an, Nansen stieg an Bord. Die gekommen waren, ihm Lebewohl zu sagen, verließen die »Fram«. Nansen stand mit grauem, verschlossenem Gesicht neben Sverdrup auf der Brücke und gab das Kommando zur Abfahrt. Die Maschine begann zu arbeiten, langsam glitt das Schiff durch den Fjord. Es war Sommer in Norwegen, er verließ ihn zum drittenmal. Das weiße Licht flammte über den Waldbergen.

Er hob das Fernglas an die Augen und suchte nach seinem Haus. Da war der Wiesenhang ... da war es. Er nahm es in sich auf, tief wie nie. Er erkannte etwas ... unter der Fichte auf einer Bank – sie. Das war sie, wartend auf ihn. Wie lange würde sie warten? Wie lange konnte jemand warten? Er konnte sie nicht mehr fragen, der Tag der Fahrt forderte ihn, und die Fahrt begann.

Die »Fram« legte noch einmal in Archers Werft an, um zwei Langboote und Ausrüstung an Bord zu nehmen. Am 26. Juni verließ sie Raekevik, und für kurze Zeit stand der alte Archer am Steuerrad des Schiffes. Als er an Land zurückfuhr, grüßte ihn die »Fram« zum Abschied mit einem Salut. Er hatte das Schiff gebaut.

Allerdings mußten sie, als das offene Meer erreicht war, erfahren, daß die »Fram« nicht sonderlich seetüchtig war und in der schweren See hilflos rollte. Tonnen und Holzlast glitten von einer Seite zur anderen. Nansen war seekrank und sah an Bord einen heillosen Wirrwarr von treibenden Planken, Armen und Beinen. Kostbare Petroleumfässer und Holz wurden über Bord geworfen.

Am 1. Juli legten sie bei sonnigem Wetter in Bergen an. Nansen hielt hier einen letzten Vortrag, und die Stadt feierte bis zum Morgen Abschied von ihm. Anders kam er in die alte lebendige Stadt zurück, als er fortgegangen. Damals war er ein junger Mensch gewesen, von Kraft überquellend und mit Leidenschaft über das Mikroskop gebeugt. Daniellsen... der Freund Grieg... wieviel verdankte er ihnen. Man lebte nicht nur durch sich allein, die Freunde, die man fand, waren Helfer, und die Gegner und Feinde klärten und reinigten; später erkannte man das. Der alte Daniellsen hätte ihn nach der Grönlandfahrt gern wieder am Museum gewußt, und Nansen hatte ihm antworten müssen, daß er sich für seine alte Stellung im Augenblick ungeeignet halte; in seinem Geist bewegten sich andere Pläne. »Ich bin jung und habe, wie Sie einmal sagten, unruhiges, drängendes Wikingerblut in mir. Ich bin für ein allzu ruhiges Leben nicht geschaffen, und vielleicht kann ich meinem Lande auch auf andere Weise dienen.« Daniellsen hatte seinen Brief verstanden und ihm zu den letzten Vorbereitungen der Polfahrt geschrieben, daß er zwar über das Gelingen des Grönlandplanes etwas im Zweifel gewesen wäre; aber er sei überzeugt, daß Nansen vom Pol als Sieger zurückkommen werde.

Dem Lande auf andere Weise dienen... war es das nicht, was er tat? Und sie alle, die Abschied mit ihm feierten, sie mochten es vielleicht nicht klar erkennen, aber sie fühlten es, daß Nansen für sie alle in das Ungewisse hinausfuhr, für sie und für ihr Land, dessen Größe und Schönheit er nie so tief empfunden hatte wie jetzt, in den Tagen langsamen Vorübergleitens an der Küste von Norwegen. Sie alle, die von Booten und Segelschiffen der »Fram« zuwinkten: sie waren Norwegen, ebenso wie die Schneeberge im Morgenlicht und die dunklen Inseln im Zauberlicht der nordischen Nacht. Oben in Helgeland stand eine alte Frau auf einer nackten Klippe und winkte zur »Fram« hinüber. Das Haus, in dem sie lebte, lag wohl hinter den Felsen. »Ich möchte wissen, ob sie uns zuwinkt«, sagte Nansen zum Lotsen, der neben ihm stand, und der Lotse antwortete: »Ja, natürlich.« – »Aber wie kann sie hier oben etwas über uns erfahren haben?« – »Oh, hier kennen sie die ›Fram‹ in jeder Stube, und alle werden darauf warten, daß Sie wieder zurückkommen, das können Sie glauben.«

Auch diese alte Frau auf einer einsamen Klippe war Norwegen; sie war Volk wie die Bauern auf ihren abgelegenen Höfen, die um ihr Brot kämpften, wie die Fischer, die sich dem Meer stellten, um leben zu können. Sie waren der Grund des Lebens, dunkel und fruchtbar. Sie alle, ohne es zu wissen, schickten ihn in das graue Unbekannte, auf das sie selber verzichtet hatten und von dem jetzt, als das Schiff vorüberfuhr, ein Hauch zu ihnen wehte. Und sie, die bei ihm waren, diese zwölf, mit einer Gelassenheit, die ihn manchmal staunen machte, auch sie waren das Volk von Norwegen, undeutlich, unklar lebte auch in ihnen der Hunger nach der Ferne, der Geist des Abenteuers, der über die Gräben springt. Die Welt würde erstarren ohne diesen Geist. Er war die Flamme, die das Leben auf Erden wachhielt.

Tromsö am 12. Juli bei Nordweststurm und Schnee. Vardö mit schmetternd frohem Abschied und dem letzten Bad für lange Zeit, und im Morgengrauen glitt die »Fram« aus dem Hafen. Die Stadt schlief noch. Von einem Schiff kam der Ton erster Arbeit. Ein Fischer starrte aus der Luke seines Bootes dem Schiff nach. Auf dem Zollkutter stand ein Mann und fischte im ersten Licht. Es war eine gute Stunde, um Norwegen zu verlassen, besser als Fest und lautes Abschiedswort. Die Sonne brach durch den Morgennebel, frisch und rein lag das Licht auf dem Wasser und den verlorenen Klippen. Das Land glitt zurück, wurde langsam zu einer Linie, einem Hauch. Dann waren sie auf der Fahrt in den Norden. Die Einsamkeit kam ihnen entgegen und verließ sie von nun an nicht mehr.

Nebeltage wechselten mit Sonne auf dem ruhigen Meer. Die »Fram« stieß früher, als Nansen erwartet hatte, auf Eis und durchbrach es mühelos; sie bewährte sich ausgezeichnet. Dann fuhr das Schiff im offenen Wasser der Jugor-Straße, und sie sahen die Endlosigkeit der sibirischen Ebene, ein braunes Erdmeer, das ohne Erhebung nach Süden floß, einsam, leer.

Chabarowa erschien, ein kleiner Ort mit einer russischen Kirche, Zelten, ein paar Häusern. Hier sollten dreiunddreißig sibirische Schlittenhunde auf die »Fram« warten und an Bord genommen werden. Nansen hatte sich während der Vorbereitungen für die Polarfahrt an Baron Toll gewandt, einen

Arktisforscher, der vor allem mit den Neusibirischen Inseln und der Küste von Sibirien vertraut war, und ihn gebeten, ihm eine Anzahl von Schlittenhunden entweder nach Norwegen oder zu einem bestimmten Ort an der Lenamündung zu schicken. Als Ort der Übernahme war Chabarowa vereinbart worden, und Trontheim, ein zuverlässiger Mann, der in Tolls Auftrag die Hunde von Samojeden gekauft hatte, wartete seit ein paar Wochen auf Nansen. Toll tat noch mehr. Er teilte Nansen mit, daß er an einigen Punkten der Neusibirischen Inseln Depots mit Lebensmitteln und Ausrüstung anlegen werde, für den Fall, daß Nansens Expedition scheitern sollte und sie sich zur sibirischen Küste durchschlagen müßten.

Während die Kessel der »Fram« gereinigt wurden, jagten sie auf der blühenden Tundra. Wie endlos dieses Land war. Hier wurde die Geschichte der Welt zu weniger als einem Hauch, hier gab es nur den Jagd- und Hirtentag der Samojeden, die mit ihren Renntieren über die Erde zogen.

Am 3. August 1893 verließ die »Fram« Chabarowa und trat endgültig in das Abenteuer ein. Die Welt würde von ihnen erst wieder wissen, wenn sie zurückkamen.

Sturm und Eis an der Küste des Karischen Meeres. Manchmal gingen Jagdgruppen an Land und jagten in der leeren Stille Bären, Renntiere, Vögel. Das waren ihre Ereignisse, und wenn sie im »Salon« saßen, sprachen sie von Fehlschüssen, unerwarteten Begegnungen mit Bären, von Walroßjagden, die zu tobender Raserei der verwundeten Tiere führten, von Inseln, die auftauchten und Namen erhielten. Sie fingen an, in ihrer eigenen Welt zu sein, sie war so groß wie die »Fram« und wie ihre Erinnerungen und Träume.

Träume ... und das Schiff glitt an der toten Küste eines ungeheuren Niemandslandes entlang. Träume ... und man sah durch den Nebel eine felsige Landzunge »und eine Landungsbrücke mit einem leichten Boot und einem flachen Strand und Fichtenbäume, und unter den Bäumen steht sie im hellen Kleid. Der große Strohhut schützt gegen die Sonne, sie hat die Hände auf den Rücken gelegt, sie sieht hinaus auf die glänzende blaue See und lächelt wehmütig. Dann wendet sie sich und geht hinauf zum Hause. Ein großer schwarzer Hund hebt den Kopf, sieht mit seinen treuen Augen zu ihr auf und folgt ihr. Liebkosend legt sie die Hand auf seinen Kopf. Dann kauert sie sich nieder und plaudert mit ihm. Jetzt kommt jemand vom

Haus her mit einem prächtigen Kind auf dem Arm. Sie nimmt es und hebt es hoch in die Luft, und das Kind jubelt vor Freude. Dort ist das Leben, der Kern des Lebens – die Heimat und die Familie ...«

Am 9. September passierten sie Kap Tscheljuskin, die nördlichste Landspitze des alten Erdteils. Sie feierten es mit einem Fest im Salon bei Punsch, Obst, Zigarren und Harmoniumspiel. Sie schufen sich die Gelegenheiten zu Festen selber.

»Nordwärts nun mit gutem Wind, was Segel und Dampf herhalten. Offenes Meer, Meile auf Meile, durch unbekannte Gebiete, die See eisfrei. Wie lange wird das so bleiben? Jetzt hat der Plan seine Probe zu bestehen. Das Glück scheint mit uns ausgezogen zu sein.« So am 19. September im Tagebuch.

Ein paar Tage später bewegte sich das Schiff auf der Höhe von 77 Grad 44 Minuten vorsichtig am Rande dichten Eises. Das Schweigen der Erde war längst erloschen. Ein anderes Schweigen fing an. Dämmerung schwebte dichter aus dem Norden her. Dämmerung wurde wachsend zu früher Dunkelheit. Der Winter kam.

Am 22. September hörte die Maschine des Schiffes zu arbeiten auf, es war, als hätte ein zuverlässiges Herz sein Schlagen eingestellt. Mit der Dämmerung kam die Kälte, und sie brachte den Winter. Aus der »Fram« war ein Haus geworden, in dem dreizehn Männer lebten. Langsam, vom Eis umschlossen, trieb es nach Norden. Sie waren in der Welt, aber die Welt wußte nichts von ihnen. Sie waren Gefangene geworden, niemand wußte, wann sie wieder frei sein würden. Aber sie vertrauten – wem und auf was vertrauten sie? Sie vertrauten der Zeit, wie Menschen immer der Zeit vertrauen. Aber in der Arktis gab es keine Zeit von menschlichem Maß.

XII

PEER GYNTS BRUDER

Am Tage spürte er die Zeit wenig oder nicht mehr als die anderen. Jeder hatte nach einem Plan zu tun. Sie bedeckten die Zeit mit Arbeit am Tag, mit Mahlzeiten, mit Gespräch und Spiel am Abend, wie ein unablässig rinnender Brunnen provisorisch gedeckt wird. Aber nachts, wenn die anderen schlafen gegangen waren, wenn Nansen allein in seiner winzigen Kajüte am Tisch saß, um zu lesen, die wissenschaftlichen Ergebnisse des Tages zu sammeln, zu prüfen, einzutragen oder in sein Tagebuch zu schreiben, brach der Brunnen wieder auf. Dann kam die Zeit zurück. Sie füllte den warmen Raum im gelben Licht der Öllampe. Sie glitt über die von Freunden geschenkten Bilder an den Wänden und löschte die Farben aus. Sie bedeckte alle Gegenstände mit dem Staub des Nichts. Dann gab es nichts mehr als die Zeit von tiefer, außermenschlicher Stille. Eine Uhr an der Wand versuchte, die Zeit in gleiche, winzige Stücke zu zerschlagen. Aber die Zeit war unteilbar, sie war wie Flut, die alles sanft, widerstandslos, endgültig ertränkte, die Zeit war die Vorläuferin der Ewigkeit. Er saß zu ihren Füßen wie ein Schüler vor einer Lehrmeisterin, deren Antlitz die Sterne berührte, ein Schüler, der nicht einmal die ersten Worte verstand.

Er hörte den gleichmäßigen Schritt der Wache an Deck wie den Gang einer anderen Uhr. Wer war es? Die zweite Wache hatte Nordahl ... ja, es war Nordahl. Der Wind zog durch die erstarrte Takelung, er kam aus dem Nichts und wehte in das Nichts. In der Ferne donnerte es leise, wie fernes Erdbeben. Das war das Eis, das sich preßte. Dann kroch es langsam, knirschend heran, der Donner wuchs, immer schneller nun, ein Ton von krachendem Splittern war damit vermischt. Er konnte sehen, wie er es immer wieder in diesen Monaten gesehen hatte und immer als einen ungeheuren Vorgang elementarer Wucht, wie die Eismassen sich zusammenschoben, sich emporhoben, vorwärtsglitten, mit rasender, splitternder Schnelligkeit auf das Schiff zu, jetzt – und den Hauch eines Augenblickes, ehe die Pressung erfolgte, fühlte er den Stoß, der das Schiff tödlich treffen sollte und mit brüllendem Donnern vorbeistieß. Dann hob sich das Schiff mit einem Seufzer wie aus gestörter Ruhe, lag für einige Zeit in der Schwebe und sank langsam zurück. Das Donnern wanderte über das Eis und verlor sich.

Das wenigstens hatte er nicht falsch gemacht. Die »Fram« bewährte sich hervorragend, wie sie es seit der ersten Eispressung am 9. Oktober getan hatte. Damals war das noch ein Ereignis gewesen, und alle hatten an Deck gestanden, um zu sehen, wie das Schiff der Umklammerung durch das Eis sicher entschlüpfte. Jetzt kümmerte sich niemand mehr darum. Der Schritt der Wache blieb gleichmäßig ruhig. Die »Fram« war ein gutes Schiff.

Aber war alles so gut wie die »Fram«? Waren alle Dinge so gegangen, wie Nansen geplant hatte? Das Schiff war eingefroren, wie er gewollt hatte. Sie hatten die lange Winternacht vorbereitet. Das Steuerruder wurde gehoben und vor den Stauungen des Eises geschützt. Die Maschine, an der Amundsen hing wie an einem lebenden Wesen, wurde auseinandergenommen und geölt. Eine Tischler- und Mechanikerwerkstätte, eine Schmiede wurden eingerichtet. Der Salon diente tags als Schuster- und Segelmacherraum. Was sie brauchten, stellten sie selber her, von den feinsten Instrumenten bis zu Holzschuhen und Axtstielen. Jeder hatte seine Arbeit, sie war ein Heil- und Schutzmittel gegen den Überfluß an Zeit und gegen die Gefahr des Skorbuts, sie war ebenso notwendige wie abwechslungsreiche Hilfe. Scott-Hansen leitete die meteorologischen und astronomischen Beobachtungen und beschäftigte außer Johansen fast immer ein paar Leute. Oft war seine Kajüte voller Zuschauer, die auf die Ergebnisse seiner Arbeit warteten, um zu hören, wie die »Fram« getrieben war. Eine Expedition war ein Arbeitsunternehmen, das vom Unerwarteten, Erregenden oder vom Gefährlichen oft genug unterbrochen wurde, und das Gleichmaß der Untersuchungen, Messungen, Beobachtungen von Eis und Meerestiefe, von Temperatur und Luftströmungen war wichtiger als die Jagd auf Bären. Nur der Arzt Blessing hatte bis auf regelmäßige Untersuchungen, Behandlung geringfügiger Krankheiten und seine eigene wissenschaftliche Arbeit wenig zu tun. Umsichtig ausgewählte Kost und Sport hielten alle bei ausgezeichneter Gesundheit, und Langeweile, die bei manchen früheren Expeditionen von Verdrossenheit zu Meuterei geführt hatte, war unbekannt.

Jeder Tag hatte seine wiederkehrende Ordnung. Die Arbeit wurde durch die Mahlzeiten im Salon unterbrochen. Nach dem Abendessen durfte rauchen, wer wollte. Dann saßen alle im Salon, wie der größte Raum genannt wurde, sie lasen, sangen, erzählten; Berntsen war ein guter Erzähler, und Johansen spielte ausgezeichnet auf dem Harmonium. Gegen Mitternacht wurde es im Schiff still, der Tag war vorbei, die Zeit war überwunden worden.

Was in der Welt geschah, wußten sie nicht, und die Welt ging weiter. Sie wußten weder vom Sturm der Dreyfus-Affäre, die Frankreich teilte und das bittere Problem menschlicher Gerechtigkeit aufwarf, noch von der Ermordung des Zaren in Rußland noch vom japanisch-chinesischen Krieg. Tschaikowsky starb, und Bruckner schrieb seine Neunte Symphonie. Behring fand das Heilserum gegen Diphtherie. Die Idee der Olympischen Spiele wurde geboren.

Sie schrieben sich ihre eigene Zeitung, die »Framskaja«. Die Ereignisse, die sie bewegten, von denen sie sprachen, waren Jagden auf Eisbären und Eisfüchse, unvermutete Begegnungen mit Bären – Petersen rettete sich vor einem Bären dadurch, daß er ihm eine Petroleumlampe auf den Kopf schmetterte –, Schifahrten, Schlittenfahrten mit den Hunden, die ihre Freiheit endlich genießen konnten, die Geburt junger Hunde, ein Feldzug gegen Wanzen, die sie von Sibirien mitgenommen haben mußten. Sie lebten ihr eigenes Leben, schufen ihre eigenen Feste und feierten nicht nur eines jeden Geburtstag mit einem Festmahl, sondern auch den Geburtstag der »Fram« wie eines atmenden, ihnen teuren Wesens, das sie schützte und zu ihrer Heimat im Eis geworden war. Bessere Leute, als sie alle waren, hätte Nansen nicht finden können. Sie waren zuverlässig, tüchtig, unermüdlich, die Reibungen des täglichen Lebens auf so kleinem Raum waren unbedeutend und sofort ausgelöscht. Alles, was Nansen bedacht und geplant hatte, bewährte sich. Verglichen mit den drückenden, aushöhlenden Wintern früherer Expeditionen, schien die Drift der »Fram« ein langer, nicht immer angenehmer und schattenfreier, aber auch nicht übermäßig anstrengender Spaziergang zu sein; genauer: Spazierdrift, denn die »Fram« trieb langsam dahin. Alles war in Ordnung.

War alles in Ordnung? Nein. Nansen wußte es. Schon im ersten Winter wußte er es, aber er wollte sich Zeit geben bis zum nächsten Sommer, wollte abwarten, ob nicht eine andere Wendung der Dinge ihn glücklich überraschen würde. Ob diese Wendung eintreten würde? Nein: aus Andeutungen, zögernder Befürchtung war Gewißheit geworden. Er hatte das Nein zuerst nicht angenommen, aber es war langsam gewachsen, und wenn er nachts in seiner Kajüte saß, eingetaucht in die reglose Flut arktischer Zeit, wurde das Nein zu einem Gebirge von Last.

Er hatte sich über die Beschaffenheit des Polarmeeres getäuscht. Die allgemeine Theorie glaubte an ein seichtes Becken, in dem die Strömungen von Sibirien her ihre Kraft auswirken konnten, jene Strömung, der er die »Fram« anvertraut hatte. Die Wirklichkeit, durch unablässige Lotmessungen bestätigt, war anders. Die »Fram« glitt mit dem Eis über einem Meer von zwei- und dreitausend Metern Tiefe. Sie mußten die Lotleine verlängern, um Grund zu finden. Das Vertrauen auf die Strömung hatte sich aufgelöst oder war zumindest brüchig geworden. Die Drift war viel stärker, als er angenommen hatte, vom Winde abhängig.

Im September war das Schiff bei 79 Grad nördlicher Breite eingefroren. Im Februar trieb es bei 80 Grad. Das war ein Grad mehr. Wenn sie so weitertrieben, würden sie in 45 oder 50 Monaten am Pol sein und in 100 Monaten auf dem 80. Grad jenseits des Pols ankommen. Im besten Fall konnten sie dann in acht Jahren zu Hause sein. Im besten Fall. Was im schlechtesten? Es war zu absurd, um es auszudenken. Er erinnerte sich an die jungen Bäume, die der Gärtner in »Godthaab« gepflanzt hatte. »Es ist gute Erde«, hatte der Gärtner gesagt, als Nansen für einen Augenblick herausgekommen war, um zu sehen, daß die Büsche und Bäume am rechten Platz gesetzt wurden. »O ja«, hatte er geantwortet, »ich hoffe, daß sie wachsen werden.« Wie groß würden sie sein, wenn sie heimkehren würden, wie lang würde ihr Schatten dann sein? Acht Jahre ... sein Kind würde wachsen und ihn nicht kennen. Seine Frau mußte acht Jahre warten. Konnte sie warten? Konnten die Frauen der anderen warten? Die Arktis verschleuderte die Zeit, da sie Zeit nicht kannte. Menschen hatten nur eine Frist, jedes Jahr war ein kostbarer, nie wiederkehrender Teil, und jetzt verschwendete er sein und ihrer aller Leben in langsamem, allzu langsamem Treiben, in einer Art von unheimlichem Narrenspiel, das sie heute nach Süden trieb, an einem anderen Tage nach

Norden oder Nordwesten, und er fühlte sich leer, verdammt zu unerträglichem Warten. Er lehnte sich gegen diese Drift auf, die ihm die Kraft nahm, dieses Dahintreiben in einer Welt, die nichts Menschliches kannte, nur das Kommen und Schwinden des Lichtes. Sie, die die Wiederkehr des Lichtes feierten, als hätten sie es nie gesehen, füllten es mit ihrer Freude, ihrer Hoffnung. Das Licht selber kannte weder Hoffnung noch Freude, wie die Schwärze der Winternacht keine Verzweiflung kannte, nur Finsternis.

Und dann wieder konnte er nicht anders, als tief ruhig zu werden. Jede Erregung, jedes Aufbegehren fielen von ihm ab in dieser Stille. Hier erlosch alles. Das große Abenteuer, zu dem sie in den Augen der Welt aufgebrochen waren, wurde zum Spiel von Kindern, die Liebe zu einem nichtigen Hauch, Ehrgeiz zerfiel zu Asche.

Er ging an Deck und wanderte nachts über das Eis. Er fühlte sein Leben in der Hülle des Körpers, und er fühlte das Nichts um sich, die große Leere, in der die Nordlichter zuckten. Er hätte die Asche Cäsars oder Alexanders in der Hand halten können, diese kostbare Asche riesiger Träume; er hätte sie geöffnet und verwehen lassen in das Nichts. Er fühlte sich sterben, es war ihm, als löse sich etwas von ihm, schwebe von ihm fort und er bliebe wie eine Hülle zurück, leer, kalt.

Ab und an war es notwendig, sich selber anzusehen, ohne Schonung, ohne Eigenliebe, sich der wirklichen, nicht der erträumten Wirklichkeit gegenüberzustellen. Und dann war es gut, wieder zurückzukehren, alle Dinge wie mit neuen Augen zu sehen. Es gab das Geheimnis der Leere und des Nichts, aber es gab auch das Geheimnis der Fülle und des Lebens, und wenn er sich umwandte und die »Fram« liegen sah, einen winzigen Schatten unter den Spielen des Himmels, die für menschliche Sinne fast zu überwältigend waren, kam die Wärme zurück. Man war auf Erden, um zu leben. Man war hier, zu kämpfen, zu leiden, seinen Beitrag zu leisten, wie groß oder gering er auch sein mochte. Er, auch er, war hier, um zu bestehen, und gut war es, tröstend und ermutigend, aus diesem Rendezvous mit dem Nichts zurückzukommen, den Feuerschein der Schmiede zu sehen, in der Lars oft noch abends arbeitete, und ein langsam über Deck und in die Wanten steigendes Licht zu verfolgen; das war Johansen, der in die Tonne ging, um Temperaturen abzulesen. Dort draußen war das Nichts, doch hier war Erde.

Auch die »Fram« war Erde, von Menschen gemacht und bewohnt von ihnen, die ihm vertrauten und glaubten.

Stille, wenn er in der Kajüte sitzt und versucht, das Unmögliche, das zu Große in Worte zu pressen. Stille ..., er beugt sich über das Blatt, um zu schreiben und mit dem Tagebuch zu sprechen, ihm alles zu sagen.

»Es gibt nichts so wunderbar Schönes wie die arktische Nacht. Es ist ein Traumland, in den zartesten Tönen gemalt, die man sich denken kann; es ist in Äther verwandelte Farbe. Ein Schatten verschmilzt in den anderen, so daß man nicht weiß, wo der eine endet und der andere beginnt, und doch sind sie alle vorhanden. Keine Formen; alles ist schwache, traumhaft gefärbte Musik, eine weit entfernte, langgezogene Melodie auf gedämpften Saiten. Ist nicht alle Schönheit des Lebens erhaben, zart und rein wie diese Nacht? Gebt ihr glänzendere Farben, und sie ist nicht mehr so schön.«

»Der Himmel gleicht einer großen Kuppel die im Scheitelpunkt blau ist und sich abwärts in Grün, dann in Lila und Violett an den Rändern abschattiert. Über den Eisfeldern lagern kalte violettblaue Schatten mit helleren blaßroten Tinten, wo hier und dort ein Grat den letzten Widerschein des entschwindenden Tages auffängt. Oben im Blau der Kuppel scheinen die Sterne, die den Frieden verkünden, wie es diese unveränderlichen Freunde stets tun. Im Süden steht ein großer rotgelber Mond, umgeben von einem gelben Ringe und leichten goldenen Wolken, die vor dem blauen Hintergrunde schweben.«

»Jetzt breitet das Nordlicht über das Gewölbe des Himmels einen glitzernden Silberschein aus, der sich nun in Gelb, in Grün, nun in Rot verwandelt; er breitet sich aus und zieht sich wieder zusammen in ruheloser Veränderung, um sich dann in wehende vielfältige Bänder von blitzendem Silber zu teilen, über die wellenförmige glitzernde Strahlen dahinschießen; dann verschwindet die Pracht. Im nächsten Augenblick erschimmert sie in Flammenzungen gerade im Zenit, dann wieder schießt ein heller Strahl vom Horizont gerade empor, bis das Ganze im Mondschein fortschmilzt. Es ist, als ob man den Seufzer eines verschwindenden Geistes vernähme. Hier und dort sind noch einige wehende Lichtstrahlen, unbestimmt wie eine Vorahnung – sie sind der Staub vom glänzenden Gewande des Nordlichts. Aber jetzt nimmt es wieder zu, neue

Blitze schießen empor, das endlose Spiel beginnt aufs neue. Und während der ganzen Zeit diese Totenstille...«

»Ich habe nie die Tatsache begreifen können, daß diese Erde eines Tages vergehen und öde und leer sein soll. Wozu dann all diese Schönheit, wenn niemand mehr da ist, um sich daran zu erfreuen? Jetzt beginne ich zu verstehen. *Dies* ist die zukünftige Erde – hier sind Schönheit und Tod.«

»Aus meinem Plan ist nichts geworden. Der aus Theorien erbaute Palast, den ich in Stolz und Selbstvertrauen allen törichten Einwendungen entgegen aufgebaut habe, ist beim ersten Windhauch wie ein Kartenhaus zusammengestürzt...«

»War ich denn so ganz sicher? Ja, zuzeiten; doch es war Selbsttäuschung. Verblendung. Hinter allen Vernunftgründen lauerte ein geheimer Zweifel. Mir schien, als ob ich immer mehr dazu käme, zu zweifeln, je länger ich meine Theorie verteidigte. Aber nein, über das Beweismittel des sibirischen Treibholzes läßt sich nicht hinwegkommen.«

»Aber wenn wir dennoch auf falscher Fährte sind, was dann? Nur enttäuschte menschliche Hoffnungen, weiter nichts. Und selbst wenn wir umkommen, was liegt daran in den unendlichen Kreisen der Ewigkeit?«

Hier war er allein in der Nacht, ohne Selbsttäuschung. Hier gab es keinen Rückhalt, keine Hilfe, von niemandem, auch nicht von ihm selber. Die große Reinigung der Seele wurde vorgenommen. Das Licht der Polarnacht drang ein, erhellte die verborgensten Winkel, entblößte ihn. Die Schlacken fielen ab, und nur das innerste Feuer blieb. Blieb es? In dieser Einsamkeit wurde jedes Feuer ausgelöscht; nichts bestand. Und jetzt schien es ihm, als ob nicht nur dieses Unternehmen falsch gewesen war. Alles war falsch in seinem Leben. Er hatte nach dem großen Leitgedanken gesucht, der sein Leben sammeln und seine Kraft lenken würde. Zersplitterte Gedanken, vergeudete Zeit, verschleudertes Leben. Er hatte in den letzten Tagen einige Biographien großer Männer gelesen. Sie waren groß geworden, weil sie ihre Kraft auf ein einziges Ziel geworfen hatten. Er – wer war er, mit zweiunddreißig Jahren? Wenn er von großen Mathematikern las, wurde ihm bitter zumute. Mathematik war seine erste Liebe gewesen. Hätte er ihr nicht folgen sollen? Geologie zog ihn an, die Naturwissenschaften, alles faszinierte ihn, war lebendig, und das Lebendige suchte er in allen Formen, und dann verließ er, was er begonnen hatte, suchte, fand etwas Neues, warf es beiseite. Er hatte ein Genie sein wollen, aber er war es nicht, er scharrte sich alles mühsam zusammen. Andere mochten es nicht merken, aber so war es. In dieser Nacht konnte er sich nichts vormachen, die Unendlichkeit sah ihn mit kalten, gleichgültigen Augen an. Stoff... Stoff welcher Art auch immer... anziehend, faszinierend... und dann fand er nichts mehr darin. Aber was war es, das ihn anzog? Welcher Hunger saß in ihm, bohrend und nagend? Hunger, den Kern der Dinge zu finden... das Geheimnis des Lebens. Er arbeitete, o ja, seine Tage waren gefüllt wie die Tage der anderen. Sie schmiedeten, hämmerten, beobachteten, maßen. Auch er arbeitete. Die Lampe in seiner Kajüte erlosch oft erst gegen Morgen. Es war wunderbar, die Umrisse einer neuen Wissenschaft zu spüren, in die Geheimnisse des Meeres einzudringen, das Neue, Unbekannte zu finden. Und plötzlich ließ er es, griff zu Pinsel und Farbe, um das Unfaßbare zu fassen, aber über den Entwurf kam er nicht hinaus. Er selber war nur ein Entwurf. Kein wirklicher Künstler, kein wirklicher Wissenschaftler. Was war er? Er hatte die Hand und Aufmerksamkeit eines Malers ohne seine zusammenschauende Kraft. Er besaß die Hand eines Schriftstellers und konnte sich nur an Fakten entzünden.

Er hatte gearbeitet, jahrelang. Er hatte sein Auge an das Mikroskop gepreßt, um das Große im Mikrokosmos zu finden. Aber die Geduld fehlte ihm, er konnte kein Diener der Wissenschaft sein. Etwas in ihm riß ihn fort, er hätte gern das Universum neu erschaffen. Welches Universum? Die große, eisige Leere, in der nichts bestand. Er hatte als junger Mensch die Bewunderung der Welt empfangen. Sie schmeckte ihm nicht mehr, sie schmeckte nach bitterer Asche. Aber die Sehnsucht blieb – wonach?

Er hatte die Zoologie begonnen, und dann war er nach Grönland gegangen. Jetzt war er hier und schlich auf einem Pfad, den nicht er bestimmte. Sein Leben war gebrochen, nie würde der Bruch heilen. Er hatte nach der großen Idee gesucht, er hatte darauf gewartet, daß sie wie ein Blitz einschlüge. Der Blitz war nicht gekommen, es waren nur Funken einer künstlich geladenen Leydener Flasche. Er hatte seine Jugend verschleudert, und jetzt war er nicht mehr jung. Er hatte sich zerstreut und zersplittert. Schlemihl hatte seinen Schatten verloren. Was sollte er tun? Sich bescheiden. Er hatte nur einen Halt, das war sie – sie, die auf ihn wartete. Sie war alles. Sie war der Kern der Ruhe. Zu ihr zurückkehren können! Aber hier trieben sie dahin.

»Oh, wie müde bin ich deiner kalten Schönheit, Polarnacht! Es verlangt mich, zum Leben zurückzukehren. Laß mich als Sieger oder Bettler heimkehren, es gilt mir gleich, aber laß mich heimkehren, um das Leben neu zu beginnen. Hier vergehen die Jahre; was bringen sie? Nichts als Staub, trockenen Staub, den der erste Windstoß verweht; an seine Stelle tritt neuer Staub ... Wahrheit? Weshalb macht man immer so viel aus der Wahrheit? Das Leben ist mehr als kalte Wahrheit, und wir leben nur einmal.«

»Oh, zuzeiten erdrückt diese Untätigkeit den Geist so sehr. Das Leben erscheint dunkel wie die Winternacht draußen, nirgends Sonnenschein, höchstens in der Vergangenheit und in der weitentfernten Zukunft. Mir ist, als müsse ich diesen Bann der Erstarrung, der Trägheit durchbrechen und Raum finden für meine Kraft.«

»Kann nicht etwas passieren? Könnte nicht ein Sturm kommen, das Eis aufreißen und es in mächtigen Wogen in Bewegung bringen wie das offene Meer? Laßt uns in Not kommen, laßt uns um unser Leben kämpfen – aber laßt uns vorwärts kommen!«

»Je länger ich hier umherstreife und das Eis nach allen Richtungen hin ansehe, um so stärker bewegt mich ein Plan, mit dem ich in Gedanken schon lange umgegangen bin. Mit Hunden und Schlitten würde es möglich sein, auf dem Eise den Pol zu erreichen, wenn man das Schiff allen Ernstes verließe und den Rückweg in Richtung auf Franz-Joseph-Land, Spitzbergen oder die Westküste von Grönland antreten würde. Für zwei Leute könnte man es fast als eine leichte Expedition bezeichnen. Aber es würde voreilig sein im Frühjahr aufzubrechen. Und wenn ich darüber nachdenke, halte ich es doch für zweifelhaft, ob es richtig sein würde, mich zu entfernen und die anderen zu verlassen. Man denke sich nur, wenn ich nach Hause käme und sie nicht!«

»Und doch bin ich hierhergekommen, um die unbekannten Polargebiete zu erforschen; dafür haben die Norweger ihr Geld hergegeben. Ich muß die Drift noch einer längeren Probe unterziehen. Aber wenn wir nach einer falschen Richtung geführt werden, dann bleibt nichts anderes übrig, als den anderen Plan zu versuchen, komme danach, was wolle.«

»Und es ist mir in der Tat beschieden, dieses große Abenteuer des Eises: tief und rein wie das unendliche All, die schweigsame sternblinkende Polarnacht, die Natur selbst in ihrer ganzen Tiefe, das Geheimnis des Lebens, der unaufhörliche Kreislauf des Weltalls, das Fest des Todes, ohne Leiden, ohne Not, ewig in sich selbst. Hier in der großen Nacht stehst du in all deiner Einfalt, von Angesicht zu Angesicht vor der Natur. Du sitzt andächtig zu Füßen der Ewigkeit und lauschst und lernst Gott kennen, den Allwaltenden, den Mittelpunkt des Alls. Alle Rätsel des Lebens scheinen dir klarzuwerden, und du verlachst dich selbst, daß du dich hattest mit Grübeln verzehren können. Es ist alles so klein.«

XIII

ABSPRUNG – WOHIN?

Das Licht kam immer wieder. Aus dem langen Winter löste sich mühsam der Frühling ohne Grün. Die Sonne erschien, die Eisfelder flammten in ihrem Glanz, aber nichts erwachte. Doch die Wärme der Sonne war Freude. Sie warfen den Schnee beiseite, der während des Winters als Wärmeschutz auf dem Oberlicht des Salons gelegen hatte, und putzten die Scheiben, um das Licht hereinzulassen. Sie reinigten das Schiff wie ein Haus vor einem Fest. Die »Fram« bewegte sich im nassen Eis nach Norden, um dann unerwartet den Gewinn auszulöschen und nach Süden zurückzukehren.

Ihr Leben war Wiederholung und Fortsetzung dessen, was vor einem Jahr gewesen war: Arbeit, Mahlzeiten, Geburtstag, Feiertag, Jagd und als Höhepunkt der 17. Mai, der Nationalfeiertag Norwegens mit Fahnenmarsch um das Schiff, Reden und Mahl. Alle waren in ausgezeichneter Verfassung, und jeder war beschäftigt. Die Beschläge der Schlitten wurden erneuert, Holzschuhe angefertigt, Nägel geschmiedet, Segel für die Boote und für die Handschlitten genäht. Da die Lotleine nicht ausgereicht hatte, wurde aus einer Stahltrosse des Schiffes eine neue hergestellt, mit der größere Tiefen gemessen werden konnten; die Wassertiefe schwankte zwischen 3300 und 3900 m. Nansen, wenn er nicht an Deck arbeitete, saß in seiner Kajüte über dem Mikroskop und vergaß Zeit und Umgebung. Was für ein Leben unter der Eisdecke, verwirrend und unverständlich und großartig. Es gab keine vollkommene Leere. Auch diese kleinen, einzelligen Schleimklumpen, die zu Tausenden fast auf jeder Scholle lebten, gehörten zur Welt. Das Wasser auf den schmelzenden Eisfeldern war von Schwärmen kleiner Tiere, meist Infusorien, belebt.

Aus dem Frühling kam der Sommer hervor. Der Schnee auf den Eisfeldern schmolz. Die Wärme nahm zu. Wenn man, an Deck sitzend, die Augen schloß, konnte man denken, man sei in Norwegen. Zu Hause brannten die Johannisfeuer, die Wälder dufteten, die Häuser leuchteten im Licht. Am 24. Juni, vor einem Jahr, waren sie aufgebrochen. Die »Fram« trieb nach

Süden, nach Norden, nach Süden. Niemand kannte das Gesetz ihrer Bewegung.

Der Sommer ermattete, der Herbst zog mit langsam wachsender Kälte und schwindendem Licht über die weiten Ebenen. An der Backbordseite des Schiffes bauten sie Eishütten für die Hunde. Wenn Nansen abends ihr plötzliches Bellen hörte, war es ihm, als käme jemand. Niemand kam.

Aus dem Herbst wurde Winter. Die Nächte wurden dunkel. Sie kannten das alles schon und erwarteten es ohne Furcht. In diesem ersten Jahr war die »Fram« in unverständlicher Vor- und Rückwärtsbewegung um vier Grad nach Norden getrieben; vom 77. bis zum 81. Grad nördlicher Breite. Die verlängerte Linie der Drift berührte das Nordostland von Franz-Joseph-Land. Die Entfernung dorthin betrug 1500 Kilometer. Am 31. Oktober erreichte die »Fram« den 82. Breitengrad, und sie feierten es mit einem Festmahl.

Im Oktober sahen sie die Sonne zum letztenmal, die arktische Nacht kam. Das Licht des Mondes lag in hellen Nächten auf den Eisfeldern. Die Hügel gaben kalte, tiefe Schlagschatten. Über der dunklen Linie des Horizontes flimmerte ein silbriger Dunst, darüber schwebte der dunkle, blaue Himmel wie eine makellose, mit goldenen Funken besetzte Schale. Im Süden lag tief unten das Tageslicht wie ein rotglühender Schimmer. Musik der Sphären war zu Farben geworden.

Am 15. Januar 1894 hatte Nansen seinen Plan, das Schiff zu verlassen und mit Schlitten zum Nordpol zu gehen, zum erstenmal in seinem Tagebuch erwähnt. Er hatte ihn durch das ganze Jahr mit sich getragen und bis auf Andeutungen zu Sverdrup mit niemandem darüber gesprochen. Wenn er jetzt über die Eisflächen sah, spannte sich in ihm alles vor Leben. Er wollte gehen, er mußte gehen.

War es notwendig, dieses Äußerste zu wagen, das jeder vernünftige Mensch entsetzt als Narrheit angesehen hätte? Er selber hatte davon gesprochen, daß sein Ziel nicht der Pol sein würde, wenn die »Fram« wider alle Erwartungen nicht über den Pol hinweggetrieben werden sollte; die wissenschaftlichen Ergebnisse sollten das Entscheidende sein. Aber was hieß notwendig? Gab es nicht noch ein anderes »notwendig«, ein anderes »entscheidend«, dem man folgen mußte – dem er folgen wollte? Später mochten sie ihn anklagen, er würde ihren Vorwürfen standhalten. Das Äußerste zu wagen, die menschliche Existenz zu wagen: das war es. Dem Ruf zu folgen, der aus dem Unbekannten zu ihm wehte, im Glanze der Sterne, im Schweigen der arktischen Nacht. Der Pol... – was wirklich konnte das ihm sein? Sie würden einen Augenblick lang an einem Punkt stehen, der zu berechnen sein würde, das war alles. Es würde ein Kapitel menschlicher Suche abschließen. Das war nicht wenig, aber es war nicht alles – nicht für ihn. Seine Suche würde damit nicht aufhören. Er mußte sich selber bestätigen in einem äußersten Versuch. Er mußte gehen, er wollte gehen.

Als er am Vormittag des 16. November mit Sverdrup auf Schneeschuhen draußen war, sprach Nansen mit ihm über die Aussichten der Drift und über seinen Plan, zum Pol zu gehen. Abends setzten sie in Sverdrups Kajüte das Gespräch fort. Sverdrup stimmte zu.

Nansen wollte mit einem Begleiter, 28 Hunden 1000 kg Proviant auf Schlitten im Frühjahr aufbrechen. Wenn die »Fram« durch die Drift noch einen Grad gewann, betrug die Entfernung vom 83. Breitengrad bis zum Pol etwa 780 km. Dafür würden sie fünfzig Tage brauchen. Der Rückweg zu den Sieben Inseln nördlich von Spitzbergen war 1000 km lang. Bei ungünstigen Umständen wollte er Kap Fligely erreichen. Wenn sie am 1. März aufbrachen, waren sie am 30. April am Pol. Dann hatten sie noch 100 kg Proviant für weitere fünfzig Tage, doch nichts mehr für die Hunde. Sie mußten dann anfangen, die Hunde zu schlachten, sei es als Futter für die anderen oder für sie beide. Am 1. Juni würden sie 913 km zurückgelegt haben, über Kap Fligely schon hinaus sein und noch immer fünf Hunde und für neun Tage Proviant haben. Das war genug, da im April schon Vögel gejagt werden konnten.

Er hatte alle Hindernisse bedacht: schwer passierbares Eis, Krankheit, Tod oder Flucht der Hunde, Skorbut. Daß alle Hindernisse zusammen eintreten würden, war nicht wahrscheinlich.

Aber: durfte er das Schiff und die Besatzung verlassen? Durfte er sie der Hilfsmittel, die er für sein Unternehmen brauchte, berauben? Er mußte alle Hunde mitnehmen. Aber er glaubte, daß Sverdrup und die Mannschaft im Falle der Zerstörung des Schiffes Franz-Joseph-Land erreichen konnten; vom 85. Grad nördlicher Breite – wenn die »Fram« so weit getrieben werden sollte – waren es bis Kap Fligely 330 km. Überdies war er noch immer davon überzeugt, daß das Schiff durch das Polarbecken treiben und auf der anderen Seite aus dem Eis ausschmelzen würde.

Es war entschieden, daß er ging. Wer sollte der zweite Mann sein? Sverdrup? Nansen hielt es für richtig, daß Sverdrup an Bord blieb, um das Schiff und die Leute sicher nach Hause zu bringen. Dann kam Johansen in Frage. Johansen war ein hervorragender Sportsmann, ein ausgezeichneter Schiläufer, ein zuverlässiger Kamerad ohne Launen.

Am 19. November sprach Nansen mit Johansen. Er verschwieg die Schwierigkeiten und Gefahren des Marsches nicht und bat ihn, sich alles ein paar Tage lang in Ruhe zu überlegen. Johansen sagte, er brauche keine Zeit zum Überlegen, er ginge gern mit und würde seine Wahl als Auszeichnung empfinden. »Ich weiß nicht, ob diese Antwort Sie befriedigen wird«, sagte er, »und ob Sie nicht lieber sehen, daß ich die Sache noch weiter überlege. Sicherlich würde ich aber meine Ansicht nicht ändern.«

»Nein«, sagte Nansen, »wenn Sie schon ernsthaft darüber nachgedacht haben, welchen Gefahren Sie sich aussetzen – daß vielleicht keiner von uns beiden einen Menschen je wiedersehen wird –, wenn Sie erwogen haben, daß, selbst wenn wir sicher durchkommen, Sie notwendigerweise auf einer Expedition wie dieser eine Menge Leiden zu ertragen haben werden – wenn Sie sich das alles klargemacht haben, dann bestehe ich nicht darauf, daß Sie sich die Sache noch länger überlegen.«

»Ja, das habe ich.«

»Gut, dann ist das erledigt. Morgen wollen wir mit den Vorbereitungen für die Reise anfangen.«

Am Abend des 20. November bat Nansen die gesamte Mannschaft in den Salon und erklärte seinen Plan, im nächsten Frühjahr mit Johansen zum Nordpol zu gehen. Er fragte sich vor ihnen noch einmal, ob er das Recht habe, sie zu verlassen, und verschwieg seine Bedenken nicht. Sie sahen ihn schweigend an. Wenn er innehielt, hörten sie in der Ferne das Donnern des Eises.

Er hatte vor glänzenden Versammlungen in vielen Städten gesprochen. Er hatte vor der Royal Geographical Society in London seinen Plan der Eisdrift vorgetragen und in den Gesichtern von Markham, Naves, McClintock Bewunderung,

Skepsis, Ablehnung gefunden. Diese einfachen norwegischen Gesichter waren ihm lieber. Es waren die Gesichter seiner Freunde und Gefährten. Sie hatten sich zusammengelebt. Sie waren einzelne, jeder mit seinem Charakter, einer bestimmten Art des Verhaltens, aber zugleich waren sie ein Ganzes: die Besatzung der »Fram«. Er wollte sich und einen anderen aus diesem Ganzen herausbrechen – durfte er das?

Sie sahen ihn schweigend an, und dann sagten sie mit einfachen Worten ja zu seinem Plan, dessen wirkliche Bedeutung für ihn sie nicht verstehen mochten, und diese Worte waren Bestätigung, Zustimmung, sie gaben ihm das Recht, so zu handeln, wie er nun handeln wollte. Wenn jeder von ihnen eine Bitte geäußert haben würde, dann wäre es die gewesen, ihn mitzunehmen. Aber er hatte schon entschieden, und sie waren sicher, daß er den Besten von ihnen allen gewählt hatte.

Die Vorbereitungen wurden getroffen, und während der Wintermonate lebten alle voller Spannung und Eifer auf ein Ziel zu: Nansens und Johansens Schlittenmarsch zum Pol. Zwei Einerkajaks wurden gebaut. Sie mußten leicht sein und zugleich stark genug, um außer ihnen auch noch Proviant und Ausrüstung für längere Zeit zu tragen. Handschlitten wurden gezimmert, Schlafsäcke genäht. Blessing richtete eine kleine Notapotheke ein und unterwies beide in Erster Hilfe. Sie prüften das Zelt und den Kochapparat im Freien, die Kleidung und verwarfen nach einigen Versuchen die schweren Pelzsachen, die beim Gehen hinderlich waren, und entschieden sich für Wollkleidung. Der Proviant wurde sorgfältig zusammengestellt; die Erfahrungen von Grönland waren nicht nutzlos gewesen. Die Schlafsäcke waren aus Renntierfell; in Grönland hatte das ihre Rettung bedeutet.

Die Zeit flog dahin, nur das Weihnachtsfest mit Mahl, Tanz, Gesang war ein flüchtiger Haltepunkt, über dem melancholische Freude lag. Das neue Jahr trat mit kaltem Gesicht ein und verlor seine Frische bald über der Fülle von Vorbereitungen. Am 6. Januar 1895 trieb die »Fram« bei 83 Grad 34 Minuten nördlicher Breite.

Aber es war noch nicht sicher, ob sie gehen konnten. Die Eispressungen nahmen zu. Langsam rückte ein riesiger Eishügel auf das Schiff zu, um es zu begraben. Alle Vorräte, Boote, Zelte, alles, was für die Wanderung nach Franz-Joseph-Land gebraucht wurde, lag auf dem Eis, und sie warteten auf den

Augenblick erzwungenen Abschieds von der »Fram«. Dann löste sich die Gefahr auf, Ruhe und Sicherheit kamen zurück.

Die letzten Berichte und Briefe wurden geschrieben, Anweisungen über die Fortführung der wissenschaftlichen Arbeiten gegeben. Sverdrup erhielt schriftlich die Leitung des Schiffes. Sie hatten alles durchgesprochen, Nansen faßte es noch einmal zusammen.

»... unter dem, was Sie im Falle des Verlassens der ›Fram‹ außer dem notwendigen Proviant mitnehmen müßten, möchte ich Waffen, Munition und Ausrüstung erwähnen sowie alle wissenschaftlichen und anderen Tagebücher und Beobachtungen, alle wissenschaftlichen Sammlungen, soweit sie nicht zu schwer sind ... Ich lasse ein paar Tagebücher und Briefe hier, die ich Sie in besondere Obhut zu nehmen und Eva zu geben bitte, wenn ich nicht zurückkomme oder wenn Sie gegen alle Erwartung vor uns nach Hause kommen ... Hansen und Blessing werden die verschiedenen wissenschaftlichen Sammlungen und Aufgaben übernehmen. Sie selbst werden das Loten besorgen und darauf achten, daß die Lotungen so oft, wie es der Zustand der Leine gestattet, vorgenommen werden. Ich würde es mindestens einmal alle 60 Seemeilen für äußerst wünschenswert halten ...«

Das klang sicher und ruhig. Warum sollte es nicht so klingen? Über dem Abschiedsfest lag schwermütige Wärme. Sie wußten nicht, ob sie einander je wiedersehen würden, und das Leben, das sie zusammen gelebt hatten, war so reich und voll gewesen. Am 25. Februar 1895 brachen Nansen und Johansen mit 28 Hunden und 6 Schlitten auf.

Dreimal machten sie sich auf den Weg. Beim ersten Versuch brachen an einem Schlitten die Querstreben. Beim zweiten zeigte es sich, daß die Lasten zu schwer waren und daß sie zu viele Schlitten hatten. Am 14. März verließen sie mit 28 Hunden und 3 Schlitten das Schiff. Sverdrup und einige Leute begleiteten sie ein Stück, Sverdrup kehrte bald um, und Nansen sah ihm nach, als er zur »Fram« zurückging. Dort lag sie. Aus seinem Traum war das Schiff entstanden. Es war gewachsen wie ein lebendiges Wesen. Jede Planke hatte er ausgesucht. Sie waren auf dem Schiff sicher gewesen wie in einem Vater- und Mutterhaus. Zweimal hatten sie den Geburtstag der »Fram« gefeiert. Sie war ein

Teil von ihnen und ihr Lebensgrund. Er und Johansen verließen Wärme, Schutz, Behagen, Freundschaft, alles.

Hendriksen und Petersen blieben nach einem erschöpfenden Tag bei ihnen im ersten Lager. Am nächsten Morgen, als die Hunde angeschirrt waren, gingen sie zurück. Als Nansen sich noch einmal umwandte, sah er Petersen auf einem Eishügel stehen; er blickte ihnen nach. Eine Hand hob sich. Dann tauchte sie in das weiße Nichts ein.

XIV

DER MENSCH UND DAS NICHTS

Das Nichts ließ sich leichter an, als sie gedacht hatten. In den ersten Tagen konnten sie bei ebenem Eis bis zu fünfzehn Kilometer täglich zurücklegen, aber die Kälte peinigte sie. Ihre Wollsachen waren am Tag Eispanzer, nachts im Zelt verloren sie die Nässe nicht. Die Tage wurden länger, die Sonne ging kaum noch unter. Sie töteten den ersten kranken Hund, häuteten ihn ab, zerschnitten und verteilten das Fleisch an die anderen Hunde. Die weigerten sich, es anzurühren und hungerten lieber.

Die Tage glichen einer Kette, in der sich ein Glied vom anderen nur durch Grade der Schwierigkeit unterschied. Jeder Tag enthielt den gleichen Anfang, dieselben Unterbrechungen, das immer wiederkehrende und ersehnte Ende: Schlaf der Erschöpfung im Zelt. Leben hieß hier Überleben. Ihre Uhren sagten ihnen die ereignislose Zeit, das wachsende Licht sagte, daß es Frühling sei.

Gegen Abend waren sie oft so müde, daß sie im Gehen schliefen und nur erwachten, wenn sie stolperten und fielen. Dann suchten sie hinter einem Eishügel nach einem Lagerplatz für die Nacht. Johansen sorgte für die Hunde, Nansen errichtete das Zelt, füllte den Kocher mit Schnee. Sie brachten die Säcke mit dem Proviant in das Zelt, schlossen es und krochen in die Schlafsäcke, um die Sachen aufzutauen und schläfrig auf das Essen zu warten. Oft schliefen sie schon beim Essen ein. In ihren Träumen setzten sie den Marsch des Tages fort. Wenn einer von ihnen nachts aufwachte, hörte er den anderen flüstern und Namen von Hunden nennen.

Morgens stand Nansen zuerst auf und bereitete das Frühstück zu, das sie im Schlafsack sitzend aßen: Schokolade, Butterbrot, Pemmikan oder Hafermehlsuppe. Sie schrieben an ihren Tagebüchern. Dann standen sie auf, beluden die Schlitten, schirrten die Hunde an und gingen nach Norden weiter. Nansen führte den ersten Schlitten und suchte nach dem Weg, Johansen mit den beiden anderen Schlitten folgte. Sie quälten sich über Eisrücken. Hunde und Schlitten stürzten in Spalten und mußten herausgeholt werden. Sie suchten nach Übergängen über Risse, die sich wie dunkle Bäche und Flüsse in der blitzenden oder grauen Ferne verloren. Die Sachen gefroren so hart, daß sich die Haut wund scheuerte. Ende März waren es bei Südwind minus 30 Grad; es kam ihnen wie Sommerwetter vor.

Manchmal verzögerte sich der Aufbruch morgens um Stunden. Geplatzte Säcke mußten genäht, die Knoten des gefrorenen Tauwerks gelöst werden. Nansen mußte weit vorausgehen, um einen Weg zu finden, und wenn er über den aufgerissenen Acker von Eis zurücksah, konnte er winzige Punkte sehen: Johansen, die Hunde, die Schlitten. Oder er sah nichts und war allein in einem weiten, toten Niemandsland, das nach Süden oder Westen statt nach Norden trieb und sie um den geringen Gewinn ihrer Tage brachte. Die Hunde waren ausdauernd, aber nicht so gut, wie sie hätten sein sollen. Der Marsch zum Pol wurde zu tödlicher Erschöpfung. Das unablässige Heben der schweren Schlitten über das zerrissene Eis war Qual.

Nansen gab auf. Er war nicht der Narr, der das Unmögliche wollte, der Rückweg nach Kap Fligely auf Franz-Joseph-Land würde bei diesem Eis schwierig genug sein. Am 8. April, nach einem letzten Blick über die endlose Wüste aus Eisgeröll, entschied er sich umzukehren. Die Entscheidung brachte Erleichterungen, und bei 86 Grad 10 Minuten nördlicher Breite feierten sie bei Labskaus, Brot und Butter, Schokolade in 32 Grad Kälte ihre Niederlage. War es Niederlage? Sie fragten nicht danach. Jahrhunderte mühsamer, tödlicher Suche nach dem eisigen Geheimnis des Pols endeten an diesem Tage, vorläufig. Sie waren am weitesten in das Nichts vorgedrungen, aber sie empfanden weder Freude noch Genugtuung. In den Schlafsack zu kriechen war besser. Sie wandten sich vom Pol ab. Eines Tages würde ihm die stolze Unantastbarkeit genommen werden, irgend jemand – er vielleicht? – würde für einen Augenblick Freude und Leere empfinden, denn die Augenblikke der Erfüllung enthielten Leere. Vor ihnen lagen 670 km bis Kap Fligely, in der Luftlinie. Wie lang der wirkliche Weg sein würde, wußten sie nicht.

Das Eis war von wechselnder Beschaffenheit, manchmal gut, so daß sie schnell vorankamen, oft durch Spalten und Waken aufgerissen, und sie wurden aufgehalten und schunden sich.

Das Eis wurde zu Schlamm, durch den sie wateten, Hunde und Schlitten sanken tief ein. Die Sonne wurde heiß. Bei minus 28 Grad im Freien zu sitzen und die abgeschabte Hose zu flicken war Erholung. Ein sibirischer Lärchenstamm im Eis wurde zu einem Gruß der Welt, und sie schnitten mit ihren Messern »F. N. und H. J. 85 Grad 30 Minuten« ein. Für wen? Wer würde noch jemals hierherkommen, oder wohin würde der Stamm getrieben werden? Die Rinnen im Eis wurden so breit, daß sie erwogen, die Kajaks zu benutzen. Sie besaßen noch 16 Hunde und waren so erschöpft, daß sie, wenn sie fielen, Mühe hatten, wieder aufzustehen. Ihr Proviant nahm erschreckend ab. Das Eis wurde fast unpassierbar. Die Fährte eines Bären war ein unvergleichliches Zeichen der Hoffnung. Ein Sturmvogel flog über ihnen. Aber bis Ende Mai sahen sie kein Land, obgleich sie ihm nahe sein mußten. Die Rationen wurden von nun an eingeteilt und abgewogen. Die Hunde waren ausgehungert; einer von ihnen fraß sein Geschirr aus Segeltuch. Anfang Juni wurde aus dem Schnee Regen, der alles aufweichte. Kein Zeichen von Land; kein offenes Wasser. Sie hätten jetzt auf der Höhe von Kap Fligely sein müssen, aber sie wußten nicht, wo sie waren. Das Eis glich erstarrter Brandung. Ein kleiner toter Kabeljau, den Nansen in einer Rinne fand, erschien ihm wie ein Schatz, und vor Freude warf er morgens eine Leine aus, aber er fing nichts.

Am 14. Juni waren drei Monate vergangen, seit sie die »Fram« verlassen hatten. Noch immer zerrten und schleppten sie sich durch eine Eiswüste, ohne zu wissen, wann sie Land erreichen würden. Sie hatten noch drei Hunde. Aus dem Blut des zuletzt geschlachteten Hundes kochten sie eine Art von Brei für sich. Sie zählten die Patronen: 148 Schrot-, 181 Büchsenpatronen und 14 Vollkugelpatronen; das bedeutete nach dem Ende ihrer Vorräte ein paar Monate Leben – wenn sie Jagdbeute finden sollten. Der erste Seehund wurde geschossen, und sie hatten nach den ersten Hungertagen Fleisch und Heizmaterial für einen Monat. Sie tanzten um ihn herum.

Das Lager, in dem sie blieben, um die Vorräte zu überprüfen, sich auszuruhen und bessere Eisverhältnisse abzuwarten, nannte Nansen »Sehnsuchtslager«. Sie waren bei guter Laune, da sie drei Bären schossen. Am 23. Juli verließen sie das Lager mit leichter gewordenen Schlitten und zwei Hunden.

Einen Tag später sahen sie Land in der Ferne. Sie hatten es

schon vom letzten Lager aus bemerkt, aber für Eis gehalten. Es war Land – schwarze Felsen, die aus einem Gletscher hervorragten, ein Wunder, das sie überwältigte. Aber sie erreichten es nicht, wie sie gehofft hatten, am Abend jenes Tages, sie brauchten dreizehn Tage. Regen fiel. Nansen war krank, er hatte Hexenschuß und war unfähig, sich anzuziehen oder auszukleiden. Johansen sorgte für ihn wie ein Bruder. Der Regen nahm kein Ende, zitternd lagen sie im nassen Schlafsack. Johansen mußte alles allein tun. Wenn einer von ihnen wirklich krank wurde, waren sie verloren.

Dann schleppten sie sich weiter. Im Nebel kamen sie zu einer Wake, die sie mit den Kajaks überqueren wollten. Nansen zog seinen Schlitten zum Rande der Rinne. Plötzlich hörte er Johansen rufen: »Schnell! Die Flinte!« Er drehte sich um und sah einen riesigen Bären über Johansen stehen. Lautlos hatte sich der Bär herangeschlichen und Johansen mit einem Prankenhieb niedergeschlagen. Nansen griff nach der Flinte, die im Futteral auf dem Verdeck des Kajaks lag, der Kajak glitt ins Wasser, Nansen zerrte ihn zurück, um das Gewehr zu fassen. Johansens Stimme hinter ihm sagte ruhig: »Beeilen Sie sich, wenn es nicht zu spät sein soll.« Nansen riß die Büchse aus dem Futteral, schoß im Sitzen, und der Bär, der unterdes über einen der Hunde hergefallen war, brach zusammen.

Dann sahen sie offenes Wasser – zum erstenmal. Sie banden die Kajaks zusammen, legten die Schlitten darüber, um zu rudern. Da sie die beiden Hunde nicht mitnehmen konnten, erschoß Nansen den Hund Johansens, Johansen erschoß den Nansens. Diese beiden letzten Hunde sollten nicht so enden wie die anderen. Sie waren treue, unermüdliche Freunde gewesen, und es fiel ihnen schwer, sie aufzugeben.

Sie ruderten in eisfreiem, offenem Wasser. Zwei Jahre lang hatten sie das Meer nicht gesehen. Sie glitten am Fuße mächtiger Gletscher entlang, schliefen nachts auf Eisschollen, schossen ein Walroß, das sie angriff. Am 15. August standen sie auf dunklen Basaltfelsen, und es war ihnen, als ob diese Felsen lebten, als käme von ihnen Wärme. Vorsichtig gingen sie in ihren abgenutzten Schuhen über den harten Grund. Entzückt beugten sie sich zu grünem Moos, zu rotem Mohn und Steinbrech zwischen den Felsen. Es war ihnen, als hätten sie nie Blumen gesehen, und in dieser äußersten Entbehrung öffnete sich das Wunder vollkommener Einfachheit. Seevögel flogen, das Meer glänzte, der Wind bewegte die norwegische Fahne über ihrem Festmahl aus Labskaus. Frieden war um sie, und sie atmeten in tiefem Einverständnis mit der Welt.

Aber wo waren sie? Sie wußten es nicht. In einem unbekannten Gebiet im westlichen Teil von Franz-Joseph-Land? Gleichviel: es war Land, und im Herbst konnten sie zu Hause sein.

Auf der nächsten Insel, an der sie anlegten und die Nansen Torupinsel nannte, empfing sie das Leben noch intensiver. Weiße Muscheln lagen am Saum des Strandes. Schnecken und Krebse bewegten sich am Grunde des durchsichtigen Wassers, Wälder von Seetang standen in der Flut. In den Klippen schrien Krabbentaucher. Sie gingen im Sonnenschein am Strande entlang, stiegen zu den Felsen empor und sahen über das Treibeis im Norden, eine grenzenlose, weitleuchtende Masse, die in leichtem Silberdunst verschwebte. Von dort waren sie gekommen, und die »Fram« mochte noch immer darin treiben. Dort waren ihre Hunde gestorben. Dort hatten sie ihre flüchtige Spur gezogen. Sie waren im Nichts gewesen, am äußersten Grunde der Existenz. Auf diesem Grunde hatten sie sich dahingeschleppt, fluchend manchmal, doch ohne Klage. Sie waren im Nichts gegangen und hatten keine Spur hinterlassen. Nichts hinterließ hier Spuren.

An der Küste entlang fuhren sie einem Vorgebirge im Westen entgegen. Als sie es erreichten und die Küste nach Südwesten ziehen sahen, wußten sie, daß sie an der Westküste von Franz-Joseph-Land waren.

Nach sieben Tagen mühseligen Marsches über aufgerissenes Eis dicht am Lande war ihre Freude erloschen. Das Eis versperrte ihnen den Weg, sie wußten, daß sie im Herbst nicht zu Hause sein würden. Im Augenblick, da die Zeit angefangen hatte, für sie wieder menschliche Zeit zu sein, entfernte sie sich von ihnen wieder. Abermals fing die zeitlose Zeit an, ein Splitter der Ewigkeit, in dem sie wieder dorthin verwiesen wurden, wo sie eben gewesen waren: in das Nichts. Ende August fingen sie mit den Vorbereitungen für den Winter an. Leben war wieder, was es in diesen Monaten immer gewesen war: Überleben.

XV

LEBEN AM GRUNDE

Er hörte den Topf auf dem kleinen Herd summen, den sie in einem Winkel der Hütte aus Steinen aufgebaut hatten, und wartete, daß das Frühstück fertig würde. Nansen hatte die Kochwoche, die von Dienstag bis Dienstag ging. Sie war der Grenzstein, der die Zeit einteilte, und das Ereignis der Woche. Morgens kochten sie Bärenfleisch und Bouillon, abends wurden Bärenschnitzel gebraten. Manchmal fischten sie sich ein angebranntes Stück Speck aus den Tranlampen oder aßen von den Resten der Speckstücke, aus denen der Tran für die Lampen geschmolzen worden war. Das nannten sie »Gebäck«. Mit Zucker wäre es köstlich gewesen, aber sie hatten keinen.

Johansen lag noch im Schlafsack auf der Steinbank und schlief. Schlafen war das beste, manchmal schliefen sie zwanzig Stunden. Schlaf nahm die Zeit fort, ohne daß man es wußte, er brachte in Träumen das entglittene Leben zurück und gab Wärme. Leben war nur Wartezeit geworden und bestand aus Erinnerungen. Er erinnerte sich, daß er durch die Zeit gejagt war, daß er alles und zuviel hatte ergreifen wollen und seine Tage in die Nacht gepreßt hatte. Jetzt floß die Zeit durch den vom armseligen Licht der Tranlampen durchschwelten Raum ihrer Winterhütte, und er streckte nicht einmal die Hand nach ihr aus, er ließ sie dahinfließen. Johansen lächelte im Schlaf. Er träumte.

Das Feuer von Walroßspeck flackerte. Feuer war das erste in der Welt, es war wunderbar, in die Flamme zu starren. Mit Wärme und Feuer hatte das Leben angefangen, und wenn es erlosch, würde das große Eis wiederkommen. Sie beide, der schlafende Johansen und Nansen, waren aus ihrer Zeit gelöst worden, sie waren in die urgrauen ersten Zeiten zurückverwiesen worden, in jene Zeiten, in denen Menschen in Höhlen gelegen hatten, um den Winter zu überstehen. Mit ihren ungewaschenen Gesichtern, ihren langen fettigen Haaren, den verdreckten Sachen glichen sie Wilden, den ersten Menschen, die zu leben anfingen, oder den letzten, die auf das Kommen der endgültigen Eisstille warteten.

Er hörte Johansen atmen, und das Feuer brannte. Aus den Lampen, von umgebogenen Silberblechstücken, die sie mit zerquetschtem Speck füllten, kam trübes Licht. Als Dochte benutzten sie Binden aus der Apotheke. Aber es war Licht, während draußen die Dunkelheit der Winternacht lag, tödliche Starre, von Nordlichtern durchflammt. Die Welt war auf diesen winzigen Raum von dreieinhalb Meter Länge und zwei Meter Breite zusammengeschrumpft, auf diese vier moosverstopften Steinwände, über denen als Dach Walroßhäute lagen. Wenn man durch den niedrigen Gang hinauskroch, stand man im Dunkeln. Stille. Weit draußen bewegte sich das Eis wie im Schlaf, ein Knirschen kam durch die Finsternis. Er hörte Schritte auf dem Dach, das waren Eisfüchse; immer wieder kamen sie wie aufdringliche Diebe. Er stand auf und schlug mit der Faust gegen das Dach dicht über seinem Kopf. Das Zerren und Keifen verstummte. Johansen war aufgewacht, und das Frühstück war fertig. Ein neuer Tag.

Aber wie fing man einen Tag ohne Aufgabe an? Alles, was sie zu tun hatten, außer Kochen, Essen, Schlafen, war, ein paarmal in der Woche hinauszugehen, Süß- und Salzwassereis, Fleisch und Speck zu holen oder ein Fell, das unter dem Dach getrocknet werden sollte. Schreiben? Sie waren träge geworden, und wenn sie in ihre Tagebücher eintrugen, wurden die Blätter schmierig schwarz. Sie sprachen miteinander immer das gleiche. Sie hatten alles gesprochen, was zu sprechen war, alle Worte waren abgenutzt, sie wiederholten sie, wendeten sie wie Münzen. Sie hatten von ihrer Kindheit und Jugend gesprochen, von dem, was sie getan hatten, von Grönland und der »Fram«, sie riefen jeden Augenblick zurück, den sie in ihrem Gedächtnis finden konnten, sie riefen Gesichter, Stimmen, Gerüche, sie sprachen von dem, was sie nicht besaßen, und das war beinahe alles. Sie sprachen von der Herrlichkeit des Essens, vom Duft frischen Brotes, vom Geschmack gebakkener Forellen, von Fleisch, Kartoffeln, Grütze. Sie sprachen von der unvergleichlichen Köstlichkeit der Seife, denn sie wuschen sich mit Sand oder kratzten das Fett von ihren Händen mit dem Messer ab. Sie sprachen von frischen, neuen Sachen, von reinem weichem Wollstoff, denn ihre Sachen waren blut- und tranverschmiert, rauchgeschwärzt, fettgetränkt, und wenn sie diese steifen Fetzen stundenlang in warmem Wasser gewaschen hatten, waren es die gleichen Fetzen, vor denen sie sich hätten ekeln müssen, wenn sie die Fähigkeit zum Ekel noch besessen hätten. Sie sprachen von winzigen Dingen, auf die sie nie geachtet hatten und die jetzt den Glanz einer Entdeckung annahmen. Sie sprachen von ihrer Arbeit an der Hütte und errichteten sie mit Worten noch einmal.

Es war eine gute Zeit gewesen, so kam es ihnen jetzt vor, als sie wie zwei Arbeiter, einen Eimer Trinkwasser und das Gewehr in den Händen, jeden Morgen zu dem Platze gingen, an dem die Winterhütte stehen sollte; damals, Anfang September, als sie Walrosse jagten, die Bären ihnen geradezu in den Weg liefen, der Mohn in den Spalten flammte und die Möwen mit schrillen Schreien über den Haufen von Knochen und Eingeweiden erlegter Walrosse flogen. Zuerst hatten sie eine provisorische Unterkunft gebaut, in der sie eben nebeneinander liegen, aber nicht sitzen konnten. Die Steine dazu hatten sie mit einer von einem Handschlitten abgeschnittenen Kufe oder mit den bloßen Händen gebrochen. Die Tür wurde mit ihren Jacken geschlossen, das Dach war die Zeltseide.

Aber das Haus ... – sie hatten von nichts anderem gesprochen. Ein Haus, in dem man aufrecht stehen konnte. Wie Nomaden waren sie durch die Eiswüste gewandert, ihre Zuflucht war ein Zelt gewesen, das die Stürme überfielen. Jetzt wurden sie seßhaft und bauten ein Haus. Sie brachen den Grund mit einem Spaten, der aus dem Schulterblatt eines Walrosses und einem zerbrochenen Schneeschuhstock bestand, und einem Walroßhauer als Hacke. Über den Dachfirst aus einem am Strande gefundenen Treibholzstamm spannten sie Walroßhäute. Die Löcher in den Mauern wurden mit Moos gedichtet. Die Tür, eine rohe Öffnung in der Wand, führte zu einem niedrigen Gang, durch den sie kriechen mußten, um ins Freie zu kommen. Die innere Gangöffnung war durch einen Vorhang von Bärenfell geschlossen.

Der Raum der Hütte, einen Meter tief in der Erde und einen Meter darüber, war so hoch, daß Nansen gerade darin stehen konnte, und enthielt zwei Steinbänke und einen Herd. Ein Rauchfang aus Bärenfell führte zum Dach und in einen Schornstein aus Eis und Schnee. Die Lampen gaben so viel Wärme, daß die Temperatur in der Mitte des Raumes bis auf den Gefrierpunkt sank; sie empfanden das als angenehm. An den Wänden hingen Eiskristalle. Ein vollkommenes Bauwerk, wie sie dachten. Aber als sie am 28. September von der »Höhle«

in die Hütte umzogen, gab es nichts mehr zu tun. Wenn sie Bücher gehabt hätten – aber das Nautische Jahrbuch und die Tabellen kannten sie auswendig. Und doch, sie allein zu sehen, war Trost und Bestätigung, daß es das gedruckte Wort in der Welt gab. Ungenutzt floß die Zeit durch den dämmrigen Raum, und wenn sie durch den Gang hinauskrochen, um am Strand auf und ab zu laufen und warm zu werden, lag überall die Finsternis. Der Wind jagte den Schnee wie Staub über die Basaltfelsen. Die Sterne flammten in kaltem Feuer. Man wurde so seltsam ruhig und gefaßt, wenn man in dieser Schwärze stand und sich im eisigen All wußte, ein äußerster Vorposten des Lebens. Anstrengung, Leiden, Ehrgeiz erschienen wie das flüchtige Aufzucken eines Feuers. Geschichte – was war sie? Eine gold- und blutgeränderte Wolke in der Abendröte, die sich auflöste, ohne Spur, ohne Zweck.

Morgen war Weihnachten – zu Hause. Die Glocken riefen durch die weiße Stille. Ihre Glocke war der Wind, ihre Kirche die Finsternis, die Lichter des Baumes die Sterne. Auch sie feierten Weihnachten: sie wendeten ihre Hemden und wuschen sich. Die abgelegten Unterhosen waren Schwamm und Handtuch.

Die Zeit floß durch die Stille. Von dem Gletscher, der wie ein Riese auf den Bergen ruhte, kam das Krachen aufbrechender Spalten. Das waren ihre Freudenschüsse des neuen Jahres, in dem sie heimkehren würden. Sie beide, ja – aber was war mit der »Fram«? Trieb sie noch immer im Eis? War sie zerpreßt worden? Was war dann aus Sverdrup und den anderen geworden? Oder war das Schiff schon zu Hause? Dann wußte man nichts von ihnen beiden und würde denken, sie seien tot. Fragen – keine Antwort. Und sie – wo waren sie? Wo lebten sie sich durch den Winter? Irgendwo an der Westküste von Franz-Joseph-Land?

Dann sprach Nansen davon, daß er zum Südpol gehen müßte. Das schien leichter zu sein, und er arbeitete einen ganzen Plan aus. Und wieder sprachen sie vom Essen. Sie beschrieben einander stundenlang ein Geschäft mit weichen, wollenen Anzügen, Hemden, Strümpfen, und wie sie sich das Beste aussuchen wollten – wenn sie nach Hause kamen.

Die tote Zeit begann sich zu regen, als habe auch sie in kaltem Schlaf gelegen. Langsam kam Wärme zurück. Krabbentaucher flogen über ihnen, von Süden kommend. Die Sonne erschien wieder. Der erste Bär tauchte auf und wurde geschossen, als sie anfingen, sich Sorgen zu machen. Nachts löschten sie die Tranlampen, um zu sparen. Mühsam nähten sie neue Sachen aus ihren wollenen Decken, neue Schuhe, Socken, Handschuhe aus Bärenfell. Die Fäden vom Zelttuch waren ihr Zwirn. Sie gruben den Vorrat aus, den sie von der Wanderung über das Eis noch besaßen und den sie geborgen hatten. Mehl, Schokolade, Pemmikan waren schimmelig und ungenießbar geworden. Sie füllten die Petroleumkannen mit Tran, um Heizmaterial zu haben. Schlitten und Kajaks wurden instand gesetzt. Da das Zelt von Füchsen zerfetzt worden war, wollten sie, wenn sie aufbrachen, die Schlitten mit den Kajaks nebeneinanderstellen, an den offenen Seiten Schnee aufhäufen, das Dach von Schneeschuhen und Stöcken mit den beiden Segeln bedecken. Sie wußten, daß der schwierigste Teil der Wanderung vor ihnen lag. Die Gewehre wurden gereinigt; sie besaßen noch 100 Kugel- und 100 Schrotpatronen. Nansen schrieb einen kurzen Bericht, den er in einer Messingröhre verschlossen an einem Balken der Hütte aufhängte. Am 19. Mai 1896, sieben Uhr abends, verließen sie die Hütte: sie hatten neun Monate darin gelebt.

Was gewesen war, kam zurück: die gleiche Anstrengung, das gleiche Eis. Das Eis war gefährlich, die Spalten waren mit einer dünnen Eishaut bedeckt. Nansen brach ein, die Schneeschuhe hielten ihn fest, er hing am Zugriemen seines Schlittens. Als er schon langsam hinabsank, kam Johansen und rettete ihn.

Das gleiche jeden Tag: Schneefall, Sturm, Stilliegen auf Eisschollen oder am Lande, Segel- und Ruderfahrt mit den Kajaks. Inseln, knapper Proviant und am 12. Juni der Ton ferner Brandung: das Meer. Sie sahen es im Südwesten. Um einen besseren Blick zu haben, stiegen sie einen Hügel empor, nachdem sie die Kajaks am Eisrande vertäut hatten.

Plötzlich rief Johansen: »Die Kajaks treiben ab!« Sie sahen die Kajaks im Wasser treiben und rannten hinab. – »Hier meine Uhr«, sagte Nansen zu Johansen, warf etwas von seinen Sachen ab und sprang in das eisige Wasser und schwamm den schnell abtreibenden Kajaks nach. Er mußte sie erreichen, oder sie waren verloren. Ob er unterging oder ohne Kajaks mit all ihren Sachen zurückkam, war das gleiche. Er wurde müde und schwamm auf dem Rücken und sah Johansen auf dem Eis ruhelos hin und her gehen. Dann wandte er sich wieder, sah die Kajaks schon näher und nahm seine Kraft zusammen. Die nassen Sachen zogen an ihm, seine Arme und Beine wurden steif, er verlor das Gefühl aus ihnen, bald würde er einfach aufgeben. Aber er mußte sie erreichen, sie waren vor ihm – er bewegte sich mit immer schwächeren Schlägen –, jetzt fühlte er, wie alles in ihm gegen seinen Willen nachließ, und jetzt konnte er einen Schneeschuh fassen, der quer über dem Heck lag. Er zog sich an den Kajak heran.

Aber er war unfähig, sich auf den Kajak zu ziehen, sein Körper unter ihm war eine tote, steife Last. Er wartete. Die Kälte in ihm wuchs. Dann konnte er mühsam ein Bein heben und es auf den Rand des Schlittens schwingen. Langsam arbeitete er sich auf den Kajak hinauf, dann saß er erschöpft auf den abtreibenden Kajaks, steif vor Kälte. Er griff nach einem Paddel, tat ein paar Schläge auf der einen, dann auf der anderen Seite, er ruderte, um sich warm zu halten. Der eiskalte Wind wehte durch sein dünnes nasses Hemd hindurch, er zitterte und ruderte, so stark er nur konnte, und unter ihm starb sein Körper ab. Dann sah er vor sich im Wasser zwei Alke. Das wäre etwas für das Abendessen, dachte er, griff nach dem Gewehr, schoß beide Alke, fischte sie auf und ruderte weiter. Dann erreichte er den Rand des Eises weit weg von dem Ort, an dem die Kajaks sich vom Tau gelöst hatten. Johansen war schon da, sprang in einen Kajak, und half ihm an Land. Nansen war so erschöpft, daß er kaum aufstehen und herauskriechen konnte und zitterte, während Johansen ihm die nassen Sachen auszog. Er sagte nur: »So kalt, so kalt.« Johansen half ihm in ein paar trockene Sachen, breitete den Schlafsack auf dem Eise aus, Nansen kroch hinein, und Johansen deckte ihn mit dem Segel zu. Er zitterte noch im Schlafsack, bis langsam die Wärme zurückkam. Er schlief ein. Als Johansen ihn weckte, stand das Zelt, die beiden Alke, die Nansen geschossen hatte, waren zubereitet, und als er aß, ging langsam die Kälte aus ihm heraus. Seine nassen Sachen hingen nachts draußen und waren am nächsten Tag fast trocken. Johansen sagte zu ihm, daß er die schlimmsten Augenblicke seines Lebens erfahren hatte, als er Nansen im eisigen Wasser schwimmen sah, ohne Hoffnung, daß er die Kajaks erreichen würde.

Sie glitten an der Küste entlang und hörten im Nebel das Gebrüll von Walrossen, die in Herden schwammen, einen

Urweltton von ungeheurer Wildheit. Das Wasser kochte von ihnen. Ein einsamer Bulle griff Nansens Kajak an, Nansen schlug mit dem Ruder nach ihm. Das mächtige Tier tauchte unter, der Kajak leckte, von einem Stoß getroffen, und schon sinkend, konnte er den Kajak noch auf einem Eisfuß absetzen. Er hatte Glück gehabt.

Am 17. Juni, kurz nach Mittag, stand Nansen auf, um das Frühstück fertigzumachen. Er holte Wasser, machte Feuer, zerschnitt das Fleisch und wollte wieder in den Schlafsack kriechen, um zu warten, als er sah, daß der Nebel sich über dem Lande etwas gehoben hatte. Vielleicht konnte er von einem nahen Hügel das Land übersehen, und er stieg den Hügel empor.

Das Licht war blendend weiß. Der Wind vom Lande wehte ihm Vogelstimmen von den Bergen zu. Ein schrilles Getöse. Die Möwen flogen wie gellende Wolken. Er sah über die Linie der Küste hin, über die dunklen nackten Berge. Summende, warme Stille. Es tat gut, hier zu stehen und sich umzusehen. Zu denken, daß Johansen und er die einzigen menschlichen Wesen hier waren, in dieser Einsamkeit.

Plötzlich hörte er etwas – irgendwo bellte ein Hund. Er zuckte zusammen, lauschte. Nichts. Nur der brodelnde Lärm der Vogelvölker. Aber da war es wieder – ein rauheres, dann ein dünneres Bellen. Ein Hund: er täuschte sich nicht. Er schrie zu Johansen hin, daß er einen Hund landeinwärts bellen hörte. Johansen rannte zu ihm hinauf, und sie lauschten wieder, sie preßten ihre Ohren gegen die Stille. Ja, auch Johansen hörte es, aber er war nicht sicher, ob es nicht Vogelstimmen waren. Gleichviel, Nansen wollte gleich nach dem Frühstück aufbrechen und landeinwärts gehen. Da waren irgendwo Menschen – wer? Norweger, Engländer? Wenn es eine englische Expedition sein sollte, wollte er sie um Lebensmittel bitten, und dann wollten sie nach Spitzbergen weitergehen. Johansen sollte warten, bis er zurückkam, und auf die Kajaks achten.

Er ging noch einmal den Hügel empor, um einen Weg zu finden. Wieder Stille. Das Licht flammte im arktischen Mittag. Die Vögel schrien auf den Felsen. Er konnte sich nicht getäuscht haben. Erregung klopfte ihm im Munde.

Er ging auf seinen Schneeschuhen landeinwärts. Hatte er sich doch geirrt? Der Schweiß lief ihm über das Gesicht. Er suchte den Schnee ab. Was für eine Fährte war das – ein Fuchs?

– da wieder. Ein Hund? Da waren noch mehr Fährten. Hier mußten Hunde gewesen sein. Er ging weiter, hielt inne, lauschte. Stille wieder.

Und eine Stimme dann – eine menschliche Stimme. Nach drei Jahren eine neue, unbekannte Menschenstimme. Er hetzte einen Hügel empor. Wieder hörte er Bellen. Wieder die Stimme, deutlich – er sah etwas. Er sah einen Hund, und hinter dem Hund kam jemand, noch fern. Ein Mensch. Er hatte nie gewußt, was es bedeutet, einen Menschen zu sehen. Diese ungeheure Einsamkeit und Leere bekam einen Sinn, sie füllte sich. Ein Mensch, ein Mann. Wer konnte er sein, und wo war er? Er glitt den Hügel hinab, und er und der Fremde, der Mensch, gingen aufeinander zu.

Jetzt hörte Nansen den Mann sprechen; es war Englisch. Er sah ihm entgegen und glaubte ihn zu kennen. Jackson? Es war Jackson. Dann war eine englische Expedition hier – aber wo war dieses »hier«?

Jetzt standen sie voreinander, und sie gaben einander die Hand. Nansen nahm seinen verschmierten Hut ab. Über ihnen zog der Nebel, langsam trieb das Eis in der Ferne. Und plötzlich, im Anblick des Fremden in seinen hohen sauberen Stiefeln, seinem gepflegten Anzug, rasiert, nach guter Seife duftend, sah Nansen sich selber, schmierig, verkrustet, mit fettigem langem Haar und Bart, einen Wilden der ersten Tage.

Der andere starrte ihn an und sagte auf englisch: »Freue mich riesig, Sie zu sehen.«

»Danke, ich gleichfalls.«

»Haben Sie ein Schiff hier?«

»Nein, mein Schiff ist nicht hier.«

»Wie viele sind Sie hier?«

»Ich habe nur einen Gefährten draußen am Eisrand.«

Das war es, was sie sagten. Das unbeschreibliche Ereignis wurde in einfachen, täglichen Worten ausgedrückt. Sie fielen sich nicht in die Arme. Sie sagten, als hätten sie sich, jeder von einem Spaziergang kommend, getroffen: »Wie geht es Ihnen?« Nansen erkannte Jackson und glaubte, daß auch Jackson, den er vor drei Jahren in London getroffen hatte, ihn erkannte. Langsam gingen sie zusammen landeinwärts weiter. Plötzlich blieb Jackson stehen, sah Nansen aufmerksam an und sagte hastig:

»Sind Sie nicht Nansen?«

»Ja, das bin ich.«

Und in einem Satz brach alles aus Jackson heraus: »By Jove! I am glad to see you!« Und er griff nach Nansens Hand und schüttelte sie, sein Gesicht öffnete sich zu einem vollen Lächeln: Willkommen, willkommen! Und aus seinen dunklen Augen strömte Freude.

»Woher sind Sie jetzt gekommen?« fragte er.

»Ich verließ die ›Fram‹ auf 84 Grad nördlicher Breite, nachdem wir zwei Jahre getrieben waren, und ich habe 86 Grad 15 Minuten erreicht, wo wir umkehren und uns nach Franz-Joseph-Land wenden mußten. Wir waren jedoch gezwungen, den Winter über irgendwo nördlich von hier zuzubringen, und sind jetzt auf dem Wege nach Spitzbergen.«

»Ich gratuliere Ihnen von ganzem Herzen«, sagte Jackson. »Sie haben eine tüchtige Reise gemacht, und ich bin ungemein froh, daß ich der erste bin, der Sie zu Ihrer Rückkehr beglückwünschen kann.« Und wieder drückte er Nansens Hand. Dann sagte er, sie hätten »plenty of room« für sie beide, und er wartete jeden Tag auf sein Schiff.

Nansen wollte nur eines wissen. Jetzt, wieder unter Menschen – und dieser eine, Jackson, stellte die ganze Welt und alles menschliche Leben für ihn dar –, schoß alles in einer Frage zusammen: Wie es seiner Frau und seinem Kinde ginge. – Er habe vor zwei Jahren Briefe an Nansen aus Norwegen mitgenommen, sagte Jackson; damals seien sie gesund gewesen. – Dann fragte Nansen nach Norwegen. Wie es dort ausgesehen habe, ob Krieg ausgebrochen sei zwischen Schweden und Norwegen. – Nein, damals sei alles ruhig gewesen. Aber das war vor zwei Jahren. – Jackson fragte nach Nansens Begleiter; ob sie nicht gleich hinausgehen sollten, um ihn zu holen. Aber Nansen fürchtete, daß die Schlitten und Kajaks für sie zu schwer seien; vielleicht konnte Jackson ein paar Leute hinausschicken. Johansen würde schon beruhigt sein, wenn er ihm ein Zeichen gäbe, und sie feuerten beide ihre Gewehre ab. Dann fragte Jackson behutsam nach der »Fram«. Nansen sagte, er wüßte nichts, aber er hoffte, daß sie entweder schon zu Hause sei oder bald kommen werde. Jackson hatte geglaubt, daß sie beide die einzigen Überlebenden einer arktischen Tragödie seien.

Dann kamen ihnen Leute der Jackson-Harmsworth-Expedition entgegen, die 1894 bei Kap Flora gelandet war. Jackson sagte ihnen, daß Nansen vor ihnen stünde, und sie brachten ein dreifaches Hurra aus, das zwischen den Hügeln hallte. Dann gingen sie hinaus, um Johansen und die Schlitten zu holen.

Sie traten in die Holzhütte der Expedition ein. Die Wände waren mit grünem Tuch ausgeschlagen. Der Ofen brannte. Bücher und Instrumente standen auf den Regalen. Er hatte das alles nie gesehen. Er ließ sich auf einem Stuhl nieder, und jetzt fühlte er, daß er müde war. Jackson gab ihm eine Blechbüchse, in der Briefe für ihn waren. Seine Hände zitterten, als er sie öffnete und die Schrift erkannte. Seine Augen flogen den Linien voraus, und die Worte rissen ihn nach Hause.

Er war wieder in der Welt. Müdigkeit floß durch ihn wie ein sanfter, warmer Strom, und er gab ihr zum erstenmal nach. Alles hatte sich gelohnt. Aber die »Fram«? Nach seinen Berechnungen würde das Schiff zwischen Spitzbergen und Grönland aus dem Eis ausschmelzen und im August oder September zu Hause sein – wenn es die »Fram« noch gab.

Als er in einen Spiegel sah, erkannte er sich nicht, und er wußte nicht, ob er lachen oder erschrecken sollte. Sah man so aus, wenn man aus dem Nichts zurückkehrte?

Dann kam Johansen herein. Er hatte gewartet und Nansens und Jacksons Schüsse gehört. Dann waren die von Jackson geschickten Leute gekommen und hatten ihn geholt. Sie erlaubten ihm nicht, die Schlitten zu ziehen, er ging neben ihnen her. Wenigstens der letzte Teil der Odyssee war ein angenehmer Spaziergang gewesen.

XVI

DIESES REICHE LEBEN ...

Sie waren wieder in die Welt eingetreten, und alles kam auf sie zu; die einfachen Dinge, auf die nur der achtet, der sie lange entbehrt hat, wurden groß, bis die schnell einsetzende Gewohnheit den Glanz nahm. Die Worte kamen zurück, sie sprachen, und es war, als seien alle Worte neu und frisch, wie Münzen aus dem Prägestock. Menschliche Worte waren etwas Wunderbares. Sie waren die Brücken, auf denen Menschen zueinander gingen. Der Traum der Winterhütte wurde wahr, und sie aßen. Sie wuschen sich mit Seife; Fett, Blut, Dreck fielen von ihnen ab. Sie fühlten die Weichheit wollener Sachen. Das lange Haar wurde geschnitten. Sie schliefen, und wenn sie aufwachten, kam ein neuer Tag ohne Mühe. Weißes Papier lag vor ihnen auf dem Tisch, und sie konnten schreiben, ohne ein Blatt zu verschmieren. Alles war gut. Aber wo war die »Fram«?

Nansen saß am Tisch und fing an zu arbeiten. Er schrieb, rechnete, verglich und stellte fest, daß Franz-Joseph-Land nicht eine zusammenhängende Landmasse war, sondern aus vielen kleineren Inseln bestand. Johansen schrieb an seinem Tagebuch und lernte Englisch. Sie gingen mit Jackson und den anderen auf die Jagd. Sie wanderten durch das einsame Land, das sie gepeinigt und zum Grunde verwiesen hatte. Sie genossen die unaufdringlich großherzige englische Gastfreundschaft. Aber die Unruhe verließ sie nicht. Es war Sommer, und sie warteten auf die »Windward«, die für die Jackson-Expedition Ausrüstung bringen und Nansen und Johansen mit einigen Leuten nach Norwegen mitnehmen sollte. Sie waren neun Monate geduldig gewesen, sie hatten die Zeit dahinströmen lassen, aber jetzt zersplitterte ihre Geduld. Sie verfluchten das Eis, das vor dem Land lag und sie vom offenen Meer trennte. Sie erwogen, nach Spitzbergen zu gehen, und ließen den Plan wieder fallen. Vielleicht hätten sie dann noch einmal einen Winter lang warten müssen. Endlich trieb der Wind aus Norden das Eis aus der Bucht in das offene Meer, und am 26. Juli kam das Schiff.

Ein Schiff! Es war ein Ereignis, ein Schiff zu sehen, die

Schönheit der Segel, die gelassene Festigkeit des Leibes. Jackson stürzte hinaus, um die ersten Nachrichten zu bringen. Nansen konnte es im Bett nicht aushalten, er zog sich an und lief über das Eis zum Schiff. Nachrichten, gute Nachrichten von zu Hause, das Herz wurde ihm leicht wie eine Feder. Interessante Nachrichten: der Schwede Andrée bereitete auf der Däneninsel vor Spitzbergen seinen Ballonflug zum Pol vor. Aber wo war die »Fram«?

Am 7. August nahmen sie Abschied von Jackson und den andern, die ihnen zu Freunden geworden waren. Die »Windward« tastete sich durch die Eisrinnen und nahm Kurs in südöstlicher Richtung auf Nowaja Semlja, um aus dem Eis herauszukommen. Der erste norwegische Hafen war Vardö.

Und alles kam ihnen wieder entgegen: das offene Meer mit langen Wogen, und die Wogen rauschten nicht mehr: zum Pol; sie tönten: Heimat. Wenn Nansen sich zurückwandte, sah er im Norden über dem Horizont ein weißes Leuchten; den Widerschein des Eises wie ein fernes Feuer. Dort hatten sie drei Jahre gelebt, sie beide und die anderen, von denen er nichts wußte, und jetzt schon, während sie sich Norwegen zudachten, wußten sie, daß diese Zeit ihrem Dasein nie mehr entgleiten würde.

Das erste Schiff. Am 12. August abends das Auftauchen von etwas Dunklem: Land: Norwegen. Er sehnte sich jetzt danach, wieder zu Hause zu sein. Man konnte groß und kühn denken, man konnte planen und ausführen, was immer man wollte, man konnte sich frei fühlen: aber es gab nur eine Erde, die einem Tränen in die Augen trieb und das Herz zucken machte. Er sehnte sich danach, diese Erde zu berühren, und zugleich zitterte er vor den Nachrichten, die auf ihn warten mochten. Wo war die »Fram«?

Vor Vardö kam der norwegische Lotse an Bord, ein alter Mann, begleitet von seinem Sohn. Er wunderte sich, daß an Bord der »Windward« jemand norwegisch sprach, achtete aber nicht weiter auf den Fremden, bis Kapitän Brown ihn fragte, ob er wisse, wer das sei: Nansen. Es war Nansen! Und die Freude durchbrach das vom Meer gegerbte Gesicht. Nansen fragte nach der »Fram«. Nein. Nichts.

Und das Erkennen, das Aufleuchten der Gesichter setzte sich fort. Nansen und Johansen gingen zum Telegraphenamt, um ein ganzes Bündel von Telegrammen aufzugeben. Der Beamte warf einen Blick auf das erste Telegramm, sein Gesicht veränderte sich unbeschreiblich: Nansen. Und der Apparat warf die Nachricht in die Welt: zwei Mitglieder der »Fram«-Expedition waren gesund zurückgekommen. Nansen erwartete die »Fram« im Herbst zurück.

Worte, Worte; und als sie aus dem Hotel traten, in dem Nansen zufällig den alten Freund, Professor Mohn, getroffen hatte, warteten Hunderte auf sie.

Die »Windward« fuhr nach Hammerfest weiter. Tausende warteten am Kai: Norwegen hieß ihn willkommen. Im Hafen lag die Jacht von Baden-Powell. Er kannte Nansen, er war einer der letzten in London gewesen, von denen sich Nansen verabschiedet hatte. Er hatte damals Nansen gefragt, wo er bei zu langem Schweigen nach ihm suchen sollte, und Nansen hatte geantwortet, wahrscheinlich bei Franz-Joseph-Land oder, wenn die »Fram« nicht untergehen sollte, zwischen Spitzbergen und Grönland. Baden-Powell war jetzt von einer Forschungsfahrt nach Nowaja-Semlja zurückgekommen und war auf dem Weg, um Nansen zu suchen. Er bot ihm seine Gastfreundschaft an, und Nansen und seine Frau, die am Abend gekommen war, wohnten auf der »Otaria«. Ja, sie war gekommen. Hatte sie nicht auch in einer Art von Eis gelebt? Hatte nicht auch sie überwintern müssen, in einer Stille, die der Stille gleichkam, in der er und Johansen am Grunde des Lebens mühsam geatmet hatten? Sie hatte gewartet, ohne ein Wort der Klage oder Schwäche. Sie war da, sie war bei ihm, das Leben war wieder ganz geworden. Die Wartezeit war vorbei, Zeit war wieder Lebenstag. Der erste Winter war nicht zu schwer gewesen; da war ja auch Liv, das Kind, für das zu sorgen war. Im zweiten Winter waren Gerüchte aufgetaucht; die »Fram« sei vor Spitzbergen gesunken, ein paar Überlebende hätten sich gerettet; die »Fram« sei gesunken und alle seien umgekommen. Es war schwer gewesen, den Gerüchten, die mit der Gewißheit von Nachrichten kamen, standzuhalten. Im dritten Winter hatte Eva Nansen die lähmende Stille des Wartens im Hause verlassen und hatte in Norwegen, Schweden und Dänemark öffentlich gesungen. Man mußte den Leuten nicht zeigen, daß man wartete.

Aber wo war die »Fram«? Nansen hatte erklärt, daß er das Schiff spätestens im Herbst zurückerwarte. Wenn es nicht käme? Wenn *er* nun anfangen müßte zu warten? Er wartete schon, und der Schatten wuchs.

Am Morgen des 20. August klopfte Baden-Powell an Nansens Kabine; jemand wünschte ihn zu sprechen. Der Chef des Telegraphenamtes selber war gekommen, um Nansen ein Telegramm zu geben, das, wie er zu Baden-Powell gesagt hatte, Nansen interessieren würde. Es gab nur eine Sache, die er wissen wollte. Schweigen, das sich überwältigend ausbreitete, als er das Telegramm öffnete, und er fühlte, daß sie ihn ansahen, Baden-Powell und der andere. Er las:

Fridtjof Nansen.
Fram heute in gutem Zustand angekommen. Alles wohl an Bord. Gehe sofort nach Tromsö. Willkommen in der Heimat.
Sverdrup.

Der Windhauch, den er eisig gefühlt hatte, wurde zu Wärme, unwirklich, geisthaft. Etwas in ihm flüsterte, und er wußte nicht, daß seine Lippen die Worte nachbildeten, die tief in ihm raunten: Die »Fram« ist angekommen. Er sagte es leise in ihre leuchtenden Gesichter hinein, und dann kam eine eigentümliche Ruhe über ihn. Alles war gut. Der Schatten verließ ihn. Sein Flüstern wurde zu Stimmen, wurde zum Jubel der Stadt, wurde zu Feier und Fest, wo immer die »Otaria« anlegte, die großen schimmernden Augenblicke reihten sich dicht aneinander.

Er sah die »Fram«, als sie in den Hafen von Tromsö einliefen. Da war sie, braun und stark: sein Schiff. Oder wessen Schiff war es? Das von ihnen allen. Das Schiff Norwegens, das ihn ausgeschickt hatte und jetzt willkommen hieß.

Die »Otaria« legte neben der »Fram« an, und Nansen rief hinüber: »Das habt ihr gut gemacht, Jungens!« Sie riefen Hurra, und im Dröhnen der Geschütze von Tromsö kamen sie zur Jacht und umarmten ihn. Sie waren wieder beisammen.

Die »Fram« war zurückgekommen. Sie war im Eis weitergetrieben, als Nansen und Johansen das Schiff verlassen hatten, und der dritte Winter war gekommen. Er war drückender gewesen als die anderen Winter. Es schien ihnen allen, als sei mit Nansen der gute Geist vom Schiff gegangen, obgleich Sverdrup ein umsichtiger Leiter und ein guter Kamerad war. Im Frühjahr war die Maschine wieder eingebaut worden, und am 13. August kam die »Fram« vom Eis frei. Es war ein großer

Augenblick, und sie atmeten auf. Aber wo waren Nansen und Johansen? Sie hatten an der Däneninsel angelegt, auf der Andrée seinen Ballonflug vorbereitete. Sverdrup war in Tromsö an Land gegangen und hatte im Telegraphenamt erfahren, daß Nansen in Vardö angekommen sei. Auf der »Fram« erinnerten sich alle daran, wie Sverdrup zum Hafen gerannt war und geschrien hatte: Nansen ist da! Sie waren siebzehn Monate getrennt gewesen.

Jetzt glitten die »Fram« und die »Otaria«, von einem Schlepper geführt, durch das endlose Willkommen, das Norwegen ihnen gab. Die Küste schien zu erwachen, das Land dehnte sich und floß zu den Fjorden und Häfen, zu Inseln und Klippen, und jede Hand winkte, jede Stimme rief: Willkommen zu Hause. Als die Schiffe in den Oslofjord einfuhren, übernahmen Kriegsschiffe und Torpedoboote das Geleit, und 130 Schiffe folgten der »Fram«. Akershus schickte dröhnend seinen Salut. Das Licht des Herbsttages schwebte über den Höhen, und da war es – sein Haus, da hatte sie auf der Bank gesessen.

Ein Boot brachte Nansen und seine Gefährten zum Kai. Die ihn sahen, und es waren Tausende, sahen einen jungen wikinghaften Norweger, dessen Gesicht von Stürmen und langer Fahrt gemeißelt worden war. Als sie – und noch einmal waren sie es als ein Ganzes, eine Gefährtenschaft – das Land betraten, erhob sich das Lied von Norwegen mit Björnsons, des Fechters und Versöhners, Worten: Ja, vi elsker dette landet – ja, wir lieben dieses Land. Was immer in diesen Jahren gewesen war, was er an Sorge, Zweifel, Mut gedacht haben mochte: jetzt verstand er wirklich, daß der Geist seines Volkes ihn hinausgeführt hatte in das Abenteuer des Eises. Sie waren Kundschafter und Beauftragte ihres Volkes gewesen.

Das Fest sank hinab, und in der Nacht stand er vor seinem Haus am Fjord. Stille; doch eine andere Stille als das eisige Schweigen jener Länder, in denen das Nordlicht sich verflammte. Wie warm, wie menschlich und irdisch sie war. Auf einem Felsen glühte ein Feuer aus, das ihm zu Ehren angezündet worden war. Der Nachtwind flüsterte in den Fichten. Er war zu Hause. Er war angekommen. Sie hatten gekämpft, sie hatten gesät, jetzt war die Erntezeit gekommen. Und jetzt entbehrte er sie – Johansen, mit dem er neun Monate ohne ein Wort der Reibung und des Unmutes zusammengelebt hatte. Sverdrup, alle. Er hatte geträumt und seinen Traum wahrgemacht. Sie alle hatten ihn getragen. Er wußte jetzt mehr, als er je würde sagen können. Er war in der äußersten Tiefe gewesen, und nun atmete er im Licht.

Gesichter, Stimmen, Worte, Ansprachen – doch jetzt war die Stille gekommen. Langsam ging er den Abhang zu seinem Haus empor. Was war das Beste dieser Tage gewesen? Als er sie, die gewartet hatte, umarmte? Als er wußte, daß die »Fram« angekommen sei? Eine der vielen Reden, in denen Norwegens Stolz flammte? Und dann erinnerte er sich an einen Augenblick ... nein, nichts Besonderes. Es war in Brömösund gewesen, an einem grauen frostigen Morgen. Die »Otaria« war aus dem Hafen geglitten, und ein Fischer ruderte neben dem Schiff her, ein älterer Mann, der sich anstrengen mußte. Nansen stand an Deck und sah zu ihm hinab.

»Sie wollen keine Fische kaufen?« rief der Fischer.

»Nein, ich glaube nicht.«

»Vielleicht können Sie mir sagen, wo Nansen ist. Ist er an Bord der ›Fram‹?«

»Nein, ich glaube, er ist an Bord dieses Schiffes.«

»Oh, ich möchte gern wissen, ob ich nicht an Bord kommen kann. Ich möchte ihn gern sehen.« Er ruderte angestrengt, um neben dem Schiff zu bleiben, und sah empor.

»Da Sie diesen Mann so dringend sehen möchten«, sagte Nansen, »ich kann Ihnen sagen, daß Sie ihn jetzt sehen.«

»Aber nein, nein –! Ich habe es mir gedacht. Willkommen daheim!«

Dann ließ er die Ruder fallen, stand im Boot und nahm die Mütze ab.

XVII

BILDNIS MIT VIERZIG JAHREN

Der Nebel zog über die nackten Höhen des Fjell. Wenn er stehen blieb, konnte er das nasse Wehen spüren, eine dichte Masse, die er beinahe wie einen Körper fassen konnte. Es wehte an ihm vorbei. Er konnte die Kuppen der Berge nur denken. In den Wäldern von Nordmarken hatte der Nebel einen Geruch von Moos, Bäumen, Fluß, von schwarzer, feuchter Erde. Hier oben war er ziehende frische Masse. Außer ihm und dem Nebel gab es nichts in der Welt. Doch: die Renntiere. Den ganzen Tag war er der Herde gefolgt. Jetzt war Nachmittag. Längst hatte er den Weg verloren. Plötzlich tauchte die Herde auf, floß wie eine braune Woge mit dem Schaum der Geweihe einen Hang herab, verschwand. Er lauschte. Der Nebel zog mit einem zischenden Ton an ihm vorüber. Ein naher Bergbach donnerte im dichten Grau.

Da waren sie wieder, er hörte das trommelnde Rauschen ihrer Bewegung und ging ihm nach. So war es den ganzen Tag, bis er sie vor sich hatte und hinter einem Felsen liegend auf den Schuß wartete. Er liebte die freien Tiere der Wildnis. Sie waren ein Teil der Erde und waren frei. Die Kraft der ersten Zeiten war noch in ihnen, und wenn der Schuß fiel und mit einem schnellenden letzten Sprung das Tier zusammenbrach, durchflammte ihn die Urfreude des Jägers.

Seinem Namen Nansen war alles mögliche hinzugefügt worden: Arktisforscher, Abenteurer, Geograph, Biologe, Ozeanograph. Hier oben war er ein Jäger, etwas wie ein Wilder, der die Stadt verließ, um sich selber wieder zu spüren. Er mußte wissen, daß es die Jahreszeiten gab. In den Wäldern und Bergen war er ein anderer, als er sonst war, weder hartnäckig widerspruchsvoll noch provozierend kurz angebunden. Er war frei von allen Pflichten, allem, was man tun mußte, wenn man in der Gesellschaft lebte. Er brauchte die einfachen alterslosen Dinge. Dort unten, in Oslo oder wo immer er in diesen Jahren gewesen war, bewegte sich die Zeit, immer schneller, wie es aussah – wohin? Zu ewigem Frieden, zu allgemeinem Fortschritt und Wohlfahrt? Er lebte dort, er arbeitete, er trennte sich nicht davon. Doch hier oben waren die Quellen, an denen er sich erfrischte. Hier konnte und mußte er sich selber ansehen, sein Verlangen reinigen, seine Zweifel beschwichtigen, sein Denken ordnen, um nicht wie ein anderer Peer Gynt zu zersplittern.

Der Schuß fiel, eines der Renntiere stürzte, die Herde zuckte zusammen und flog davon. Er stand auf und rannte zu dem toten Tier. Ein guter Schuß. Der Nebel war zu einer strömenden Wand geworden, in die schnell die Schwärze des Abends eindrang. Er schleppte das Tier in eine Senke und bedeckte es mit Steinen, um es vor den Füchsen zu schützen. Dann, mit dem gelösten Atem des Jägers nach dem Schuß, suchte er nach einem Platz, an dem er schlafen konnte. Das Fallen des Regens auf dem Fjell klang wie das Dröhnen einer Trommel.

Er überquerte Wildbäche oder durchwatete sie, bis zu den Hüften im eisig schießenden Wasser. Er kroch das Felsufer empor und ging über Geröll, bis er die Hütte fand. Irgend jemand hatte sie aus Steinen gebaut und Moos in die Ritzen gestopft. Verglichen mit der Hütte, die Johansen und er damals auf Franz-Joseph-Land gebaut hatten, war sie armselig. Damals ... vor fünf Jahren ... zwei Wilde, die sich nicht wuschen, Bärenfleisch aßen und den Winter verschliefen ... Ihre Hütte war wenigstens dicht gewesen; hier tropfte der Regen durch das Dach. Immerhin war das Holz in der Ecke nicht feucht.

Als das Feuer auf dem offenen Steinherd brannte, war er zu Hause. Er zog seine triefenden Sachen aus, hing sie auf und saß nackt am Feuer. Es war wohltuend, zu fühlen, wie die Wärme den Körper umfloß, ihn wieder geschmeidig machte. Er briet ein Stück Renntierfleisch an einem Stock und aß es mit Händen und Messer, während das Fett herabtropfte. Wenn Eva ihn gesehen hätte oder einer von all denen, deren Briefe in das Haus kamen. Ja, etwas in ihm war ungezähmt, und er wollte es nicht zähmen lassen, von keinem. Eine der besten Zeiten seines Lebens waren die Monate mit den Eskimos auf Grönland gewesen.

Er wärmte Steine, legte sie auf das feuchte Lager, breitete dann eine trockene Decke darüber, warf ein paar starke Scheite in das Feuer und streckte sich auf dem Lager aus. Es war nicht gerade weich, aber es war warm. Draußen klang die Trommel des Regens. Das Feuer flüsterte und knackte. Er hörte das Tropfen des Wassers vom Dach. Er war allein, und, bei aller

Liebe, bei allen Freundschaften und allem, was ihn an Menschen und an seine Arbeit band: es war gut, allein zu sein – um dann erfrischt zu seinem Leben zurückzukehren. Das Alleinsein war etwas wie eine Kur, aber natürlich konnte ein Mensch nicht für immer darin leben. Sie war eine Welt der Menschen, und man mußte etwas tun. Man wußte das erst, wenn man einmal im Nichts, in der Leere gewesen war.

Er lag auf dem Steinbett und sah zum Feuer hinüber. Das Feuer löste die Gedanken. Er war vierzig Jahre alt. Mit vierzig war man in der Mitte angekommen, man war ein Mann. Was hieß das? Hieß es, daß man den Träumen seiner Jugend Lebewohl gesagt hatte und skeptisch lächelnd auf sie als auf »Jugendsünden« zurücksah? Viele taten es. Sie sagten, daß sie realistisch zu denken gelernt hätten. Sie waren tüchtig, leisteten etwas. War das alles? War es genug? Nicht für ihn. Der letzte Satz seines großen Berichtes über die Fahrt der »Fram« und die Eiswanderung mit Johansen – »In Nacht und Eis« – hieß: »Was wäre das Leben ohne seine Träume?« Er hatte gewußt, was er damit sagen wollte: Ohne den Traum, ohne die endlose Suche starb man, ehe man tot war.

Er war vierzig. Vor fünf Jahren war er aus der Arktis zurückgekommen. Reden, Feiern, Feste, Auszeichnungen, zuviel fast für eine Sache, die einfach Pflicht gewesen war; Pflicht für die Wissenschaft, für sein Land, Pflicht ihm selber gegenüber, dem suchenden Geist in ihm, dem Verlangen nach dem Grenzenlosen.

Er brauchte keinen Spiegel, um sich zu sehen; er sah sich. Seine Freunde hatten sich gewundert, daß sein Gesicht nach der Rückkehr wie erstarrt war; daß er sich scheute, in Gesellschaften zu gehen. Das Leben war zur Wüste geworden, er hatte keinen Platz mehr darin. Die Worte wurden zu Geschwätz. Seine Seele kam sich wie ausgewaschen vor, geplündert, von Unberufenen durchstöbert, angenagt. Sie zerrten ihn in das scharfe Licht des Ruhmes, und er blieb als Hülle zurück. Sie feierten die Ergebnisse, nicht das Wesen, und er suchte nach dem Wesen. Er war nicht der Narr, der nicht wußte, was er getan hatte. Es war außerordentlich. Er . . . das hieß alle, die bei ihm gewesen waren. Er selber übersah die Ereignisse. Er hatte einen norwegischen Namen zu der langen Kette von Namen gefügt, die leidvolle Suche, Niederlage und Triumph in der Arktis enthielten. Er hatte Ergebnisse gebracht: die Kenntnis vom Polarbecken war entscheidend erweitert worden. Die Polarströmungen waren untersucht worden. Die Biologie, die Ozeanographie hatten bedeutende Anregungen erhalten. Die Erfahrungen der »Fram« und seiner Wanderung, ihre Ausrüstung, ihre wissenschaftliche Arbeit bestimmten fortan alle künftigen arktischen Expeditionen.

Fünf Jahre waren vergangen. Er hatte seinen Bericht über die Expedition geschrieben. Er hatte sich nicht gescheut, darin von sich selber zu sprechen, von seinen Zweifeln, seiner Sorge. Man las das Werk überall, in Europa, in Amerika. Kritiker sagten, daß mit diesen beiden Bänden ein neues Kapitel geographischer Literatur begonnen habe; er habe die Größe und Schönheit der Arktis entdeckt. Leser und Leserinnen waren davon fasziniert. Eine Frau schrieb ihm, sie habe das Buch in einem Augenblick tiefer Verzweiflung gelesen und es habe sie gerettet. Merkwürdig, daß ein Buch, das von Geduld und Anstrengung sprach, doch auch von der unbefleckten Reinheit der arktischen Länder, imstande sein sollte zu helfen. Vielleicht konnte es eine Aufforderung enthalten, nie aufzugeben, sich durch die Welt wie eine Wildnis zu schlagen, wo man auch war. Damals, als Johansen und er in ihrer Winterhütte lagen, war schon der Blick auf die beiden verschmierten und fettigen Bücher, die sie bei sich hatten, genug gewesen, sie an die Herrlichkeit des Lebens zu erinnern.

Dann waren die wissenschaftlichen Ergebnisse der Expedition veröffentlicht worden – sechs umfangreiche Bände, »Die norwegische Nordpolexpedition 1893–1896«; er hatte den ozeanographischen Teil übernommen. Vor einem Jahr hatte er, zum Professor an der Universität Oslo ernannt, mit Vorlesungen über die noch junge und großartige Wissenschaft vom Meer, die Ozeanographie, begonnen. Es war eine Wissenschaft voller Leben. Da waren die Fragen der Meeresströmungen, ihrer Herkunft, ihres Laufes, die Frage der Gezeiten, der Tiefen und Temperaturen des Meeres, seiner Einwirkungen auf das Klima, die Frage nach den Fischgründen. Für ein Volk wie das norwegische war das Meer entscheidend, und die Wissenschaft der Ozeanographie wurde unmittelbar wichtig und hatte praktische Bedeutung. Nansen plante ein Zentrallaboratorium in Oslo, in dem die Methoden der Meeresforschung entwickelt werden sollten. Norwegen mußte das Zentrum der Ozeanographie werden. Im vorigen Jahr war er mit Helland-Hansen, mit dem er eng zusammenarbeitete, auf dem »Michael Sars« nach Island und Jan Mayen gefahren. Die norwegische Regierung hatte das Schiff eigens für ozeanographische Forschungen bauen lassen. Es war eine erfreuliche und wichtige Reise geworden. Sie hatten neue Instrumente erprobt, neue Methoden der Untersuchungen benutzt, und die Ergebnisse für den norwegischen Fischfang waren unübersehbar. Für Jahrhunderte hatte man angenommen, daß die Fischgründe nur an Küsten oder bei Untiefen lagen. Die Netze der »Sars«-Expedition brachten aus dem tiefen Meer bei Spitzbergen Hering und Kabeljau herauf, und die norwegischen Fischereigebiete konnten bis zum Rande des arktischen Eises ausgedehnt werden. Der Ozean öffnete sich dem Fischfang.

Zugleich war diese Reise eine Fahrt in das Vergangene gewesen. In Thingeyre hatte er das Haus wieder betreten, in dem er mit seinen fünf Gefährten auf den »Jason«, der sie nach Grönland bringen sollte, gewartet hatte. Er war durch die Einsamkeit von Island geritten und hatte das Eis wiedergesehen. Das Vergangene kam zurück und rief ihn mit dem Ton der Sehnsucht. Da war sie wieder, diese eisige und gloriose Einsamkeit, unberührt, und er sah mit dem Fernglas über die Wüste hin, durch die sie ihre Spur gezogen hatten. Er sehnte sich danach, wieder groß unterwegs zu sein. Dann waren sie über Jan Mayen zurückgekehrt.

Arbeit genug hatte es in diesen Jahren gegeben. Reisen, Vorträge, Bücher, Abhandlungen, und wie zu einem Herzpunkt war er immer wieder zu seinem Haus mit seiner Frau und den Kindern zurückgekehrt. Zu Liv, der Tochter, war inzwischen noch der Sohn Kare gekommen. Ein neues Haus war gebaut worden – »Polhögda« auf einem Hügel über Lysaker; das alte Haus war für die Familie und für die unaufhörlich wachsenden Sammlungen zu klein geworden. Das neue enthielt für ihn im unteren Stockwerk drei Arbeitsräume und im Turm einen Raum wie eine Zelle, in der er allein sein konnte. Und jetzt lag er hier, in der tropfenden Stille der Bergnacht, im Herbst des Gebirges.

Das Eis und der Pol ... vor einem Jahr, im Herbst, hatten Sir Markham und Kapitän Scott ihn besucht. Scott bereitete seine erste antarktische Fahrt mit der »Discovery« vor. Sie kamen, um Nansens Rat zu erbitten und sich nach Schlitten für die Fahrt zum Südpol umzusehen. Durch Nansen war Oslo das

Zentrum der Schlittenindustrie geworden. Er erinnerte sich deutlich an Scott, an sein kluges, entschlossenes Gesicht mit den ernsten ruhigen Augen und den schmalen Lippen, die sich plötzlich zu einem Lächeln öffneten.

Zu ihm kamen sie wie zu einem Weisen... Scott – Amundsen, ein junger ehrgeiziger Landsmann, der mit einem Boot von 47 Tonnen, der »Göa«, die Nordwestpassage zwingen wollte, den alten Traumweg zu dem Zauberland China, den Weg nach Cathay. Die Jugend kam schnell nach und machte einen älter, als einem lieb war.

Und er selbst – das Eis und er? Der Nordpol schützte noch immer sein Geheimnis. Er hatte mit Sverdrup schon auf der »Fram« über eine Fahrt zum Südpol gesprochen, und als Johansen und er zu ihrer Wanderung aufbrachen, hatte Sverdrup zu ihm gesagt, ob er zum Südpol gehen würde, ehe die »Fram« zu Hause sei. Und zwei Jahre nach seiner Rückkehr hatte er vor der Royal Geographical Society über die Möglichkeiten einer norwegischen Antarktisexpedition gesprochen.

Er hatte seine Träume noch. Wer im Eis gewesen war, konnte es nicht vergessen und kehrte zu ihm zurück. Eines Tages würde er wieder aufbrechen; er wußte es. Und sie würde wieder warten, »...die den Mut hatte, zu warten«, hieß es in der Widmung von »In Nacht und Eis«. Er wußte, daß er wieder gehen würde. Es zog ihn fort. Was suchte er? Glück? Dort draußen gab es kein Glück, keine Wärme; ab und an den seltenen Augenblick des Einverständnisses mit der Welt und das Gestilltsein des unruhigen Geistes. Vielleicht verlangte er nach etwas, was er nie erreichen würde. Vielleicht war das Suchen besser als das Finden. Er dürstete nach Quellen... – würde er sie je finden? Aber vielleicht war der Durst das Ziel, nicht so sehr die Quelle, die man nie fand.

XVIII

DAS LAND

Es gab wenige, die Norwegen so gesehen hatten wie Nansen. Der Abschiednehmende preßt noch einmal alles in seinen Blick; und er hatte einige Male Abschied genommen. Dem Zurückkehrenden erscheint alles neu; er war zurückgekommen, ein unbeachteter Student, ein junger Sieger über das Eis von Grönland, der Mann der »Fram«, dem Norweger zugejubelt hatte wie ein sonniger Morgen.

Aber nie so tief, nie so sehnsüchtig und stolz hatte er sein Land gesehen wie in den langen Zeiten des Getrenntseins. Als er es nicht besaß, war es ihm am teuersten. Als er in der Winterhütte lag, war ihm die Erde von Norwegen nah wie nie, und wo immer sie auch gewesen sein mochten, auf der »Fram«, im Eis, auf Franz-Joseph-Land, einen Tag zu feiern hatten sie nie vergessen: den 17. Mai, den Tag, an dem sich das Volk von Norwegen 1814 eine Verfassung gegeben und seinen Willen zu unabhängigem Leben ausgedrückt hatte, denn das Land war nicht frei. Im eisigen Polarwinde hatte die Fahne mit dem Kreuz geweht, und der Wind war Norwegens Atemzug gewesen. Die »Fram« war für sie ein Stück norwegischer Erde gewesen, und als Johansen und er nichts mehr besaßen außer sich selber, hatten sie noch die Sprache

Jene alte Frau, von einer nackten Klippe winkend, der Lotse, der vor Vardö an Bord der »Windward« gekommen war und Nansen in staunender Freude die Hand gedrückt hatte, der Vorsteher des Telegraphenamtes, der auf die Unterschrift des ersten Telegramms starrte wie auf den Namenszug eines Geistes, der alte Fischer, der neben der »Otaria« ruderte und schweigend die Mütze abnahm: sie waren Norweger, so gut wie die Fjorde, die Wälder, die Berge, und sie waren mehr Norwegen als die Erde, denn sie alle, die Lebenden und die Toten vieler Jahrhunderte, hatten das Land geschaffen. An sie mochte Nansen denken, sie standen neben ihm, für sie alle sprach er, als er am 17. Mai 1905 in Oslo vor Tausenden stand. Daß er an diesem Tage sprach, war nur natürlich. Er war sichtbar. Er bedeutete Norwegen in der Welt. Er hatte einen mächtigen Windstoß über das Land hingefegt.

Er selber war Norwegen. Es war in ihm, es hatte ihm seine Kindheit gegeben, ein Schatzhaus, gefüllt mit Wald, Strom und Berg. Es hatte ihn gebildet. Es war in ihm durch seine Ahnen. Ein Mann sprach nicht nur mit seiner Stimme, er sprach mit den Stimmen all derer, die vor ihm gewesen waren.

Jemand hatte gesagt: »Wenn ein Volk in der Welt sein Land in Recht und Ehren besitzt, wenn es dieses Land erobert hat, nicht von anderen Völkern, sondern gehorsam dem strengen Gesetz des Schöpfers, daß der Mensch sein Brot im Schweiße seines Angesichts essen soll, dann sind es wir Norweger, die Norwegen unser Vaterland nennen.«

Dieses Volk in einem Land mit der langen Küste bis zum Nordkap und zur finnischen Grenze hatte gegen die Erde gekämpft, nie gegen Feinde; nie war es erobert worden. Das Meer gab ihm Leben. Das Meer hatte die Wikinger hinausgeführt. Die Königtümer und Grafschaften, die Harald Schönhaar zur Einheit zusammengepreßt hatte, waren zerfallen. König Olaf, der das Christentum nach Norwegen gebracht hatte, lag im Dom von Nidaros. Dann, 1397, als der letzte Nachkomme Harald Schönhaars gestorben war, war Norwegen Teil der Kalmarer Union geworden, die Dänemark und Norwegen einschloß; Schweden befreite sich bald davon und gewann im 16. Jahrhundert seine Unabhängigkeit. Verwaltung, Kirche, Schule in Norwegen waren dänisch. Aber Norwegen, in dem jeder Bauer und Fischer nie aufgaben, sie selber und frei zu sein, erhielt seine Traditionen und das Bewußtsein ererbter Freiheit und eigener Gesetze lebendig. Es verlor nie seine Leidenschaft für Gerechtigkeit. Die Union mit Dänemark war nicht drückend, sie war so wenig erzwungen worden, wie sie durch Gewalt hätte gehalten werden können. Norwegen besaß örtliche und persönliche Freiheit; nur eine Minderheit wollte den Bruch der Union.

Norwegen blieb dänisch bis zum Frieden von Kiel 1814, in dem Schweden durch die Abtretung Norwegens für den Verlust Finnlands an Rußland entschädigt wurde. Bernadotte, Napoleons früherer Marschall, hatte mit der Allianz gegen Napoleon gekämpft. Norwegen weigerte sich, als Tauschobjekt behandelt zu werden. Es war sich seiner Tradition und seines nationalen Lebens zu bewußt, um nicht leidenschaftlich zu protestieren. Außerdem erschien dem demokratischen Norwegen die Verbindung mit dem aristokratischen Schweden bedenklich. Die norwegische Nationalversammlung erklärte am 17. Mai 1814 die Trennung Norwegens von Dänemark, seine Unabhängigkeit unter der vom Storting geschaffenen Verfassung und wählte einen dänischen Prinzen zum König von Norwegen. Die vier europäischen Großmächte zwangen ihn zum Verzicht. Bernadotte, seiner eigenen Stellung in Schweden noch unsicher, zweifelhaft, ob er Norwegen in einem Krieg erobern konnte, akzeptierte die Verfassung, und Norwegen war ein freies Königreich, das mit Schweden durch den gemeinsamen König vereinigt war. Was in Norwegen vor sich gegangen war, war eine Revolution ohne Gewalt. Ein kleines Volk wehrte sich gegen das Diktat von Großmächten und gewann nationale Unabhängigkeit, als die Friedhofsluft der Reaktion in Europa einzog. Es besaß das Recht auf eigene Verwaltung, eigene Armee und Flotte. Die auswärtige Politik wurde vom König bestimmt. Graf Wedel-Jarlsberg, der Bruder von Nansens Großvater, war Finanzminister der neuen norwegischen Regierung.

Norwegen und Schweden waren vereinigt, aber in Norwegen wuchs das Verlangen nach völliger Unabhängigkeit. Seine Dichter wurden zur Stimme der Freiheit. Wergeland, dieser flammende Freund der Erde, schrieb und lebte für die demokratische Verfassung als ein Programm der Gerechtigkeit. Nationale Unabhängigkeit war für ihn nicht ein letztes Ziel, sondern ein Mittel zur inneren Freiheit des Volkes. Seine Glut erlosch mit siebenunddreißig Jahren, und als er starb, ein sozialer, politischer, religiöser Prophet, ein Dichter von reiner Kraft, zog das Volk an seinem Sarg vorbei und bedeckte ihn mit Blumen. Er gehörte zu den Fischen, die nur in Wildwassern leben können, nicht im stillen Teich. Er dachte, lebte und schrieb der Zeit voran.

Björnson kam wie Sonne und Sturm, ein Fechter und Versöhner. Aus der Ferne warf Ibsen, der sein Vaterland verlassen hatte, seine unbequemen Stücke nach Norwegen.

Die Spannungen nahmen in dem Maße zu, in dem Norwegen und Schweden sich verschieden entwickelten. Die erste in Norwegen durchgeführte Reform war die Abschaffung der Rechte und Titel des Adels gegen den Willen des schwedischen Königs gewesen. Die europäischen Revolutionen von 1830 und 1848 brachten lebendige Impulse nach Norwegen.

1842 wurde das Strafgesetz verbessert, 1845 volle religiöse Freiheit eingeführt, 1851 das Land den Juden geöffnet. Norwegen, dessen Flotte rasch wuchs, war ein Land mit freiem Handel, Schweden schloß sich durch Schutzzölle ab. Die Spannungen trieben auf einen Konflikt zu.

Die norwegische Außenpolitik wurde vom schwedischen König bestimmt und, von ihm abhängig, vom schwedischen Außenminister durchgeführt. 1884 entschied das schwedische Parlament, daß der Außenminister nicht mehr dem König, sondern dem Parlament gegenüber verantwortlich sei. Damit wurde die Frage der Personalunion Norwegens mit Schweden entscheidend berührt. Norwegen protestierte. Die Spannung nahm zu, und die Union kam über dem Konflikt des Konsulardienstes zu einem jähen Ende.

Die norwegische Handelsflotte war jetzt die drittgrößte der Welt. Ihre Schiffe legten in allen Häfen an. In den Häfen saßen schwedische Konsuln, keine norwegischen. 1892 entschied das norwegische Parlament, daß Norwegen einen eigenen Konsulardienst besitzen müsse. Der schwedische König lehnte ab, die norwegische Regierung trat zurück, und von nun an brachte die norwegische Nationalversammlung die Konsularvorlage jedes Jahr ein. Als Nansen Jackson getroffen hatte, war seine erste Frage gewesen, ob es zwischen Schweden und Norwegen zum Krieg gekommen sei; denn darauf schien alles hinzutreiben. In Schweden war man der Ansicht, daß Norwegen mit Waffengewalt zur Vernunft gebracht werden müßte; Norwegen hatte nie an Krieg gedacht, sondern an Recht und Vernunft. Die Verhandlungen eines Unionsausschusses zogen sich fruchtlos hin und scheiterten immer wieder an der Frage des Konsulardienstes. 1902 schien eine friedliche Lösung nahe zu sein, und 1904 erkannte der schwedische König das vom Unionsausschuß getroffene Konsularabkommen an. Im Februar 1905 wurden die Verhandlungen abgebrochen, als Boström, der schwedische Ministerpräsident, die Kontrolle des norwegischen Konsulardienstes verlangte, und für Norwegen war aus einer untergeordneten Angelegenheit die Frage von Selbstaufgabe oder Selbständigkeit geworden. Im März wurde die Konsularvorlage wieder eingebracht und vom König wieder abgelehnt, am 7. Juni erklärte die norwegische Regierung die Union für aufgelöst. Im August bestätigte eine von Schweden gewünschte Volksabstimmung mit 368 208 Ja- und 184 Nein-

Stimmen die Entscheidung der Regierung.

Norwegen war frei.

Was konnte folgen? Krieg mit Schweden? Intervention anderer Mächte, vor allem Englands? Die Verhandlungen zwischen beiden Ländern in Karlstad waren schwierig. Schweden verlangte die Zerstörung der Grenzbefestigungen, Norwegen forderte eine neutrale Zone. Das norwegische Angebot, einen Prinzen aus dem Hause Bernadotte zum König von Norwegen zu wählen, wurde von Schweden abgelehnt. Norwegen war nach der Verfassung eine konstitutionelle Monarchie. Wer sollte König werden?

Nansen war kein Politiker, er hatte sich von Parteien ferngehalten. Er war ein norwegischer Patriot, und sein Land war in Gefahr. Ihm war es undenkbar, daß zwei Länder über einer Frage, die mit Vernunft und Sinn für die Wirklichkeit für beide gelöst werden konnte, miteinander Krieg führen sollten; das war absurd. Er schrieb Aufsätze für Tageszeitungen, um die Situation zu klären, die Luft zu reinigen und die norwegische Regierung zu stützen. Er sprach vor dem norwegischen Studentenbund. Michelsen bat ihn, in die Regierung einzutreten. Nansen antwortete, daß er Norwegen auf bessere Weise dienen könnte.

Er diente Norwegen. Seine Rede am 17. Mai wehte über Norwegen. Er nutzte seine englischen Beziehungen, um in England Verständnis für die norwegische Situation zu wecken, und schrieb in der »Times«. In England war er kein Fremder, er, der Englisch auf eine meisterliche Weise sprach und schrieb. Er schrieb mit fliegender Hand ein Buch – »Norwegen und die Union mit Schweden«, das norwegisch, englisch, französisch erschien. Es war nicht frei von Übertreibungen, einseitiger Schärfe, aber niemand konnte an der Lauterkeit seiner Haltung zweifeln. Norwegen, schrieb Nansen, wünsche die friedliche Auflösung der Union und Verständigung mit Schweden, aber zugleich müsse es auf seiner Unabhängigkeit bestehen und seine Würde ohne Feilschen wahren. Ein Krieg, den niemand in Norwegen einsähe, sei ein politisches Verbrechen und würde die Möglichkeiten des Verstehens und der Freundschaft zwischen beiden Ländern für immer zerstören. Norwegen sei bereit, Schweden durch Zugeständnisse und Entgegenkommen zu helfen, soweit es seine Interessen erlaubten, damit das schwedische Volk sich nicht gedemütigt fühle. Norwegen aber dürfe das Selbstvertrauen nicht zu Kopf steigen.

Michelsen, der Ministerpräsident, wünschte, daß Nansen nach London gehe, um für Norwegen zu sprechen, aufzuklären, die englischen politischen Kreise von Norwegens Recht zu überzeugen. Nansen war in den Bergen, als ihm die Nachricht gebracht wurde, er möchte sofort nach Oslo kommen. Es waren die Tage der Verhandlungen in Karlstad, der Ausbruch des Krieges schien nur noch eine Frage von Tagen zu sein. Er fuhr nach Kopenhagen, um mit den Botschaftern von Deutschland und England zu verhandeln. Das Ergebnis der Aussprache war die Intervention von England, Frankreich, Rußland und Deutschland in Schweden, die Auseinandersetzung mit Norwegen friedlich zu lösen. In London setzte er sich mit den großen Zeitungen in Verbindung und verhandelte mit dem Außenminister. Ende September verständigten sich Norwegen und Schweden, das Abkommen von Karlstad wurde unterzeichnet, und Ende Oktober verzichtete der König von Schweden auf den norwegischen Thron. Norwegen war frei.

Die Regierung entschied, daß die Auflösung der Union keine umstürzende Veränderung bedeutete und daß angesichts der historischen Entwicklung und der gegenwärtigen Lage die Fortführung der Monarchie die Spannungen im Ausland verringern und die Lage im Innern festigen werde. Da Schweden das norwegische Angebot, einen Prinzen aus dem Hause Bernadotte zum König zu wählen, abgelehnt hatte, wurde, durch eine neue Volksabstimmung mit 259563 Stimmen für die Monarchie und 69264 für die Republik, Prinz Karl von Dänemark als König von Norwegen vorgeschlagen.

Nansen fuhr als »privater Vertreter« Norwegens nach Kopenhagen und überzeugte den Prinzen. Am 18. November besaß Norwegen in Haakon VII. einen neuen König.

Der Sturm von sechs Monaten war vorüber. Norwegen trat in eine neue Epoche seiner Geschichte ein. Nansen war damit unlöslich verbunden. In den letzten Wochen vor der Wahl des Königs war er durch Norwegen gereist, um in öffentlichen Versammlungen für die Monarchie zu sprechen. Er hatte für die Vernunft gesprochen, für das, was Norwegen jetzt am dienlichsten war, und die Monarchie schien ihm die bessere Form für Norwegen zu sein, um so mehr, als sie Englands Sympathie und die Erneuerung des Garantievertrages mit England und Frankreich gegen fremde Einmischung bedeutete.

Was Schweden und Norwegen anging, so würde die Zeit die Spannungen auflösen; Verständnis und Freundschaft würden wieder wachsen. Er wußte, was Zeit war. Man mußte geduldig und maßvoll sein.

Er hatte das Seine getan. Er hatte für sein Land gesprochen und geschrieben, weil er sein Land und sein Volk liebte. Es war ein kleines Volk, aber es hatte das Recht auf sein Dasein. Es mochte in der Geschichte der Welt kaum sichtbar sein, aber es hatte sein eigenes, gewordenes Wesen. Er gehörte keiner Partei an. Der Parteilose hatte für die allgemeine Partei vorurteilsloser Gerechtigkeit getan, was er tun konnte. Er konnte wieder zurückgehen zu den Geheimnissen des Meeres, der Strömungen und Winde, zu den langen Arbeitsnächten im Turm seines Hauses; er konnte wieder eintauchen in die Stille der Wälder, in der sein Selbst gelöst atmete; er sehnte sich danach.

Nie in diesen Jahren hatte Nansen aufgehört, an die Pole zu denken. Der Südpol! Ihn zu erreichen und die beiden Pole in eine Hand zu pressen, in seine Hand! Er hatte gelesen, geplant, im Stillen vorbereitet. Jetzt, da Norwegen wie ein gutes, sicheres Schiff in die Zukunft gleiten würde, konnte er frei planen. Er wollte bald aufbrechen, spätestens 1907 oder 1908.

Ende 1905 war er als erster Gesandter Norwegens auf dem Wege nach London. Die norwegische Regierung hatte Nansen gebeten, diesen wichtigsten diplomatischen Posten für einige Zeit zu übernehmen. Er weigerte sich nicht, er tat es für sein Land. Gut, für ein Jahr.

Er kannte London gut und liebte das mächtig schlagende Herz des Empire. Wie seltsam die Wege des Lebens waren. Manchmal fragte er sich, ob nicht der Zufall mit ihm spielte und ihn zersplitterte. In London hatte er über seinen Plan, zum Nordpol zu gehen, gesprochen. Jetzt kam er als Gesandter wieder, ohne ein Mann der Routine zu sein. Er war kein Diplomat, für parteipolitische Erwägungen hatte er keinen Sinn, Kompromisse und Handel waren ihm zuwider. Er sprach, wie er dachte, das schuf nicht nur Freunde. Auf seinem Arbeitstisch in London lagen neben den Akten die Blätter eines neuen Buches – »Nebelheim« –, in dem er die Geschichte der Polarforschung schreiben wollte.

Der Jäger und Schneeschuhläufer, der Abenteurer der »Fram« und der Wilde der Winterhütte bewegte sich natürlich und sicher im Licht der Gesellschaft. Nur wer Furcht hatte, glitt aus. Er besaß die Freundschaft Edwards VII. und bereitete den Integritätsvertrag zwischen England und Norwegen vor, der die Unverletzbarkeit norwegischen Gebietes sicherstellte. Er war ein hervorragender Gesandter.

Er war ein Gesandter, der an den Südpol dachte. Er wartete auf den Tag der Ablösung, aber er wollte auf seinem Posten bleiben, bis der englische König Norwegen besucht hatte. Dann wollte er aufbrechen. Er sehnte sich danach, die Fesseln zu zerreißen. Der Nebel von London war anders als der Nebel auf dem Fjell und in den Wäldern von Nordmarken. Manchmal erinnerte ihn der Schrei der Möwen über der Themse an den einsamen Ruf des Sturmvogels.

XIX

VERZICHT

Draußen bewegte sich die Zeit, aber wenn man, von London kommend, in Polhögda, dem Haus auf dem Hügel bei Lysaker, eintrat, wurde man von Wärme und Ruhe empfangen. Kinderstimmen hießen den Vater willkommen, und sie kam, um ihn zu umarmen. Das war noch immer wie einst. Es tat gut, nach Hause zu kommen, und er wartete in London auf den Herbst, um auf und davon gehen zu können.

Draußen bewegte sich die Zeit. Sie war in das neue Jahrhundert gesprungen, längst hatte sie die Frische des ersten Jahres verloren. Der Lärm des Boxeraufstandes in China war verklungen. Niemand dachte mehr an den Glanz der Pariser Weltausstellung. Zeppelin hatte seinen Traum vom lenkbaren Luftschiff wahrgemacht. Die Königin Viktoria von England war gestorben. Könige und Zaren waren ermordet worden. In Rußland brach die Revolution aus. Der Burenkrieg, der russisch-japanische Krieg ging zu Ende, es gab Sieger, die ernteten, und Besiegte, die nicht vergaßen.

Aber wenn Nansen an das Fenster des Turmzimmers in Polhögda trat und den Herbsttag sah, war es, als gäbe es die peinvollen, mühsamen Bewegungen der Welt nicht, und wenn er sich dem Zimmer wieder zuwandte, sah er den Tisch mit Blättern und Karten. An den Wänden standen die Bücher; ein guter Teil davon trug seinen Namen. Da war »Auf Schneeschuhen durch Grönland«, das Werk seiner Jugend. Da stand »In Nacht und Eis«, in viele Sprachen übersetzt; wissenschaftliche Abhandlungen – »Die Ursachen der Meeresströmungen«, »Nordische Meere«, »Vom Totwasser«. Eines Tages wollte er über das schreiben, was noch Traum und Plan war: das Abenteuer des Südpols. Aber: würde er gehen?

An diesem Septembertag wartete Nansen auf einen Besucher. Amundsen wollte kommen und sich die Antwort auf eine Frage holen, die er im Januar Nansen gestellt hatte. Damals hatte Nansen nicht antworten können; er hatte Amundsen gebeten, im Herbst wiederzukommen. Jetzt war Herbst, er würde antworten müssen, mit Nein oder Ja; aber er wußte es nicht. Es war das erstemal, so schien es ihm, daß ihm eine Entscheidung so schwerfiel, und es hatte manche Entscheidungen in seinem Leben gegeben.

Er kannte Amundsen. Amundsen war nicht irgendwer, nicht irgendeiner von Hunderten junger Menschen, die ihm verschwommen begeisterte Briefe geschrieben und sich vornahmen, seinem Beispiel zu folgen, und dann hörte er nie mehr von ihnen. Amundsen war von anderem Schlage. Er hatte sich aus der Tiefe emporgezwungen, brennend vor Ehrgeiz, groß zu werden, ein Arktisforscher. Man sah seinem scharfen, verschlossenen Gesicht den Ehrgeiz an, aber auch etwas Glückloses; ein glückloser Sieger, den die Schulden hetzten. Matrose, erster Steuermann auf dem Schiff einer belgischen Antarktisexpedition, die im Eis fast gescheitert war. Dann sein Plan, die Nordwestpassage zu finden, den Traumweg nach dem Cathay grauer Zeiten. Er hatte ein Schiff gekauft, die »Göa«, ein Boot von 47 Tonnen, neben dem die »Fram« wie ein Palast erschien. Kein Geld, keine Unterstützung; mühsam hatte er ein paar Leute gefunden, die ihm Geld liehen. Als sie es plötzlich zurückhaben wollten und ihm nur vierundzwanzig Stunden Zeit ließen, hatte er mit sechs Mann auf der »Göa« bei Nacht und Regen heimlich den Hafen verlassen und war über Godthaab auf Grönland in das Nichts eingedrungen. Das Schiff war so schwer beladen, daß das Deck dicht über der Wasserlinie lag. Er stellte den magnetischen Nordpol fest und tastete sich unter beständigen Lotungen durch die Peelstraße in unbekanntes Meer. Er wußte über die Nordwestpassage nicht mehr als Kolumbus oder Magalhaes. Er überwinterte und brach im Sommer 1905 wieder auf. Kanäle führten ihn in die Irre. Verborgene Felsen gefährdeten das Schiff. Er konnte nicht mehr essen, nicht schlafen, bis nach zwei Wochen erschöpfender Fahrt im Westen ein Segel auftauchte. Sie waren in der Beaufort-See, und die Passage war geglückt. Der lange Weg über Point Barrow und Alaska nach San Franzisko war nicht frei von Zwischenfällen und Demütigungen. Dann konnte er seine Schulden zurückzahlen und stand im Licht; es war ein glückloses Licht.

Die Nordwestpassage war Vorbereitung gewesen; er wollte zum Nordpol. Im Januar 1907 ging Amundsen zu Nansen. Er wollte tun, was Nansen nicht ganz geglückt war, mit einem Schiff durch die Beringstraße nach Norden fahren, das Schiff einfrieren lassen, um über den Pol zu treiben. Mit einem bestimmten Schiff . . . Er bat Nansen um die »Fram«, die in den letzten Jahren unter Sverdrups Leitung mehrere wissenschaftliche Forschungsfahrten in die Arktis unternommen hatte.

Aber Nansen selber wollte zum Südpol gehen, und dann brauchte er das Schiff. Amundsen fragte, ob er an dieser Fahrt teilnehmen könnte, um dann später mit der »Fram« den Nordpol zu erreichen. Nansen konnte nicht antworten. Er hatte gesagt, Amundsen sollte im Herbst wiederkommen. Jetzt war Herbst, und heute mußte er antworten. Nein? Ja? Er wußte es nicht. Nein. Er wollte aufbrechen, wollte das große Abenteuer des Eises noch einmal an sich pressen. Amundsen war sechsunddreißig, er war zehn Jahre älter. Amundsen hungerte nach dem Ruhm; er besaß ihn. Hatte man mit sechsundvierzig Jahren die Höhe überschritten? Mußte man anfangen zu verzichten – um einem anderen die große Chance zu geben? Vielleicht war die Erforschung der Polargebiete im Norden wichtiger als ein Vorstoß zum Südpol, und wenn er selber nicht ging, war Amundsen der einzige, dem er die »Fram« anvertrauen konnte. Er konnte sich sagen, daß er die Fahrt zum Südpol nur aufschob, aber er wußte, daß er dann seinen Plan in Wirklichkeit aufgab, für immer.

Eins der Kinder kam herauf, um ihm zu sagen, daß Besuch gekommen sei. Amundsen war gekommen, und Nansen wußte nicht, was er sagen sollte, er wußte es nicht. Er sah seinen Plan an, den er gepflegt und gehütet, an dem er sich gewärmt hatte. Der Plan allein war Leben für ihn gewesen. Er konnte Amundsen in der Halle unten stehen sehen, hinter dem harten Gesicht zitternde Spannung.

Langsam ging er hinab, ging durch das Zimmer, in dem seine Frau saß. Sie sah ihm entgegen, er bemerkte die Unruhe in ihrem Gesicht. »Ich weiß, was kommen wird«, sagte sie, »du wirst mich wieder verlassen.« Er sah sie an und antwortete nicht. Er ging hinunter.

Als Amundsen ihn kommen sah, stand er auf. Nansen gab ihm die Hand, und sie standen voreinander. Dann sagte Nansen, er könne die »Fram« haben. Amundsens Gesicht öffnete sich langsam in staunender Freude. Überdies, fügte Nansen hinzu, um sich selber den Verzicht leichter zu machen, habe er hier mehr als genug zu tun.

Eine andere gelöste Freude sah Nansen dann, als Amundsen

gegangen war, in einem anderen Gesicht, und jetzt verstand er, was die Jahre des Wartens für sie gewesen sein mußten. Es war zuviel gewesen, er hatte zuviel erwartet. Aber jetzt hatte er verzichtet, und möglicherweise war auch der Verzicht eine Art von Sieg, ein ungefeierter, den niemand sah.

Bald danach ging er wieder nach London. Im Dezember wurde Eva Nansen plötzlich krank. Er kam zu spät und trat nur noch in die Stille ein, die von einem Toten ausgeht wie von einem Quell. Er begrub sie im Garten unter einem der vielen Rosenbüsche; er allein kannte den Ort.

XX
WERKE UND TAGE

Hatte er nicht immer unter dem Zweifel gelitten, nicht genau zu wissen, wohin er gehen und wie er seine Kräfte entfalten sollte? Der Abenteurer zweifelte am Wissenschaftler. Er war ein Abenteurer, nie würde in ihm die Stimme verstummen, die ihn fortrief vom gleichmäßigen Tagewerk, diese verzehrende Aufforderung des Unbekannten. Der Wissenschaftler, der er mit Leidenschaft war, wehrte sich gegen das Abenteuer. Er liebte die Wissenschaft und in ihr das Suchen mehr als das Ergebnis. Wissenschaft, wie er sie verstand und betrieb, war kein Abstraktum; sie war Leben und Teil der nie endenden Suche.

Der Gesandte von London wurde, als er 1908 nach Oslo zurückkehrte, wieder zum Professor für Ozeanographie, dem zehn oder zwanzig Studenten zuhörten. Hier sei mehr als genug zu tun, hatte er Amundsen vor einem Jahr gesagt, um ihn nicht zu deutlich wissen zu lassen, daß er auf die »Fram« verzichtete. Er half Amundsen bei den Vorbereitungen zur Polfahrt. Er war Vorsitzender eines Ausschusses, der Amundsen unterstützte. Er hielt sich an der Westküste von Norwegen auf, um ozeanographische Untersuchungen anzustellen, und in Zusammenarbeit mit Helland-Hansen entstand das Werk »Das norwegische Meer«, ein imponierendes Werk geduldiger Forschungsarbeit über die Strömungen des Atlantik, die Beziehungen zwischen Meeresströmungen und Fischfang, die Einwirkungen von Sonne und Wind auf das Meer. Er nahm an einer kurzen Fahrt des von der norwegischen Marine zur Verfügung gestellten »Fridtjof« teil, um die Gewässer vor Island zu untersuchen.

Ja, er kehrte auch in die eisigen Länder des Nordens zurück, doch auf andere Weise, als er geplant hatte. Seit den Londoner Jahren arbeitete Nansen an einem Werk über die Geschichte der Polarforschung von den frühesten Zeiten an. John Scott Keltie von der Royal Geographical Society hatte Nansen gebeten, für eine Reihe geographischer Bücher einen Beitrag über die Geschichte arktischer Forschung zu schreiben. Aus dem kurzen Überblick wurde ein grundlegendes Werk – »Nebelheim«. Er ging darin nicht nur zu den Quellen zurück, wie sie vorlagen, sondern versuchte, den Kern der Quellen, die ein Autor vom anderen mit Fehlern und Irrtümern übernommen hatte, freizulegen. Er verfolgte die Mythen und Märchen von Nebelheim, den Ländern im Norden, bis in den Dämmer ihrer Entstehung und gewann einen eigentümlichen Einblick in die Arbeitsweise des menschlichen Geistes bei seinem Verlangen, sich die Welt anzueignen und zu unterwerfen. Die Geschichte von »Nebelheim« begann vor Pytheas von Massilia mit den Berichten und Sagen der Antike und führte durch das Mittelalter zur grandiosen Epoche der Wikinger, die nach Island, Grönland und zur Küste Amerikas vorgedrungen waren. Mit ihnen verließen Seefahrer zum erstenmal die Küsten eines Landes, um das offene Meer aufzusuchen. Er setzte sich mit der Landung der Wikinger in Winland und der ersten Entdeckung Amerikas auseinander und versuchte, durch einander widersprechende Berichte zu den Tatsachen vorzudringen. Er beschrieb die Reisen Cabots und der Portugiesen im nordwestlichen Atlantik.

Mit Märchen und Legenden hatte die Geschichte begonnen. Dann tasteten sich die Menschen langsam hinaus, und die Kühnsten, die Besten warfen sich in das Unbekannte. Nicht nur Wille und Intelligenz führten sie hinaus, nicht nur das Verlangen, in den Sagenländern des Nordens Reichtümer zu finden, durch Nebel und Eis den Weg nach dem legendären Cathay zu entdecken, wo die Dächer der Häuser mit Gold gedeckt sein sollten. Es war nicht nur ihr Verlangen, das Wissen ihrer Zeiten von der Erde zu erweitern. Da war immer jene geheimnisvolle Lockung der Ferne gewesen, der Ruf des Unbekannten, in unbekannten und verschollenen Kapitänen wie in den Siegern. So waren die Schiffe nach Süden und Westen gefahren, so hatten sie sich mühsam durch Sturm, Nebel, Eis nach Norden bewegt. Die Schiffe waren untergegangen oder vom Eis zerpreßt worden. Sie hatten sich mit Schlitten weitergeschleppt, sie waren gestorben, verlorene Kundschafter – »ein Zug von Gestalten, kämpfend, mit Reif und Schnee bedeckt –, die einen aufrecht und voller Kraft, die anderen gebeugt, ausgezehrt, vom Skorbut mitgenommen, hungernd und frierend, und alle in das Unbekannte gehend, das jenseits der untergehenden Sonne lag«. Da war nichts als Eis und Kälte.

Leiden wartete auf sie, das sie mit erstarrten Händen ihren Tagebüchern anvertrauten, Hunger, Entbehrung. Sie starben, und andere folgten ihnen, im Herzen die geheimnisvolle Stimme, die sie für ein Leben gleichmäßiger Tage verdarb, sie in den Augen aller anderen zu Abenteurern, zu Narren oder Helden machte. Er selber hatte diese Stimme gehört, und er war ihr gefolgt. Er schrieb die Geschichte der Polarforschung mit mehr Recht als jeder andere, denn er kannte die Wahrheit und die Wirklichkeit.

Nansen ließ das zweibändige Werk von zeitgenössischen Künstlern nach seinen eigenen Zeichnungen, die mehr als das Talent eines Dilettanten bewiesen, illustrieren. Werenskiold, der Freund und Maler, hatte ihm oft genug zugeraten, Maler zu werden. Nansen wußte, daß er die Hand und das Auge des Malers besaß, nicht aber den schöpferischen Impuls.

Schreibend war er der Welt, die ihn noch immer tief, nahe. Aber er besaß die »Fram« nicht mehr. An einem Tag im frühen Sommer sah er sein Schiff hinausfahren. Nie konnte er den Tag vergessen, es war der 7. Juni 1910.

Das Schiff glitt langsam durch den Oslofjord dem offenen Meere zu. Nansen stand auf dem Dache seines Turmes und sah die »Fram«. Er kannte jede ihrer Bewegungen, jede Planke, jeden Raum in ihr. Lange, bevor der alte Colin Archer das Schiff gebaut hatte, hatte er es erschaffen. »Fram« – er konnte ihre Stimme hören, als sie dem Schiff seinen Namen gegeben hatte. Langsam war es von der Werft ins Wasser geglitten, immer tiefer mit dem Bug, als wollte es sich nicht mehr erheben. Und so, wie er an diesem Tage hier stand, um die »Fram« hinausfahren zu sehen, so hatte sie, die nicht mehr bei ihm war, das Schiff mit ihm vorübergleiten sehen. Seine Augen, an das Fernglas gepreßt, umfaßten es, sein Schiff, sie wanderten über Deck, verweilten bei den fremden Gesichtern, sahen den Kapitän: Amundsen. Amundsen fuhr hinaus, er blieb zurück, er hatte verzichtet und dem Jüngeren die Tür geöffnet. Aber er hätte an diesem Tag auf der Kommandobrükke stehen sollen. Sverdrup neben ihm. Oh, es war ein gutes Schiff. Wie die grüne Bugwelle im Licht leuchtete, wie ruhig der dunkelbraune Leib im Wasser lag. Nicht für ihn, doch für die »Fram« würde alles wiederkommen: die langen Wogen des Atlantik, die scharfen Stürme, der Widerschein des Eises am Himmel wie ein fahles Feuer, die ersten Eisschollen wie

Vorboten des Nordens und das Eis dann unter dem Flammenspiel der Nordlichter – doch nicht für ihn. Und jetzt war es ihm, als hätte er drei Jahre lang auf diesen Augenblick gewartet und zugleich sein Kommen gefürchtet: sein Schiff in den Händen eines anderen zu sehen – auf den bittersten Augenblick seines Lebens. Aber er konnte Amundsen nur alles Glück wünschen, und er würde Glück haben, denn die »Fram« war gut, zuverlässig, ein Freund. Alle, die mit ihm im Eis gewesen waren, wußten es, und jedes Jahr hatten sie den Geburtstag des Schiffes mit Festmahl und Reden gefeiert.

Amundsen würde zwar nicht mehr der erste am Pol sein, der Amerikaner Peary hatte im April 1909 den Nordpol erreicht, aber er konnte Ergebnisse genug zurückbringen, die Kenntnis der Polarregionen erweitern, die Meeresströmungen studieren. Amundsen, der an Wissenschaft nicht sonderlich interessiert war, hatte sich während der Vorbereitungen zur neuen »Framfahrt« mit der Ozeanographie vertraut gemacht, und Nansen hatte ihm dabei geraten und geholfen. Da fuhr das Schiff. Er wußte, daß es Triumph zurückbringen würde.

Nach der erschöpfenden Arbeit an dem Werke »Nebelheim« bedeutete es Ruhe und Erfrischung, wieder auf einem Schiff zu sein. Im Juni 1912 verließ die »Veslemöy«, eine Zweimastjacht von 32 Tonnen, den Hafen von Bergen, um in den Gewässern von Spitzbergen Untersuchungen über den Salzgehalt des Meeres und seine Bewegungen anzustellen. An Bord waren außer Nansen, einem wissenschaftlichen Assistenten und vier Mann Besatzung seine neunzehnjährige Tochter Liv und sein vierzehnjähriger Sohn Kare. Im Juli waren sie vor Spitzbergen und drangen bis 80 Grad 39 Minuten nördlicher Breite vor. Das Schiff wurde an einer Eisscholle verankert. Wie einst leuchtete das Eis in der Sonne, das riesige Feld, über das Johansen und er gegangen waren – vor fast zwanzig Jahren –, und was sie getan hatten, war Geschichte geworden.

Dann kamen Nebel und Sturm, und das Schiff erreichte mühsam Virgo-Hafen, in dem zwei Touristenschiffe lagen. Die Zeit hatte sich geändert, Spitzbergen war ein Ausflugsziel für wohlhabende Leute geworden. Die alten Zeiten waren hinabgesunken. Reisende kamen, um die Trümmer des Luftschiffes zu sehen, mit dem der Amerikaner Wellmann 1907 und 1909 den Pol hatte überfliegen wollen, und sie sammelten Andenken, als ob es nicht genug altes Eisen in Europa gäbe. Von der

Bäreninsel vor Spitzbergen war Andrée in seinem Ballon »Adler« aufgestiegen und war verschollen. Nansen wußte, daß seine Fahrten der Abgesang der Polarforschung mit den alten Mitteln gewesen waren. Das neue Jahrhundert würde ein neues Mittel bringen. Die Brüder Wright waren mit der ersten von einem Benzinmotor angetriebenen Flugmaschine geflogen. Blériot übersprang den Ärmelkanal. Luftschiff und Flugzeug würden in nicht sehr ferner Zukunft über jenen Ländern schweben, durch die er mit Johansen mühsam seine Spur gezogen hatte. Der menschliche Mut fand neue Wege. Der Kern des Geheimnisses blieb. Der Ruf des Unbekannten verstummte nicht.

Als Nansen nach Norwegen zurückkam, hatte Amundsen den Südpol erreicht. Er hatte über seine Pläne geschwiegen und hatte auf offener See seinen Kurs geändert, um in die Antarktis zu gehen. Am 15. Dezember 1911 war er am Südpol, einen Monat früher als Scott und seine Gefährten. Die norwegische Flagge wehte in der unberührten Stille. Im Zelt hinterließ Amundsen eine Notiz für Scott und einen Brief an den König von Norwegen. Scott nahm beides an sich und kehrte um, der Zweite, der Besiegte. Im Schweigen der Antarktis vollzog sich die heroische Tragödie. Man fand sie später. Scott und seine Gefährten lagen in ihren geschlossenen Schlafsäcken. Scott hatte seine Jacke am Hals geöffnet, vielleicht um schneller zu sterben, da er zu sterben hatte. Bei ihm lagen Briefe an seine Freunde und eine Erklärung seines Unglücks für die Öffentlichkeit. Das Wort »meine Frau« hatte er durchgestrichen und darüber geschrieben »meine Witwe«.

Nansen hatte Scott gekannt. Scott war zu ihm gekommen und hatte ihn um Rat gebeten, und Nansen hatte ihn davor gewarnt, Motorschlitten und Shetlandponies zu verwenden, sondern sich auf die zuverlässigeren Hunde zu verlassen, wie Amundsen es getan hatte. Sieg und Tragödie schlossen die Polarforschung alten Stiles ab.

Polhögda mit den nie beschnittenen Büschen und Bäumen lag in tiefer Stille, als Nansen zurückkam. Sein jüngster Sohn Aasmund, an dem er sehr hing, war schwer krank, und im März 1913 starb er. Ein paar Jahre vorher hatte Nansen einem französischen Freunde, dessen Tochter gestorben war, geschrieben. Jetzt brauchte er selber den Trost, den er gegeben hatte. ». . . ich weiß nur zu gut, was Trauer ist, ich weiß, was es bedeutet, wenn alles um uns stumm wird und das Leben zum Leiden wird ... Die Trauer kann uns keiner abnehmen, man wird Tag und Nacht mit ihr kämpfen müssen ... Aber die Zeit lindert ... Jedes Lächeln, jedes helle Wort wird in der Erinnerung kostbar ... Sich fromm zu ergeben, ist eine Kunst, die man schwer erlernt.«

Blühen, Wachsen und Erlöschen waren die Gesetze des Lebens. Niemand konnte sich ihnen entziehen. Man nahm sie an, gelassen, mit zuckendem Herzen.

XXI

RASTTAG IN SIBIRIEN

Drei Uhr fünfundzwanzig, am 2. August 1913, sollte der Zug den Ostbahnhof von Oslo verlassen. Es war schon drei Uhr zwanzig, und die anderen waren noch nicht da. Nansen fing an, ungeduldig zu werden. Dann kam zuerst Loris-Melikow, Sekretär der russischen Gesandtschaft in Oslo, der Nansen auf der Fahrt begleiten sollte. Danach erschien Jonas Lied, der Direktor der Sibirischen Kompanie, um zu sagen, daß Vostrotins Gepäck aus Versehen im Hotel geblieben sei, und während er verschwand, um nach Vostrotin zu sehen, kam dieser, Mitglied der Duma für den sibirischen Bezirk Jenisseisk und der vierte Teilnehmer der Fahrt. Zuletzt löste sich alles auf, sie fuhren ab, und in Tromsö angekommen, gingen sie an Bord des Dampfers »Correct«, der sie durch das Weiße Meer und das Kara-Meer zur Mündung des Jenissei bringen sollte.

Nansen war Gast der Sibirischen Kompanie, die mit der Fahrt der »Correct« einen regelmäßigen Handelsweg durch das Weiße Meer und das Kara-Meer den Jenissei empor in das Innere von Sibirien erkunden wollte und Nansens Rat vor allem für die Fahrt durch das Kara-Meer bis zum Jenissei erbeten hatte. Gleichzeitig hatte ihn Wourtzel, der Chefingenieur der russischen Eisenbahnen, zu einer Fahrt auf der Transsibirischen Bahn von Krasnojarsk nach Wladiwostok eingeladen; ein Motorboot sollte den Jenissei hinabkommen, um ihn nach Krasnojarsk zu bringen, wo Wourtzel Ende September auf Nansen warten wollte. Die russische Regierung hatte Nansen durch ihren Verkehrsminister wissen lassen, daß er während der Reise durch Sibirien ihr Gast sei.

Nansen nahm die Einladungen gern an. Die drei Monate der Fahrt mit Schiff, Boot und Bahn sollten für ihn Ferien sein, und er würde den Osten sehen, eine unbekannte Welt. Als die »Fram« sich vor zwanzig Jahren an der Küste von Sibirien entlang bewegte, hatte er den Saum dieser endlosen Erde gesehen. Die »Fram« ... zu ihr schien soviel zurückzuführen, und wenn er es nicht erwartete, kam etwas auf ihn zu, was ihn weiterführte und zugleich an das Vergangene anknüpfte.

Das Schiff verließ Tromsö am 6. August. Der Eismeerlotse war Hans-Christian Jacobsen, der mit Nordenskiöld in der Arktis gewesen war. Vor zwanzig Jahren – und Nansen würde unterwegs noch oft daran erinnert werden – war die »Fram« den gleichen Weg gefahren. Das Nordkap sprang mit der gleichen Schwärze in das Meer vor, Nebel und Eis des Weißen Meeres konnten sich nicht verändern. Jetzt war er Gast, frei von Verantwortung, das Leben an Bord war angenehm wie die Gesellschaft, in der er war. Die Fahrt war kein Abenteuer. Bei Nebel, Sonne, zuweilen durch Eis aufgehalten, erreichte die »Correct« die Yamal-Halbinsel. Grenzenlose, von Menschen kaum belebte Erde, über die die Winde von Asien wehten. Das erste Boot mit Samojeden kam zum Schiff. Am 9. August 1893 hatte die »Fram« an der gleichen Stelle gelegen, und zwei Samojeden waren vom Lande gekommen. Sie hatten damals in der Stille eines braunen Erdmeeres gejagt.

Ende August fuhr die »Correct« in die Mündung des Jenissei ein, der aus den Bergen der Mongolei kam wie eine ungeheure Straße und langsam in das Meer floß. Das Ostufer fiel steil zum Strom ab, das westliche verfloß in der Tundra. Zelte und Hütten von Samojeden, Yuraks, Ostiaks, Besuche bei Verbannten, ein Schamane, der einen Krieg voraussagte; und immer der endlose Strom ohne Geschichte.

In Nosonowski verließ Nansen das Schiff und fuhr, begleitet von Loris-Melikow und Vostrotin, in einem Motorboot der Regierung stromaufwärts nach Jenisseisk. Die Tundra trat von den Ufern langsam zurück, zögernd begann der Wald mit einzelnen Bäumen, Gruppen, bis er zur gleichen Unendlichkeit wurde wie der Strom und die Erde. Holzstöße für die Schiffe lagen am Ufer. Einzelne Stämme, vom Uferrand in das Wasser gestürzt, trieben der Mündung zu, um irgendwann von Eskimos an der grönländischen Küste aufgesammelt zu werden. Vielleicht war der Lärchenstamm, den Johansen und er im Eis gefunden und in den sie ihre Namen geschnitten hatten, aus diesen Wäldern gekommen.

Aus einzelnen Hütten von Fischern und Jägern wurden verlorene Siedlungen und kleine Dörfer mit einer Kirche. Sie traten in flüchtige und herzliche Gastfreundschaft ein, Gesichter traten auf und entschwanden, Verbannte aus dem gleichen Ort im Kaukasus, in dem Loris-Melikow, Nansens Begleiter, zu Hause war, die hier untätig die Zeit verfließen ließen, um auf den Tag der Rückkehr zu warten. Fischerboote trieben wie Splitter im Strom. Pferde standen am Ufer. Hier und da waren riesige leere und schwarze Flächen von Bränden im Wald. Es war ein unübersehbares Land, das in der ersten Morgendämmerung des Lebens lag, und durch diese Dämmerung zog der Strom.

»Wir begegneten einem Boot voller Männer, das den Strom herabkam. Ein Mann lag bequem mit ausgestreckten Beinen quer über dem Boot und las den anderen, die hinter ihm saßen, laut aus einer Zeitung vor. Einer von ihnen ruderte, ein anderer steuerte. Als sie uns überholten, hielt der Rudernde inne, und alle sahen zu uns hin, außer dem Lesenden. Er hob nur den Kopf und warf einen Blick in unsere Richtung, dann machte er es sich wieder bequem und fuhr fort zu lesen. Was er an Spannendem vorlas, konnten wir nicht hören. Die anderen sagten, daß sie politische Verbannte seien, wahrscheinlich auf dem Wege zum nächsten Dorf. Woran sie sie als Verbannte erkannten, weiß ich nicht, vielleicht weil einer von ihnen lesen konnte und weil die anderen dem Lesenden so gespannt zuhörten.«

»Gegen neun Uhr abends war es ziemlich dunkel, und wir gingen für die Nacht vor Anker. Nahe am Ufer, am Rande des Waldes, leuchtete der Schein eines Feuers zwischen den Bäumen in der Nacht. Es mußten Telegraphenarbeiter sein, die ein Zelt errichtet hatten, und davor brannte das Feuer. Wie seltsam und anziehend ein solches Licht im Walde ist. Ich saß an Deck und blickte hinüber, während der Wind zunahm und das Wasser gegen die Wände unseres Bootes schlug, und das Boot bewegte sich auf dem mächtigen Strom, der durch das endlose flache Waldland nach Norden fließt. Das eintönige, begrenzte Leben an Bord macht ungeduldig, und ich wünschte, die Gesichter zu sehen, die dort drüben in das Feuer starrten, und zu wissen, wie diese Männer lebten, ich sehnte mich danach, an einem Feuer wie diesem im flüsternden Wald zu sitzen, während die Flammen der großen Scheite tanzende Schatten auf die Stämme warfen, und das Tageslicht erlischt in einem letzten schmalen Streifen im Westen, und die Nacht sinkt herab. Ah, dieser Wald, größer, unendlicher, als ich Wald je gesehen habe, und die endlose Taiga. Nein, Menschen wurden nicht geschaffen, um in Städten zu leben ...«

»Merkwürdig, daß diese grenzenlosen Waldebenen mit

ihren Flüssen und Eingeborenen die Phantasie des Kindes nie berührt haben, wie es die Wälder Amerikas mit ihren Rothäuten vermochten. Namen wie Jenissei, Lena, Angara, Tunguska, Baikal mit ihren Tungusen, Jakuten, Ostiaken klangen der Phantasie des Knaben nie so zauberhaft wie Hudson, Delaware und die Großen Seen mit Mohikanern und Sioux.«

»Aber genau so wie die großen Wälder der Indianer vor langer Zeit verschwunden sind und ihr Platz von Feldern und ziemlich prosaischen Farmen eingenommen worden ist, so werden auch diese Wälder hier verschwinden. In hundert oder vielleicht schon in fünfzig Jahren werden sie nicht mehr sein, und die wandernden Jäger mit ihren Zelten und Pelzen werden verschwinden. Dann wird nur noch ein flaches Land mit Feldern da sein, mit Raum für Millionen von Menschen. Aber die große Stille wird es nicht mehr geben.«

Von Jenisseisk fuhren sie in einer Art von Kutsche, einer Tarantas, nach Krasnojarsk. Die Straßen waren aufgeweicht, die Pferde jagten im Galopp durch den Schlamm, die Reisenden wurden durcheinandergeschüttelt. Als sie nach Krasnojarsk kamen, brannten auf der Ebene vor der Stadt Freudenfeuer. Auf einem Triumphbogen wehten die Fahnen von Rußland und Norwegen im Regenwind, und die Herzlichkeit der Begrüßung war überwältigend, als sei Nansen ein König und sein Kommen öffne die Zukunft des Landes. Vielleicht gab es im Leben keine besseren Augenblicke als die der Ankunft am Ende einer Reise, wo es auch sein mochte, in einem Zelt durch sausenden Schnee, in einer Berghütte mit der Wärme eines Feuers durch Nebel und Regen oder in einem Palast wie im sibirischen Krasnojarsk. Am nächsten Tage sprach Nansen vor der Geographischen Gesellschaft der Stadt. Er berichtete über seine Reise, zeigte die Lichtbilder, die er aufgenommen hatte, und sprach über die Möglichkeiten regelmäßiger Handelsschiffahrt durch das Kara-Meer zur Mündung des Jenissei. Die großen Ströme Sibiriens waren Straßen der Zukunft, auf denen die Handelsgüter eines riesigen, unerschlossenen Landes, das ihm mehr zu sein schien als nur Teil des russischen Reiches, zum arktischen Meer gebracht werden konnten.

Von Krasnojarsk fuhren Nansen und Wourtzel, den er hier getroffen hatte, in einem Salonwagen der Transsibirischen Bahn durch das endlose Land. Der unermüdlich tätige Wourtzel, der unterwegs von Ingenieuren Berichte empfing und kontrollierte, war ein kluger und angenehmer Reisebegleiter, mit dem Nansen über die Gegenwart und Zukunft von Sibirien diskutieren konnte. Auf dieser Reise nach Osten kam es ihm vor, als weitete sich seine Seele und sauge nach und nach einen ganzen Erdteil auf. Er hatte nur das bedrückende Gefühl, so schrieb er in seinem Tagebuch, daß es unmöglich war, alle diese Eindrücke zu ordnen. Ein Eindruck kehrte mit wachsender Intensität wieder: daß es noch genug Raum auf der Erde gab, daß sie sobald nicht übervölkert sein würde, denn hier lagen grenzenlose Ebenen mit unübersehbaren Möglichkeiten, die nur auf Ausnutzung warteten. Das Land hatte alles zusammen, es war reich an Gold, Erzen, Kohle, noch reicher war es an Ackerland. Es wartete auf Siedler, ein Land, das nicht eine Kolonie war, die dem besitzenden und ausbeutenden Land eines Tages wieder entgleiten konnte, es war der östliche Teil von Rußland – ein größeres Vaterland, wie er es nannte, das Raum für ganze Völker hatte. Aber es lag noch in der Dämmerung des letzten Schlafes vor dem Morgen. Die Verwaltung und Kolonisation von dem fernen Petersburg aus war schwierig und zu langsam. Nachrichten nach Sibirien und zurück brauchten Monate, und was bisher getan worden war, waren Versuche, die die ungeheure Erde nur berührten. Wie fern Europa war! Wie unbedeutend sich die Ereignisse ausnahmen, die Marokkokrise, der Balkankrieg! Europa selber erschien wie ein Balkan, wenn man durch die grandiose Eintönigkeit von Sibirien fuhr.

Von Krasnojarsk nach Irkutsk; wieder Empfänge, durch die Handelskammer, die Geographische Gesellschaft, den Generalgouverneur; Nansen wurde begrüßt wie ein Botschafter der Zukunft. Transbaikalien mit Bergen, Flüssen, Wäldern, die Mandschurei dann und deutlicher die Nähe Chinas; ein Land ohne menschliche Spuren außer dem langen stählernen Pfad der Transsibirischen Eisenbahn. Die Gesichter veränderten sich, chinesische Dörfer lagen neben vereinzelten russischen Militärstationen.

Am 31. August kam Nansen in Wladiwostok an. Er war im fernsten Asien. Sein Notizbuch füllte sich mit Erinnerungen, mit Zahlen, Beobachtungen über die Kolonisation und Entwicklung Sibiriens, über die »gelbe Frage«. Neue Mächte klopften an die Tür der Welt: Japan und China. Eines Tages würde China aufwachen und sein Wort sprechen.

Von Wladiwostok reiste Nansen durch das Amurgebiet, in dem die Bahn noch gebaut wurde. In den Wäldern lebten Bären, Elche, der sibirische Tiger. Er hätte den Wagen, in dem er über einsame Straßen fuhr, gern verlassen, um zu jagen. »Am 12. Oktober«, schrieb er in sein Tagebuch, »waren wir so weit gekommen, daß die Bahn nach Westen zu einem großen Teil gebaut worden war oder auf jeden Fall benutzt werden konnte, und von Buréya fuhren wir ein Stück damit. Aber dann kamen wir zu einem Ort, wo die Schienen noch nicht gelegt worden waren, und wir hatten wieder das Auto zu benutzen, um über die Ebenen zu einer Station zu gelangen, von wo aus wir weiterfahren konnten. Hier sagten wir unseren freundlichen Gastgebern von Buréya Lebewohl, aber der Abschied sah wie eine würdevolle Sache aus. Alle Ingenieure waren versammelt, und der Ingenieur der Buréya-Sektion, Alfred Augustowitsch Klar, hielt auf deutsch eine Rede, in der er sagte, daß ich, nachdem ich durch den Amurdistrikt gefahren sei, den Bau der neuen Linie und das große Land gesehen habe, nun an einem Punkt angekommen sei, von dem aus ich ohne Unterbrechung bis nach Petersburg fahren würde, und sie würden sich freuen, wenn sie dieser Station zum Andenken an diesen Tag meinen Namen geben dürften. Es war wirklich eine Überraschung für mich, und ich konnte ihnen nur sehr herzlich für diese unerwartete Ehrung danken. Es war eine hübsche, kleine Station, die inmitten fruchtbaren und teilweise bebauten Landes in der Ebene lag.«

Ende Oktober kam Nansen in Petersburg an. Er hatte einen Monat lang im Zug gelebt. Er hatte gesehen, vom Morgen bis in die Nacht, und war wie benommen von der Größe dieses Landes, das langsam anfing, sich zu regen. Es brauchte Zeit, und es hatte Zeit. Ströme der Urzeit, Wälder wie am ersten Tag, Ebenen mit nie gebrochener Ackererde von unerschöpflicher Fruchtbarkeit: Sibirien war in ihm, und als das Abenteuer der Erde zu Ende war, fühlte er etwas wie Trauer, daß er das Land verlassen mußte, den stummen Ernst dieser Landschaften mit ihren großen einfachen Linien, frei von überflüssigem Schmuck. Er liebte diese Erde, mächtig wie ein Ozean, mit ihrer erstarrten arktischen Küste, der leeren Tundra, der tief mystischen Taiga vom Ural bis zum Pazifischen Ozean, mit ihren Grassteppen, den im Herbst flammenden Waldhügeln, den verlorenen Siedlungen des Menschen, der mühsam und geduldig das Werk der Unterwerfung begonnen hatte. Er spürte, daß diese großen Länder Europa nicht mehr lange erlauben würden, sich als die Mitte der Welt zu fühlen.

»Sibirien – ein Land der Zukunft«, hieß das Buch, das Nansen nach der Heimkehr schrieb. Es war ein umfangreiches und genaues Werk von Anblicken, Beobachtungen, Begegnungen mit Menschen und immer wieder mit der Erde von Sibirien. Das Tagebuchblatt, durch das die Empfindung des Reisenden brach, stand neben Darstellungen der Geschichte, der Wirtschaft, des Handels. Der Geograph und der Freund der Erde hatten es geschrieben. In einem ausführlichen Anhang behandelte er die Möglichkeiten der Handelsschiffahrt an der Küste des Kara-Meeres und wies auf die Bedeutung des Flugzeuges für den Wetterdienst hin.

Als das Buch 1915 erschien, überall mit intensiver Aufmerksamkeit gelesen, hatte die Dämmerung Europas angefangen. »Land der Zukunft« war der Untertitel des Buches. Es schien absurd, von der Zukunft zu sprechen, in einem Augenblick, in dem Europa alles tat, seine Zukunft zu gefährden.

»Europa scheint den Völkern zu eng geworden zu sein, und sie bieten ihren äußersten Scharfsinn auf, um sich gegenseitig zu vernichten. Was für eine Verschwendung edler Kräfte! Welch ein unersetzlicher Verlust für Europas Kultur! Was hätte sich alles schaffen lassen, wenn diese Summe von Kraft und organisatorischer Tüchtigkeit, diese Begeisterung und selbstlose Aufopferung auf das eine Ziel gerichtet worden wären, sich die Erde dienstbar zu machen – dort im Osten ist noch Raum in Fülle! Man sollte sich doch der Worte Bacons über die drei Arten des Ehrgeizes erinnern. Die erste Art Ehrgeiz will die eigene Macht im eigenen Lande vergrößern – eine Niedertracht und Verirrung. Die zweite Art strebt danach, Macht und Herrschaft ihres Landes unter den Menschen zu vergrößern; sie ist zwar würdiger, aber nicht weniger habsüchtig. Will man aber Macht und Herrschaft der Menschheit über die Natur begründen und vergrößern, so ist dieser Ehrgeiz – wenn man ihn so nennen will – ohne Zweifel nicht nur gesünder, sondern auch edler als die beiden anderen.«

So schrieb Nansen in dem Vorwort zur deutschen Ausgabe des Buches über Sibirien. Er fügte hinzu:

»Den Ausgang dieses Weltkrieges kann heute noch niemand übersehen. Er kann zu einer ganz neuen Gestaltung aller

Lebenswerte führen, und das alte Europa muß eine neue Rechnung aufmachen, von der wir noch nicht wissen, wie sie aussehen wird. Aber wir wissen eines: Sibiriens große Wälder, die grenzenlose Taiga mit den mächtig flutenden Strömen und den wogenden Steppen liegen unberührt vom Kampfgetümmel. Sie warten wie zuvor auf Menschen, bis sie das gegenseitige Zerfleischen beendet haben.«

Wann wollten sie es beenden? Er wußte es nicht. Niemand wußte es. Die Dämmerung wurde zur Finsternis, in der niemand den anderen erkannte.

XXII

DÄMMERUNG

Auch in den Bergen von Norwegen hatte sich manches geändert. Die guten alten Zeiten schienen vergangen. Wenn man in der tiefen Stille der Berge stand, hörte man plötzlich das Keuchen eines Zuges und den hallenden Pfiff der Maschine. Hotels schoben sich in die Berge vor. Sie brachten Behagen und Komfort. Alles war bequem. Man setzte sich in Oslo in den Nachtzug, war zum Frühstück in Finse oder Hallingskeid und ging vor dem Mittagessen zum Jökel oder zum Voßgletscher. Leute erschienen plötzlich, die früher nie gewagt hätten, in die Berge zu gehen. Abends saßen sie in den Hotelräumen, tranken, spielten Karten, schlugen die Zeit tot. Draußen waren die Berge in großem Schweigen. Niemand beachtete sie. Die alte Zeit war vorbei. Manchmal erinnerte er sich an einen Augenblick nach der Rückkehr der »Fram«. Peter Hindricksen, einer der Gefährten, kam zu ihm auf die Brücke und sagte mit einem merkwürdigen Ausdruck von Freude und Melancholie in seinen Augen: »Das mag ja alles ganz schön sein, aber es ist zu viel Lärm. Ich muß an das Meer dort draußen denken, da ging es uns gut...« Dieser Mann sehnte sich dorthin zurück, wo der Himmel über ihnen weit, die Luft rein und das Leben einfach war.

Gut, daß die Hotels nicht überallhin vordringen konnten, gut, daß es noch Orte gab, an denen man für sich sein konnte, in den Bergen von Rondane und Sölen zum Beispiel. Nach einem langen Tag in der Stille schrieb er in sein Tagebuch:

»Wie großartig die Berge sind. Beinahe zu plötzlich pressen sie sich nach einem kurzen Anlauf aus dem Tal in den Blick, und es ist dir, als nähmest du selber im Anblick ihrer Größe zu. Dein Mut wächst, dir wachsen Flügel ..«

»Und wie schön sind die Ebenen der Berge, auf denen du gehst und gehst. Du fühlst dich leicht, es ist dir, als könntest du fliegen, und deine Gedanken schweben durch die dünne Luft weit nach Norden zu den stolzen Linien der Berge von Rondane. Da ist nichts als dieses weite Hochland, das sich nach allen Richtungen ausdehnt, und die Täler gleichen schmalen

Rinnen in der Hochebene. Tief unten windet sich der Strom menschlichen Lebens ... wie fern das alles von hier scheint. Man atmet freier. Auge und Geist ruhen aus.«

Er brauchte das jetzt noch dringender denn je – etwas, das beständig war, sich dem Spiel menschlicher Leidenschaften entzog, etwas, das rein war. Niemand konnte die Berge verletzen. Das Licht war nicht verwundbar. Wenn er die Augen schloß, im Moose liegend, war alles wie einst. Wenn er in die Nacht trat, schwebten die Sterne im einsamen Feuer. Der Nachtwind wehte, der Wasserfall rauschte durch die Finsternis.

Aber man konnte die Augen nicht schließen, nicht jetzt – man mußte sehen, und er sah andere Bilder.

»... andere Bilder tauchen auf ..., von weither. Bilder von Festungen, Schützengräben, von Haufen zerfetzten menschlichen Fleisches. Nein, es gibt keine Flucht vor diesem schauerlichen Bild, nicht einmal hier erlaubt es dir Frieden. Inmitten all dieser Schönheit erhebt sich der Jammer von Millionen von Frauen, die alles verloren haben, ihre Freunde, ihre Männer ... Man sieht verzweifelte Mütter nach ihren Söhnen suchen, ergraute gebeugte Väter nach der Hoffnung ihres Geschlechtes. Ein Alpdruck des Wahnsinns – und niemand kann ihn aufhalten – keiner. Schon erbeben die Grundlagen der Gesellschaft ...«

Womit hatte es begonnen? Er wußte es nicht. Niemand wußte es. Wer war schuldig? Jeder gab dem anderen die Schuld. Was haben Sie mit Schicksal zu tun, hatte Napoleon zu Goethe gesagt, Politik ist Schicksal. Jetzt war das Schicksal am Werk. Wer hatte es vorbereitet? Alle? Waren sie alle nur hineingetaumelt, Gefangene ihrer Illusionen von Macht? Zogen die Netze, die die Staaten gewoben haben, jetzt jeden in den Abgrund? Wann würde es enden? Niemand wußte es. Wenn einer oder einige am Boden lagen, wenn alle erschöpft waren? Was würde am Ende sein?

Niemand antwortete. Die Berge schwiegen, der Fluß raunte in der Tiefe, der Nachtwind flüsterte. Wie friedlich ... nein, es gab auch hier den Frieden nicht mehr, und der Sommer war vergiftet. In dieser Nacht sanken Schiffe auf den Meeren, starben Menschen auf den Schlachtfeldern. In dieser Nacht rollten die Transportzüge, bewegten sich Kolonnen frischer Regimenter zu den Gräben, um die ausgebluteten abzulösen.

Der Tod mästete sich. Seine Ernteplätze hießen Marne, Ypern, Grodek, Gorlice, Gallipoli, Isonzo, Somme, eine Kette von Namen, durch Blut zusammengehalten.

Er konnte die Augen nicht schließen, er mußte sehen. Das war nicht genug: man mußte nach den Gründen der Katastrophe suchen, man mußte den Grund dafür finden, daß die Völker den Frieden verschleuderten. Mehr: man mußte einen Weg aus dem Elend finden, wenn nicht für die, die jetzt blind waren und kämpften – wofür? Ruhm, gloire, glory? –, dann für die, die jetzt Kinder waren und einst leben und für ihr und der anderen Leben verantwortlich waren. Man war verantwortlich, nicht nur für sich, auch für die anderen. Man lebte nicht allein in der Welt. Das Leben bekam seinen Sinn im Leben durch andere und für andere.

Das Tagebuchblatt des Sommers 1916 war nicht vollständig. Es war eine schwere, zögernde Hand, die in dieser Nacht schrieb:

»Die Völker Europas – die ›Träger der Kultur‹ – fressen einander auf. Sie zertrampeln die Kultur, sie legen Europa in Trümmer – für wen?«

»Es ist wie eine Lawine, die auf ihrem Wege zum Abgrund immer mehr mit sich fortreißt, Bäume, Wälder, Häuser, Gehöfte. Sie nimmt an Furchtbarkeit zu. Alle wissen, daß das ganze Tal begraben wird, aber keine Macht kann sie aufhalten, sie muß ihren Lauf vollenden.«

»Und wofür wird gekämpft? Für Macht! Nur für Macht! Wenigstens die, die angefangen haben ...«

»Konnte es denn anders kommen? Eine Kultur, die die *Macht* als das hohe Ziel der Völker setzt, kann die Menschheit nicht vorwärtsbringen; sie mußte sie zuletzt hierher führen – dem Untergang entgegen.«

»Für die einzelnen wie für die Staaten galt als Forderung der freie, rücksichtslose Wettlauf nach dem materiellen Erfolg um jeden Preis, nach äußerer Macht, nach Glanz. Um das Ziel zu erreichen, nahmen die Völker auf nichts anderes mehr Rücksicht als auf sich selbst. Ideale, Moral konnte jeder mit heiligem Recht mit Füßen treten, sobald nur sein Volk Vorteil davon hatte. Da konnten feierliche Versprechen gebrochen werden, es konnte gelogen, betrogen, gemordet werden mit Lug und Trug ... Da wird *der* Mann zum Verräter, der nicht jedes Mittel anwenden will, um die Gegner seines Volkes zu vernichten. Ja, wenn es notwendig ist, schadete es nicht, wenn einer die übrige Menschheit vernichtete, sobald sein eigenes Volk Platz brauchte ...«

»Der Feldruf ist: Nieder mit allen anderen, wenn nur *wir* in die Höhe kommen! – Mit Notwendigkeit mußte das zu dieser Selbstvernichtung führen, sie *mußten* einander auffressen, sobald die Erde zu klein wurde und jeder Platz besetzt war, als die letzten zur Krippe kamen und meinten, sie hätten dasselbe Recht auf die fetten Bissen wie die anderen. Aber alle behaupten, sie seien in den Kampf hineingezwungen worden, sie kämpften für hohe Ideale. Wie kam es dahin?«

»Es mußte so kommen, Europas Kultur hat versagt; sie war innerlich faul. Wie der kranke Baum im Walde stürzte sie zusammen, sobald der Sturm losbrach. – Kultur? Was ist sie denn, wenn sie nicht das wilde Tier meistert, wenn sie es nicht aus der Barbarei herausführt? Das ist ja ihr innerstes Wesen, ohne das ist sie eine leere Schale. Aber nun rast das wilde Tier zügellos ...«

»Der größte Sieg ist, sich selbst zu überwinden. Das gilt nicht nur für den einzelnen, das gilt auch für die Völker, für die Gemeinschaft der Menschen. Wir führen einen steten Kampf, um die Naturkräfte zu meistern, um das Dasein zu sichern. Aber die größten Unglücksfälle, das schlimmste Elend verdanken wir immer noch den Menschen selbst, und wir sind noch nicht so weit gekommen, um es zu verhindern. Welch eine furchtbare, demütigende Wahrheit ...!«

Wie gut war es, hier oben zu sein, in der Stille des Gebirges zu gehen, den Schritt im Moos zu spüren. Das war die Erde, wie sie aus dem Eis entlassen worden war, in einem Schweigen, das beruhigte, reinigte, das die Grübeleien auflöste, wie der Nebel schwindet. Er traf eine Herde Jungvieh am Flusse, und die jungen Tiere kamen auf ihn zu, ließen sich von ihm streicheln und folgten ihm ins Tal. Wie freundlich das alles war. Auf der Björnhullhalde kam er zu der ersten bewohnten Alm und ging hinein, um ein Schnitzmesser, das er unterwegs gefunden hatte, abzugeben. Der Mann und die Frau, die hier lebten, hatten sechs Kühe und ein paar Ziegen. Sie ernteten Heu und etwas Grünfutter, Korn und Kartoffeln konnten sie nicht anbauen, und was sie davon brauchten, mußten sie aus dem Tal holen. Es war ein hartes, mühsames Leben, so schien es; nicht für sie. Hier oben war die Luft rein, das Wasser gut, das Leben war in Ordnung. Es hatte einfache Gesetze, aber die Gesetze enthielten die Wahrheit des Lebens. Die Menschen hatten vergessen, wie groß und kostbar die Erde ist. Sie waren der natürlichen Ordnung der Dinge entfallen, sie kannten das Einfache nicht mehr. Sollte man verzweifeln und aufgeben? Er dachte: »Wenn abgelebte Kulturen einiger Völker zugrunde gehen, so ist das wohl kein unersetzlicher Schaden. Das ist früher geschehen, und noch leben die Menschen. – Sieh diese gewaltigen Berge. Hier liegt die Erde, wie sie jahrtausendelang gelegen hat. Sorge dich nicht! Wenn diejenigen, die da waren, nichts anderes tun konnten als einander aufzufressen, dann ist es nur gut, wenn neue kommen... Aber woher sollen sie kommen? Wo finden wir die frischen, unverbrauchten Geschlechter?«

Wenn er hier bleiben könnte, durch die Wälder wandern, endlos, nach Osten... Auch die Wälder veränderten sich. Die weiten Kiefernheiden waren gelichtet, die großen, alten Stämme standen nicht mehr. Aber es gab den Wald noch, und es war ein beruhigender Gedanke zu wissen, daß man Monat für Monat, Jahr für Jahr so gehen konnte, durch Schweden, Finnland, durch Rußland, über den Ural, durch Sibirien, durch das Amurland, über Berge und Täler, durch endlose Ebenen, bis zum Stillen Ozean. Es gab den Wald noch.

»So weit weg von den Menschen... Aber auch bis hierher dringt das Grollen des Gewitters von dort draußen. Europa verblutet sich... Eine Kraftprobe, sagen sie. Kraft worin? In Machtgier? In Vorbereitungen, die anderen niederzuschlagen und die Macht im günstigsten Augenblick an sich zu reißen? Ist das die Kraftprobe? Sind das die Eigenschaften, die die Zukunft aufbauen sollen? Inzwischen verströmt Europas edelstes Blut. Wer bleibt übrig? Wie soll die Rasse werden, wenn die tüchtigsten und mutigsten Männer ausgerottet werden?«

»Und das Leiden, das große, heilige Leiden der Völker... wird es von den Kräften verschuldet, die wir nicht meistern können, gleich denen, die diese Moränen aufgebaut haben? Nein, die Menschen selber verschulden es...«

»Welche Nacht... Dort unten der Wald mit den Mooren auf den Flächen bis hinab zum großen Sölensee, der sich weit nach Nordwesten erstreckt, mit waldigen Vorsprüngen, mit baumbestandenen Inseln... Die Wälder erstrecken sich weit hinaus, Rücken hinter Rücken, blitzende Seen dazwischen. Jenseits der inselüberstreuten Fläche des Sölensees kommt der Galtensee, weiter draußen der Istersee und am fernsten, zwischen blauen Bergrücken, die Lücke des Fämundsees, der nicht sichtbar ist. Über dem Steinrücken, auf dem ich stehe, erhebt sich das Gebirge bis zu den Sölenbergen mit Schluchten, Talkesseln und Schneefeldern. Aber jenseits des Sölensees und der Waldflächen, fern im Norden, verschwimmen hohe Berge: Glofföiken, Elgepiggen, Grahögda, in blauem Dunst unter dem Traum des Nachthimmels.«

»Wie die Bergweiten wogen! Sie steigen und sinken und steigen immer höher hinauf – es ist wie Musik. Unwillkürlich erklingt im Herzen das Preislied ... Das Preislied? Ist es denn möglich? Kann eine Kultur, die eine Welt geschaffen hat, so groß, so schön wie die Musik – kann sie dieselbe sein, die diese brutale Machtgier entfaltet, dieses Jagen nach äußerem Glanz?«

»Nein, das ist nicht die Kultur, das sind die alten Instinkte des wilden Tieres, die die Massen irregeführt und sie durch die Macht der Suggestion auf Abwege mitgerissen haben.«

»Eine Wiedergeburt muß kommen – eine neue Zeit mit neuen Idealen, in der die geistigen Werte wieder das Ziel bilden und die materiellen nur Mittel werden, in der die Mittelmäßigkeit und der Mob nicht länger die Welt beherrschen. Dann werden die großen Geister die Menschen zu neuen Höhen führen. Jede geistige Entdeckung, jede Eroberung in der Welt des Geistes wird dann mit der gleichen Begeisterung begrüßt werden wie materieller Fortschritt, und die Menschen werden ein größeres, einfacheres und schöneres Leben führen.«

»Die unaufhörliche Hetzjagd der Städte, der Alpdruck des Geldes verflacht die Rasse. Aus den Wüsten, aus der Einsamkeit, aus der elementaren Tiefe der Natur sind die neuen Männer zu allen Zeiten gekommen.«

»Wie feierlich die Kraft dieser Macht ist! Man glaubt die große Hymne des Alls selber zu hören. Wie hoch, wie grenzenlos, wie rein und frei sie ist. Aus dieser Welt müssen die Männer der neuen Zeit geboren werden – Männer von großer, einfacher Form, aus einem Guß, ohne die Zweideutigkeit der doppelten Moral. In dieser schweigenden Größe der Nacht müssen die Gedanken wachsen, die dem kommenden Geschlecht Heilung bringen können.«

Dann ging er hinab, um zu helfen. Man mußte wissen, wo

man stand. Man mußte seiner selbst gewiß sein, um der Verzweiflung standzuhalten. Er war kein Christ, zumindest nicht im Sinne einer Konfession; schon als junger Mensch war er aus der Kirche ausgetreten. Die Gesetze der Natur machten es ihm unmöglich zu glauben. Glauben hieß Unterwerfung für ihn. Es hieß Dinge anzunehmen, die Vernunft und Erfahrung ihn nicht annehmen lassen konnten. Dieser Krieg – und für ihn: jeder Krieg – war der Widersinn des Gebotes: Du sollst nicht töten. Aber die Kirchen segneten die Waffen, beteten für den Sieg ihrer Völker. Beteten sie zu einem deutschen, französischen, englischen Gott? Er war Norweger. Das war nicht alles. Er war ein Mensch, er hatte die Tiefe menschlicher Existenz erfahren. Ein Mensch zu sein und auf Erden zu leben, hieß: sich verantwortlich zu fühlen für das, was geschah. Es hieß für ihn: den Frieden zu retten gegen den Krieg. Es hieß: zu helfen.

Zerflogen alle Pläne der großen Fahrt zum Äquator, jener geheimnisvollen Linie, die sich um die Erde spannt, nicht minder abenteuerlich als die Pole. 1914 hatte er mit Helland-Hansen auf dem Schoner »Armauer Hansen« eine ozeanographische Kreuzfahrt durch den nordöstlichen Atlantik unternommen, von Rockall bis Madeira und zu den Azoren. Im Juli waren sie zurückgekommen, und die Tür zur Welt hatte sich geschlossen. Für wie lange? Niemand wußte es.

Zerflogen alle Ideale von Gerechtigkeit und Weltfrieden, wie überall so auch in Norwegen. Jemand hatte gesagt, daß einer der tiefsten Wesenszüge des Norwegers die Leidenschaft für Gerechtigkeit sei. Wergeland und Björnson – wie wundervoll und unbeirrt hatten sie von internationaler Brüderschaft geträumt. Björnsons leidenschaftlicher Kampf für Frieden und Gerechtigkeit vor allem war es gewesen, der den Schweden Nobel bestimmt hatte, sein Vermögen den großen Helfern der Welt zu stiften. Der Friedens-Nobelpreis wurde durch ein vom norwegischen Parlament gewähltes Komitee verteilt. Das norwegische Parlament hatte als erstes der Welt internationale Schiedssprüche angeregt. Alles zerstoben; und wie hell hatte der Frühling 1914 in Norwegen mit der großen Ausstellung zur Erinnerung an den Tag der Verfassung vor hundert Jahren begonnen.

Die erste Betäubung war vergangen, der hastige Sturm auf Banken und Läden erloschen. Norwegen war neutral, und am

8. August 1914 vereinbarten die schwedische und norwegische Regierung, daß sich beide Länder aller Feindseligkeiten gegeneinander enthalten würden, wie immer sich auch die europäische Lage entwickeln sollte. Die Initiative dazu ging von Schweden aus. Das war um so bedeutsamer, als Schweden die Auflösung der Union noch nicht verwunden hatte und seine Sympathien bei Deutschland waren, während Norwegen nach England sah. Nansen wurde zum Präsidenten der Norwegischen Union zur Verteidigung des Landes gewählt.

In den ersten Jahren des Krieges veränderte sich das Leben in Norwegen kaum. Getreide, Kohle, Petroleum kamen in genügender Menge von England und Amerika, der Export an Fischen nach England und Deutschland nahm zu, die Verluste der Handelsflotte durch Minen und Unterseeboote wurden durch den Bau neuer Schiffe ausgeglichen.

Die Schwierigkeiten wuchsen rasch, als Deutschland im Februar 1917 den uneingeschränkten U-Bootkrieg erklärte. Im März verlor Norwegen 106 111 Tonnen Schiffsraum. Aber die norwegischen Schiffe mußten fahren, und wenn alle anderen Einfuhrquellen ausfielen, konnte Norwegen sich auf Amerika stützen. Von der Rationierung der Lebensmittel hatte die Regierung gegen den Rat Nansens und besorgter Politiker bisher abgesehen.

Im April 1917 wies der norwegische Gesandte in Washington seine Regierung auf die Einfuhrschwierigkeiten hin, die sich aus dem möglichen Eintritt Amerikas in den Krieg ergeben würden. Im Juni teilte er mit, daß Amerika seine Ausfuhr kontrollieren werde und daß es notwendig sei, eine norwegische Kommission in die Vereinigten Staaten zu schicken, um durch Verhandlungen die Versorgung Norwegens zu sichern. Der Leiter der Kommission war Nansen. Er fuhr als bevollmächtigter Gesandter in besonderem Auftrag. Während die Kommission noch unterwegs war, erließen die Vereinigten Staaten ein allgemeines Ausfuhrverbot und informierten die neutralen Länder, daß sie mit Amerika einzeln Abkommen zu treffen hätten. In diese Situation neuer, unerwarteter Schwierigkeiten trat die von Nansen geführte Kommission ein.

Um bei Verhandlungen ein guter Partner zu sein, mußte man das Material der Verhandlungen kennen. Um zu wissen, mußte man lernen. Er wurde zum Experten für Lebensmittel und Getreide. Als er vor fast dreißig Jahren die Wege für das

Grönlandunternehmen und für die Fahrt der »Fram« vorbereitete, hatte er für sechs und für zwölf Menschen planen und vorbereiten müssen. Jetzt war er für ein paar Millionen verantwortlich, und das Schiff hieß Norwegen. Auch das Eis gab es. Das war die Meinung der anderen, die überzeugt werden mußten. Er sprach für ein kleines Volk, das versucht hatte, sich aus der Blutmühle herauszuhalten, zu den Vertretern einer Großmacht, die den Krieg entscheiden würde. Er war geduldig, zäh und sprach nicht anders, als er immer gesprochen hatte, offen freimütig; er legte die Karten auf den Tisch. Sehr viele waren es nicht, das wußte er, aber er wußte daß die amerikanischen Verhandlungspartner hart und fair verhandelten.

Die Verhandlungen schleppten sich hin. Aus dem Sachverständigen für Einfuhrfragen wurde ein Experte für Fragen der Schiffahrt. Die in amerikanischen Häfen liegenden Schiffe Norwegens waren beschlagnahmt worden. Norwegische und neutrale Schiffe überhaupt, die in amerikanischen Häfen Kohlen aufnahmen, wurden gezwungen, ihre Reise in einem amerikanischen Hafen zu beenden. Er bewegte sich mit Geduld und unerschöpflicher Ausdauer in einem Netz von Verordnungen und Klauseln.

Amerika wollte Norwegen nur dann Getreide geben, wenn es die Rationierung der Lebensmittel einführte. Nansen hatte die Regierung schon vor längerer Zeit darauf hingewiesen. Telegramme nach Norwegen, Verzögerungen, hinhaltende Antworten der norwegischen Regierung, die auf Deutschland Rücksicht zu nehmen hatte. Unterdes nahmen die Schwierigkeiten in Norwegen zu. Nansen erreichte, daß Norwegen eine gewisse Menge Getreide zugesichert wurde, die für einige Monate ausreichte. Neue Telegramme. Er bat die Regierung um Vollmacht, ein Abkommen zu unterzeichnen, wenn es ihm nur einigermaßen günstig erschien.

Nein, er war kein Politiker. Er wußte nichts davon und wollte davon nichts wissen, daß man Rücksichten auf irgend jemanden nehmen sollte, wenn es um Leben oder Nichtleben ging. Verschleierungen und Verzögerungen waren ihm unbekannt und verhaßt. Sein Volk hungerte und mußte Brot haben. Er wußte, was Hunger war und was Brot bedeutete. Er wußte auch, daß sein Name gut war und für etwas stand. Im April 1918 unterzeichnete er das Abkommen auf eigene Verantwortung. Neun Monate hatte er verhandelt, gewartet, gebeten.

Auf der »Bergensfjord« fuhr er nach Norwegen zurück, und wie einst vor vielen Jahren nahm er an den alten Bordspielen teil, bei denen er die ganze Besatzung des »Viking« besiegt hatte. Jetzt war er siebenundfünfzig, und sein Lachen hallte über das Schiff, das in der Welt seltene Lachen eines Mannes, der die Welt kennt und dessen Kern nicht berührt worden ist. Es war immer gut, auf dem Meer zu sein. Man atmete frei, und in guten Stunden flog der Staub irdischer Dinge davon. Wenn man Augen hatte: das Schöne und Helle war immer da. Die alten Quellen flossen immer.

»Der Heiltrank kann nur aus den einfachen Tiefen der Natur geschöpft werden...

Europa ist ein Chaos geworden, ein brodelnder Hexenkessel, in dem Demokratie, Despotie, Militarismus und Anarchie miteinander vermischt sind, und niemand weiß, was in heftigsten Entladungen explodieren wird. Klarer als je zuvor hat sich erwiesen, daß der Krieg keine Heilung, keine Erlösung bringen kann. Wohl vermag er eine drohende Krankheit auszulösen. An ihrer Stelle aber schafft er zehn neue Krankheitskeime. Er ist selber ein Fieber und keine Kur.

Die Seele der menschlichen Gesellschaft läßt sich nicht durch Bajonette reformieren, und keine Idee, auch keine falsche, kann durch Maschinengewehre umgebracht werden.«

»Nicht der Wille zur Macht, sondern der Wille zur Schönheit wird die neue Zukunft schaffen: die Schönheit der einfachen, großen Linien des Lebens, die alle Machtgier, allen Flitter, allen Luxus abgestreift hat.«

»Zuletzt muß der Geist doch den Sieg erringen; nicht der Geist, der neue Formen der Macht sucht, neue Sprengstoffe, neue Gase; nicht der Geist, der neue Industrien schafft, neue Verkehrsmittel erschließt, so nützlich sie auch sein mögen: sondern der Geist, der aus den alten, doch immer frischen Quellen der Natur schöpfend, neue Lebenswerte schafft.«

»Das Symbol der Welt der Zukunft wird nicht mehr die raffende Klaue des Raubtieres sein, sondern die freundliche Hand des Menschen. Es wird eine Welt sein, in der Politiker und Staatsmänner entdeckt haben, daß es nicht nur Menschen, sondern Mitmenschen gibt; eine Welt, in der Menschen nicht nur einander mit den Lippen erkennen, sondern einander wirklich helfen.«

»Die Rettung liegt, jetzt wie immer, in der Losung: Zurück zur Natur, zurück zu den einfachen Grundwerten, auf denen sich die Schönheit des Lebens aufbaut.«

Das klang fast zu einfach angesichts dessen, was jetzt vor sich ging. Amerika trat in den Krieg ein. Die Schlachtfelder des Westens wurden zu ungeheuren Totenlagern. In Rußland brach die Revolution aus, die alte Welt des Zarentums stürzte. Die Gewichte der Weltpolitik verschoben sich, neue Mächte, neue Gesetze wurden sichtbar. Die Besiegten lagen am Boden, und taumelnd erhoben sich die Sieger.

Nach Norwegen zurückzukehren, war, als träte man in ein sicheres und warmes Haus ein. War es noch sicher? Gab es noch Sicherheiten? Sich über die Geheimnisse des Meeres zu beugen, die Gesetze von Wind und Sonne, von Strömung und Wärme zu beobachten, das Immerwährende anzuschauen, schien wie Rettung. Aber das Prasseln der Flammen und der Schein des riesigen Feuers, in dem die alte Welt unterging, fiel über die Blätter mit Zahlen und Tabellen. Ein ungeheurer Klagelaut erhob sich und drang auch in den Turm von Lysaker, ein Laut aus Leiden, Erschöpfung, Siegerlust und Sterben löschte das Rauschen des Meeres aus. Die Zeit beugte sich mit grauem, schlaflosem Gesicht über seinen Tisch und sagte: Was wirst du tun?

XXIII

BRIEFE

Wo immer Nansen in diesen Jahren eintrat, brachte er frische Luft in den Raum. Immer kam er von dort, wo die Wälder in zeitlosem Licht lagen und die Berge von Norwegen in einer Stille ruhten, die das verstörte, fiebernde Europa nicht mehr kannte. So trat er in die Konferenzräume von Paris ein. Wer er wäre? fragten manche. Ein Mann aus Norwegen, einem der kleinen Länder... Manchen war er unbequem. Seine Stimme war kräftig, die Stimme eines Kapitäns, der an Land gegangen war, um bald wieder zu seiner wirklichen Heimat, dem Meer, zurückzukehren. Er war größer als die meisten Menschen, mit denen er sprach, er überragte sie, das empfanden viele als unangenehm. Er konnte nicht flüstern, konnte seine Stimme nicht dämpfen, konnte nicht verschleiern. Er sei kein Politiker, sagten sie. Was hieß das? Abgesehen davon, daß er sich in der Maschinerie der Politik bewegt hatte – mußte man ein Politiker von Beruf sein, um zu sehen, daß die Welt im Abgrund lag? Um Leiden, Erschöpfung, Blindheit, Arroganz, Hochmut und Verzweiflung zu sehen? Und was hieß es, wenn sie sagten, daß er ein kleines Volk vertrete? Die Stunde der kleinen Völker war gekommen, jener auch, die versucht hatten, sich aus dem Gemetzel herauszuhalten, und die Maß, Vernunft, Einsicht besaßen.

Jetzt war er ein Mann von fast sechzig Jahren. Gelbgrau war der herabhängende Bart geworden, kahl der Kopf mit einem Kranz weißer Haare, an der Stirn traten die Adern hervor. Das war alles, was an Alter denken ließ, wenn man ihn sah. Er war schlank und sehnig, seine Kraft schien unerschöpflich, sein Lachen – nur zu selten konnte man jetzt lachen – klang jung und voll. In seinen Augen lag suchende Kühle, und plötzlich konnten sie aufleuchten. Ein Lächeln war in ihnen, ehe das Gesicht sich öffnete. Wie in seiner Jugend, wenn er im Winter durch Oslo ging, trug er keinen Mantel. Der Hut mit breitem Rand gab ihm eine gewisse extravagante Noblesse.

So reiste er durch Europa, um für den Frieden zu arbeiten, um den Frieden zu retten und aus dem Ende einen Anfang zu machen. Bei gutem Willen und bei Einsicht war es möglich. Wenn das Gesetz der Wildnis zum Gesetz der Welt erhoben wurde, war es unmöglich. Aber es gab ein anderes Gesetz: das der Hilfe, der Versöhnung, des Wohlwollens. Wie immer dieses Gesetz genannt wurde: es mußte etwas getan werden. Er erwartete nicht, daß Sieger und Besiegte einander in die Arme fielen. Die Wunden waren tief, die Verluste der Sieger nicht geringer als die der Geschlagenen. Es war nicht notwendig, »Liebe« und »Bruder« zu sagen, es genügte, wenn Vernunft und menschliche Einsicht mitsprachen und wenn etwas getan wurde.

Was konnte getan werden? Nichts, wie es schien. Die Welt im Jahre 1919 war zerfallen. Alte Mächtegruppen waren geborsten, die Grenzen niedergerissen, neue Staaten sprangen ans Licht. War es Licht? Es sah eher nach Dämmerung aus. Was mußte getan werden? Alles. Von wem konnte am Ende der Apokalypse Vernunft erwartet werden? Kaum von den großen Mächten, die für Prinzipien und Doktrinen standen. Sie machten den Frieden wie sie den Krieg gemacht hatten, und so würde es ein Frieden mit allen menschlichen Gebrechen sein. Nur die Neutralen, nur die kleinen Völker waren noch fähig, unparteiisch, ohne Vorurteil zu denken. Sie mußten das Gewissen der Zeit werden – einer neuen Zeit, wie Nansen glaubte; und so glaubten es viele.

Norwegen hatte am Kriege nicht teilgenommen, wenngleich es zunehmend die Last des Krieges erfahren hatte. Es ging verändert aus dem Kriege hervor. Die Zeit ruhigen Abseitsstehens war vorbei. Schon vor dem Friedensschluß war die norwegische Vereinigung für einen Völkerbund gegründet worden. Anfang 1919 hatte sie den Entwurf für einen künftigen Völkerbund auf norwegisch, französisch und englisch veröffentlicht. Nansen gehörte zu den bestimmenden Leuten dieser Vereinigung, er fuhr nach London, um mit der englischen Liga die Verbindung aufzunehmen, und nach Paris, um dazusein, wenn die ersten Worte der Geschichte des neuen Europa geschrieben würden. Die kleinen Völker durften sich nicht beiseite schieben lassen, in einem künftigen Bunde der Völker mußten sie Rat und Stimme haben. Wenn er zu einem Bunde der großen Mächte allein würde, konnte er wieder nur Ausdruck von Machtpolitik sein.

Aber solche Fragen politischer Art konnten später gelöst

werden. Jetzt war das erste und wichtigste: die Hungernden zu sättigen. Hungernde waren nicht mehr Deutsche, Österreicher, Serben, Russen. Sie waren Menschen, die Brot brauchten. Ein Hungernder war weder ein Nationalist noch ein Kommunist, es war jemand, der hungerte. Ein Hungernder verlor die menschliche Form und zugleich gehörte er dem menschlichen Geschlecht mehr an als der Satte. Aber wahrscheinlich mußte man, unter welchen Umständen auch immer, die Kostbarkeit des Brotes erfahren haben.

Was immer in Rußland seit 1917 vor sich gegangen war: in Rußland nahm der Hunger in erschreckendem Maße zu. Er war kein Freund des Zarentums gewesen, aber er sympathisierte durchaus nicht mit dem neuen System in Rußland. Er hätte denen, die ihm das vorwarfen, mit den Worten Rollands antworten können, daß er nicht gegen eine Staatsräson kämpfe, um einer anderen zu dienen, und daß der Militarismus, der Polizeiterror oder die brutale Gewalt für ihn nicht deswegen geheiligt seien, weil sie das Werkzeug einer kommunistischen Diktatur anstatt einer Plutokratie waren. Das alte Wort von Montesquieu »Die Republiken sind auf die Tugend gegründet« war tiefer, als es aussah. Sie können sich sicherlich nur halten durch die religiöse Ehrfurcht vor dem menschlichen Gewissen und durch die Wahrheit.

Die Politik der großen Mächte Rußland gegenüber war falsch, und die Unterlassungen von jetzt würden sich später rächen. Die negative Politik der Blockade und des »sanitären Cordon« war falsch. Sie war angesichts der Haltung der sowjetischen Regierung und bei der Einstellung der russischen Emigrantenkreise verständlich; aber sie erschien Nansen trotzdem falsch und abwegig. Man mußte helfen, nicht hassen.

Er fuhr nach Paris und verhandelte mit Herbert Hoover über die Möglichkeiten der Hilfe für das hungernde Rußland. Hoover war der Präsident der amerikanischen Hilfsorganisation der American Relief Administration. Amerika, erklärte Hoover, sei bereit, Rußland mit Lebensmitteln zu helfen, wenn Rußland mit Ausfuhrgütern bezahle. Die zu gründende Hilfsorganisation würde für die Verteilung der Lebensmittel ohne politische Vorurteile verantwortlich sein. Nansen und Hoover hielten es für richtig, den obersten Rat der Großmächte zu bitten, diese Organisation sofort zu gründen. Am 3. April 1919 schrieb Nansen an den amerikanischen Präsidenten einen

Brief, den er gleichlautend an Lloyd George, Clemenceau und Orlando schickte.

»... die gegenwärtige Ernährungslage in Rußland, wo Hunderttausende von Menschen jeden Monat an Hunger und Krankheiten sterben, ist eines der brennendsten Probleme... und da es scheint, als ob bisher keine Lösung dieser Frage gefunden worden ist, möchte ich von einem neutralen Gesichtspunkt und nur aus menschlichen Gründen einen Vorschlag zur Linderung dieses riesigen Elends machen.

Ich halte es für möglich, eine rein humanitär arbeitende Kommission zu organisieren, die Rußland versorgen würde. Lebensmittel und Medikamente würden in einem wahrscheinlich beträchtlichen Maße von Rußland selbst bezahlt werden. Die gerechte Verteilung würde durch diese Kommission gewährleistet, die aus Norwegern, Schweden und möglicherweise aus Holländern, Dänen und Schweizern bestehen würde. Ich glaube nicht, daß die gegenwärtigen russischen Regierungsorgane die Arbeit einer solchen Kommission auf völlig unpolitischem Grunde zurückweisen würden, eine Arbeit, die nur das menschliche Ziel hat, Leben zu retten. Wenn diese Kommission ähnlich wie die Belgische Hilfskommission organisiert würde, dürfte sich die Frage politischer Anerkennung oder die Frage von Verhandlungen zwischen den Alliierten und der gegenwärtigen Regierung in Rußland kaum erheben.

Ich sehe die politischen Schwierigkeiten durchaus ein, und ich würde mich freuen, zu hören, unter welchen Bedingungen Sie ein solches Unternehmen befürworten könnten und ob diese Kommission auf finanzielle Unterstützung durch Ihre Regierung, auf Schiffe, Lebensmittel und Medikamente hoffen kann...«

Er hatte geschrieben: aus menschlichen Gründen... Er wußte, was in Rußland vor sich ging. Er leugnete den Terror nicht, der ganze Klassen vernichtete. Er glaubte weder an Revolutionen noch an Gewalt. Zudem schien es ihm, als ob Rußland ein politisches System, das zu einem großen Teil importiert war, auf die Dauer nicht ertragen würde.

»Die Entwicklung eines Volkes«, schrieb er ein paar Jahre später in seinem Buch »Rußland und der Friede«, »wird von tiefer liegenden Wurzeln bestimmt. Ein Volk ist ein lebendiger Organismus mit seinem eigenen inneren Leben; zuletzt wird es sich weigern, von zufälligen Leuten bestimmt zu werden, auch wenn sie imstande sein sollten, die Uhr der Entwicklung für einige Zeit vorzustellen oder ihren Gang zu verzögern. Alle Regierungen sind etwas Vorübergehendes. Das Volk und die Seele eines Volkes dauern. – Das russische Volk ist bis jetzt weder fähig gewesen, seine freie Entwicklung zu vollenden, noch einen Weg zu finden, auf dem es seine eigene Wahrheit ausdrückt. Aber seine Zeit wird kommen.«

Rußland hungerte. Das war für ihn jetzt das Entscheidende, und er glaubte, daß es nicht nur menschlich, sondern auch politisch gedacht war, wenn Rußland geholfen würde – nicht dem System, sondern den Hungernden.

Als er den Brief schrieb, war Rußland von Europa abgeschnitten. Die Armeen der weißen Gegenrevolution kämpften gegen die Rote Armee Trotzkijs, Koltschak im Osten, Denikin im Süden, Petlura in der Ukraine, alliierte Kräfte im Norden bei Archangelsk, die Japaner standen in Sibirien. Hunderttausende starben auf der Flucht zwischen Weiß und Rot. Die Alliierten und die russischen Emigranten glaubten, daß die Gegenrevolution siegen, die bolschewistische Regierung stürzen und Rußland befreien werde. Die Wirtschaft war zusammengebrochen, das Transportwesen gelähmt. Die Revolution enthielt für den Betrachter ein Ende, nicht einen Anfang.

Die Antwort der Vertreter der vier Großmächte vom 17. April begann mit den Sätzen: »Das Unglück und Leiden in Rußland, das Sie in Ihrem Briefe beschreiben, weckt das Mitgefühl aller Menschen. Es ist eine Schande für die Menschheit, daß Millionen von Männern, Frauen und Kindern nicht das Allernotwendigste haben, was das Leben erträglich macht.« Man mußte helfen, in der Tat, auch wenn die politischen Schwierigkeiten und die Schwierigkeiten des Transportes und der Verteilung groß sein würden. Aber die Hilfe mußte von einer Bedingung abhängig gemacht werden: die Feindseligkeiten in Rußland und der Transport von Truppen und Kriegsmaterial mußte eingestellt werden. Hilfe, die nicht zugleich die Rückkehr zu friedlichen Zuständen bedeutete, war nutzlos und konnte von den Großmächten unmöglich erwogen werden.

Nansen versuchte, mit der russischen Regierung unmittelbar in Verbindung zu treten, aber es war ihm unmöglich, das Telegramm an Lenin, das seinen Brief an die vier Großmächte, ihre Antwort und einen erklärenden Zusatz von ihm enthielt, aufzugeben. Die Telegraphenstationen weigerten sich. Er bat die norwegische Regierung, einen Kurier nach Rußland zu schicken; aber er konnte die Grenze nicht überschreiten. Schließlich wurde das Telegramm von Berlin abgeschickt. Die ausführliche Antwort Tschitscherins ließ die Tür offen:

»... wenn Sowjetrußland in Ruhe gelassen würde und man ihm freie Entwicklung erlaubte, würde es bald imstande sein, seine nationale Produktion zu beleben, seine wirtschaftliche Stärke zurückzugewinnen, seine eigenen Bedürfnisse und Nöte zu befriedigen und anderen Ländern zu helfen. In der gegenwärtigen Situation ... würde Hilfe vom Ausland sehr willkommen sein, und die russische Regierung weiß Ihr menschliches und herzliches Mitgefühl mit dem Leiden Rußlands dankbar zu schätzen. Angesichts des weltweiten Vertrauens zu Ihnen würde die russische Regierung gern mit Ihnen in Verbindung treten, um Ihren Plan durchführen zu helfen, den Sie ausdrücklich einen rein menschlichen nennen ... Auf der Grundlage humanitären Werkes der Hilfe für leidende Menschen würden wir gern alles tun, um Ihren Plan zu verwirklichen ...«

Die vier Großmächte bestanden auf der Einstellung der Feindseligkeiten, und Nansen mußte den Plan aufgeben. Er war davon überzeugt, wie er später in »Rußland und der Friede« schrieb, daß die Situation in Europa sich anders entwickelt hätte, wenn die Verhandlungen zum Ziel geführt hätten. Die Aufgabe der Blockade und Rußlands Eintritt in Beziehungen zur Außenwelt auf rein wirtschaftlicher Grundlage – zu einer Zeit, als Rußland noch beträchtliche Mengen von Rohstoffen besaß – würden das Gleichgewicht zwischen Erzeugung und Verbrauch in Europa schneller hergestellt haben. – Er gab den Plan auf, aber er war nicht entmutigt.

Als er im Herbst 1918 zum Vorsitzenden der norwegischen Liga für einen Völkerbund gewählt worden war, hatte er zu Dr. Keilhan gesagt, er fürchte, daß er, wenn er sich erst einmal in diese Arbeit hineinziehen lasse, nicht mehr aus ihr herauskommen würde. Er zweifelte daran, daß er für diese Art von Arbeit geschaffen sei. Er sehnte sich nach seiner wissenschaftlichen Arbeit, nach dem, was sein wirkliches Leben war. Die Pole der Welt. Expeditionen mit neuen Mitteln ... wie fern das jetzt war. Nansen, Arktisforscher, Wanderer im Eis ..., das gehörte schon der Geschichte an, und seine Bücher wurden gelesen, als sei er selber nicht mehr am Leben. Nansen, Professor der

Ozeanographie... auch dafür schien keine Zeit mehr dazusein. Als die erste Völkerbundsversammlung am 15. November 1920 zusammentrat, war er einer der drei Delegierten von Norwegen. Er war Mitglied des fünften Komitees, das sich mit der Aufnahme neuer Mitglieder zu beschäftigen hatte, und des sechsten Komitees für Mandate, Bewaffnung und Wirtschaftshilfe. Die Erneuerung der Welt fing mit mühseligem und geduldigem Tagewerk an, mit Sitzungen, Berichten, Verhandlungen. In seltenen Augenblicken konnte man von der Zeit träumen, in der die Welt nach dem Gesetz des Wohlwollens und gegenseitiger Duldung leben würde, und man mußte das Feuer wachhalten. In Wirklichkeit mußte Stein zu Stein gelegt werden. Die Arbeit der Lebenden nach der Apokalypse bestand darin, einen Pfad durch die Wildnis zu schlagen. Das war alles, und es war nicht wenig.

XXIV

EIN FELDZUG FÜR DIE VERLORENEN

Es war immer gut, zu Hause zu sein, in Polhögda über Lysaker. Das Haus inmitten von Bäumen und Büschen am Fjord war wie eine Insel. Langsam hatte es sich mit Leben gefüllt, und Leben war aus ihm herausgegangen. Hier waren Nansens Kinder in der Obhut freundlicher Hände herangewachsen. Hier war entstanden, was er ruhig sein Werk nennen konnte. Licht und Freude waren hereingekommen; auch Schatten und Stille. Hier waren Eva Nansen und sein jüngster Sohn Aasmund gestorben. Jetzt klang eine andere Frauenstimme im Haus; vor einem Jahr hatte Nansen wieder geheiratet. Sigrun hieß seine zweite Frau.

Die Welt war nicht mehr so, wie sie gewesen war, als er das Haus hatte bauen lassen. Der Frieden war eine Täuschung gewesen, der Krieg schien die wahre Natur des Jahrhunderts zu sein. Europa zuckte im Fieber wie jemand, der sich das Leben hatte nehmen wollen und nun schwerkrank war; niemand wußte, ob er überleben würde. Doch hier oben konnte man denken, daß es noch Frieden gäbe, und wenn Nansen aus dem Fenster des Turmzimmers über den Fjord und die Berge sah, war alles wie einst, oder es schien so. Die Schiffe fuhren, die Wolken zogen, das Wasser flammte in der Sonne.

Unten in der Halle wartete ein Beauftragter der Welt, wie sie jetzt war. Der junge Noel-Baker war gekommen, der Sekretär des Völkerbundes. Dem Besuch war ein Telegramm des Völkerbundsrates vorausgegangen, und Nansen hatte darauf mit Nein geantwortet. Jetzt hatten sie Baker geschickt, um ihn umzustimmen, aber er wußte, daß er wieder ablehnen würde. Er würde antworten, daß ihm die Lösung solcher Fragen nicht zukäme, er sei ein Wissenschaftler, der von seiner Arbeit zu lange getrennt worden war, und die Arbeit in den Komitees des Völkerbundes nahm ohnehin die Zeit weg.

Er ging hinunter, um nein zu sagen, dazu würde er nicht lange brauchen. Als Baker das Haus nach sieben Stunden intensivsten Gesprächs verließ, hatte er ja gesagt, und sie hatten bis in die Einzelheiten darüber gesprochen, wie das unlösbar Scheinende gelöst werden konnte.

Baker hatte nicht viel mehr sagen können, als der Bericht enthielt, den Longare, der italienische Vertreter, auf der vierten Sitzung des Völkerbundsrates Anfang April 1920 über die Lage der Kriegsgefangenen und vor allem die Gefangenen in russischen Lagern gegeben hatte. Im Februar 1920 hatten sich die Alliierten an den Völkerbund als eine übernationale Organisation mit der Bitte gewandt, die Rückführung der Kriegsgefangenen in russischen Lagern durchzuführen. Longare sagte in seinem Bericht:

»Man kann sich größere Leiden als die der Kriegsgefangenen nicht vorstellen. Viele von ihnen sind seit fünf Jahren in Gefangenschaft. Krankheit, Hunger, Kälte haben das Unglück ihrer Lage vergrößert. Die Sterbeziffer ist erschreckend hoch, die Leiden sind unbeschreiblich. Für eine große Zahl von ihnen – schätzungsweise 120 000 bis 200 000 – gibt es keine Möglichkeit der Heimkehr, da es keine Transportmittel gibt.«

Longare sagte, daß zweierlei getan werden müßte: Man mußte Hilfe bringen, um die Leiden der Gefangenen zu verringern und sie vom Tode zu retten, bis die Rückführung durchgeführt werden konnte, und man mußte Mittel für die Heimführung finden. Hunderttausende von Männern, durch Jahre der Anstrengung, der Krankheit, des Hungers und des völligen Abgeschlossenseins geschwächt, mußten gefunden, gesammelt, verpflegt und transportiert werden. Die technischen Schwierigkeiten waren so wie die finanziellen.

»Den einzigen Weg, alle diese Schwierigkeiten zu meistern, sehen wir darin, jemanden zu beauftragen, der die allgemeine Achtung der Welt besitzt, sowohl in bezug auf seine organisatorischen Fähigkeiten als auch auf seine Tatkraft und seine moralische Stellung, und ihn zu veranlassen, Bestimmungen für das zu treffen, was am dringendsten und notwendigsten getan werden muß, um das Unternehmen des Völkerbundes durchzuführen.«

»Wir können die Persönlichkeit nicht nennen, die diese schwierige und ehrenvolle Aufgabe übernehmen wird, aber wir denken an einen hervorragenden Mann, der die notwendigen Qualitäten in höchstem Maße besitzt. Wir haben ihn bereits gebeten und erwarten seine Antwort.«

Der Vorlage Longares war ein Bericht der Schwedin Elsa Brandström über die Lage in den sibirischen Gefangenenlagern beigegeben. Er enthielt nur Leiden.

Die Toten des Krieges waren tot. Niemand fragte mehr nach ihnen außer denen, die um sie trauerten. Sie lagen in Gräbern und Gräben. Das Meer löste sie auf. Sie wurden zu Zahlen, zu ungeheuren Säulen von Zahlen. Die Toten waren nicht mehr da.

Die Lebenden waren in ihr Leben zurückgegangen. Es war schwer, ein Hungerleben, das Leben nach einem Kriege. Aber es war Leben, und gut war es, nicht tot zu sein.

Aber die Gefangenen – was waren sie? Noch Lebende, die in Lagern, diesen Vorhöfen des Todes, auf das Sterben warteten, oder schon Tote, die sich in einem durch Draht abgegrenzten Niemandsland noch regten? Seit dem Ende des Krieges waren anderthalb Jahre vergangen. In Deutschland warteten 200 000 Russen auf die Heimkehr. Lager in Frankreich, Afrika, in Indien – riesige, über die Erde versprengte Warteräume. Aber die Lager in Rußland und vor allem die Lager in Sibirien waren die Hölle.

Nansen kannte Sibirien. Im Salonwagen der Transsibirischen Bahn war er über die endlose Erde gefahren. Erde der Zukunft war sie ihm gewesen, ein Land für Millionen von Siedlern. Jetzt war sie ein Totenreich.

Internationale Missionen der verschiedenen Rot-Kreuz-Organisationen hatten versucht zu helfen, vor allem die der nordischen Staaten und die Amerikas. Kranke waren ausgetauscht und in Lager nach Schweden und Dänemark gebracht worden. Deutsche und österreichische Organisationen hatten während des Krieges getan, was sie nur tun konnten. Wohin sie auch gekommen waren, traten sie in Leiden ein. Von den Tausenden, die auf den Transporten nach Sibirien erfroren und verhungert waren, sprach schon niemand mehr. Die Lager bestanden aus elenden Baracken oder Erdhütten. Das Essen war unzureichend. Flecktyphus, Cholera, Malaria krochen durch die Lager. Keine Ärzte, keine Medizin, keine Hilfsmittel. Es gab nichts als Sterben und das Warten auf das Sterben, und der Unterschied zwischen denen, die in Karren hinausgefahren und wie Abfall in Gruben geworfen wurden, und den noch Lebenden war gering; es war nur ein Zeitunterschied. Es gab Lager, in denen zwei Drittel der Gefangenen starben. In Krasnojarsk – Nansen konnte sich des glänzenden Empfanges noch erinnern – starben im Winter 1915/16 über die Hälfte der Gefangenen an Flecktyphus. In den turkestanischen Lagern starben von 200 000 Gefangenen 45 000. Sie starben beim Bau der Murmansk-Bahn im Norden. Die zurückgeschickten Kranken erfroren in den Wagen. Von 70 000 starben 25 000, die andern waren krank und erschöpft. Von etwa zwei Millionen deutscher, österreichischer und türkischer Gefangener starben eine halbe Million. Unter den Gefangenen waren 350 000 Zivilinternierte, Männer, Frauen, Kinder.

Die Helfer der Rot-Kreuz-Organisationen kamen für die Lebenden in den Lagern wie Abgesandte aus einer Welt, die ihnen schon entglitten war. Sie brachten Kleidung, Medizin, Bücher, sie brachten Nachrichten und Hoffnung.

Als die Russische Revolution 1917 ausbrach, schien das Ende der Leiden gekommen zu sein. Nach dem Abschluß des deutsch-russischen Friedensvertrages von Brest-Litowsk leiteten die sowjetischen Behörden in Zusammenarbeit mit deutschen und österreichischen Kommissionen die Rückführung der Gefangenen aus den westrussischen Lagern ein. Unter riesigen Schwierigkeiten wurde eine Million Gefangene zurückgebracht. Dann brachen Deutschland und Österreich zusammen, die bolschewistische Revolution überschwemmte das Land. Zwar erklärte die sowjetische Regierung die Gefangenen für frei. Aus Gefangenen wurden Freie am gleichen Ort, im gleichen Leiden. Das Wort »frei« gab weder Brot noch Decken noch Medizin. Sie starben weiter, und jetzt wurden die Gefangenen zwischen Weiß und Rot hin- und hergezerrt. Tausende schlossen sich der Roten Armee an, manche aus Überzeugung, viele, weil sie hofften, nach Hause zu kommen, Tausende den weißen Armeen. Die Weißen waren nicht menschlicher als die anderen. Ganze Lager starben aus. Die Fliehenden verkamen oder wurden zusammengeschossen.

Das war Sibirien im Jahre 1920. Das Land der Zukunft war ein Niemandsland des Grauens geworden. Das waren die Fakten. Was in ihnen enthalten war, überstieg jede Kraft der Vorstellung. Dantes Weg in die Unterwelt war ein Spaziergang, verglichen mit dieser Hölle. Die Hilfsorganisationen waren am Ende.

Jetzt war es am Völkerbund zu helfen. Ein Politiker konnte das Unternehmen oder den Versuch der Rückführung der Gefangenen nicht meistern. Mißtrauen, Vorurteile würden ihn hemmen. Außerdem waren alle politischen Beziehungen zu Rußland abgebrochen. Es mußte nicht nur ein Neutraler sein, sondern jemand, dessen Namen überall und auch in Rußland bekannt und geschätzt war, jemand, der keiner Partei angehörte als jener kleinen, nie organisierbaren, immer gehaßten und selten erfolgreichen Partei freier Menschlichkeit. Das war Nansen. Der Völkerbund hatte ihn gebeten, dieser Jemand zu sein, und er hatte nein gesagt.

Und jetzt, als Baker gekommen war, sagte er ja – wozu? Was würde es sein, das er beginnen würde und zu Ende bringen wollte? Ein Abenteuer, ein Wagnis, ein Unternehmen ... Er sagte ja. Daß es nicht nur zwei Monate dauern würde, wie man in Paris glaubte, war sicher. Niemand konnte ihm sagen, wie viele Gefangene noch in Rußland lebten und verkamen. Niemand wußte genau, wo die Lager waren und wie man sie erreichen würde. Niemand konnte ihm sagen, wie er Schiffe, Züge bekommen würde. Niemand wußte, wer die Quarantänelager einrichten und überwachen, wer die Rinnsale, Flüsse, Ströme von Gefangenen zu den Häfen und Bahnstationen leiten würde. Er brauchte Geld – vor allem Geld. Wer würde es geben? Alles war so unbekannt wie Grönland und so ungewiß wie die Arktis.

Er war allein, wie in den Zeiten, in denen er den Weg über das Eis geplant und vorbereitet hatte. Damals war er für fünf Gefährten verantwortlich gewesen. War es nicht merkwürdig, wie ihm die Verantwortung für mehr und mehr auferlegt worden war? War sie ihm auferlegt worden? Er hatte sie übernommen, weil er sich für andere verantwortlich fühlte. Aus fünf Leuten waren die zwölf der »Fram« geworden, war das Volk von Norwegen geworden, das er durch seine persönliche Entscheidung gerettet hatte. Jetzt waren es Hunderttausende fremder Menschen, die er nach Hause bringen sollte – und wollte. Wenn man ja gesagt hatte, gab es keinen Rückzug, man ging bis zum Ende. Fremde Menschen ... waren es Fremde? Hungernde, Frierende, Sterbende, Erschöpfte gehörten keiner Nation mehr an. Sie waren Menschen, und die neue Welt, an die er glaubte, fing mit Hilfe an, oder es würde keine neue Welt sein. Sie wollten nach Hause ... Er wußte, was es hieß zu warten, sich zu sehnen. Er wußte, was es bedeutete, drei Jahre von dem getrennt zu sein, was man liebte, was Leben war. Er hatte das erfahren, aus eigenem Willen, während alle diese Männer in ihr Schicksal hineingeschleudert worden waren, ohne es gewollt zu haben. Wollten die Arbeiter,

Bauern, Fischer, Handwerker den Krieg? Ihre Lager in Sibirien und Sibirien selber waren zu etwas wie einem ungeheuren Grönland geworden, unbekannt, grauenhaft; und eben weil er im Eis gewesen war, weil er am Grunde gelebt hatte wie sehr wenige in seiner Zeit, weil er die Größe des Lebens, den Wert des Daseins, die Schönheit so einfacher Dinge wie des Schlafes in Ruhe, des Brotes, des Wassers begriffen hatte, war er der Mann, das unmöglich Scheinende zu tun. Er hatte ja gesagt. Das hieß: kein Rückzug. Das hieß: planen, denken, organisieren. Es hieß: einen Feldzug für die Vergessenen und Verlorenen durchzuführen – bis zum letzten Ende. Kein Rückzug.

Was er tun wollte, würde nicht nur den Gefangenen zugute kommen, auch dem Völkerbund. Das humanitäre Unternehmen war von politischer Bedeutung. Er glaubte, daß der Völkerbund eine neue Form des Zusammenlebens der Staaten schaffen konnte. Er glaubte, daß das Gegeneinander der Völker durch ein »Zusammen« und Miteinander abgelöst werden konnte. Der Völkerbund war ein paar Monate alt und noch gebrechlich. Wenn es ihm möglich war, die Gefangenen aus Sibirien zurückzubringen, bewies er die Kraft des Völkerbundes als einer übernationalen Organisation und eines Instrumentes des Friedens. Der Völkerbund mußte zu einem Symbol der Hoffnung, friedlicher Zusammenarbeit und konstruktiver Anstrengung gemacht werden.

Er hatte ja gesagt und ging an die Arbeit. Ein paar Monate später, in der dreizehnten Sitzung des Völkerbundsrates, vom 17. bis 28. Juni 1921, gab Nansen einen Bericht. Er sprach nicht von Hoffnungen, sondern von Fakten.

Die Schiffahrtslinien von Riga, Narwa, Baltischport nach Stettin transportierten in dieser Zeit 28 000 Gefangene. Auf der Bahnlinie von der russischen Grenze über Riga nach Stettin wurden 16 000 Mann befördert. Beide Wege und vor allem die Verbindung beider erwiesen sich als nützlich. Dann gab es noch die Route über Wladiwostok. Finanzielle Erwägungen machten es notwendig, die Zahl der über Wladiwostok auf dem Schiffswege heimkehrenden Gefangenen auf ein Minimum zu beschränken. Eine Vereinbarung mit den sowjetischen Behörden, durch die 20 000 Gefangene aus dem Bezirk Omsk auf den russischen Bahnen zur Ostsee transportiert wurden, zeigte sich als ungewöhnlich wertvoll; sie erlaubte, die kostspielige Wladiwostok-Route aufzugeben. Eine geringere

Zahl von Gefangenen wurde aus den Lagern am Schwarzen Meer auf Schiffen nach Hause gebracht.

Am Ende seines Berichtes sagte Nansen: »Die Arbeit, mit der ich betraut wurde, beschränkte sich auf die Zurückführung von Gefangenen, aber meine Arbeiten im Zusammenhang damit brachten mich zu der Überzeugung, daß Europa nicht nur unter der Abwesenheit dieser Männer leidet. Ohne in meinem Bericht Angelegenheiten bringen zu wollen, über die gestritten werden könnte, halte ich mich doch für verpflichtet zu sagen, daß es eine beträchtliche Zahl von Menschen gibt, die als Flüchtlinge in fremden Ländern leben und denen nur zum Vorteil für Europa und die Beruhigung seiner Lage geholfen werden sollte. Viele von ihnen sind unfähig, sich selber zu helfen, da sie an Orten leben, die ihnen keine Möglichkeit des Lebens geben. Aber wenn man ihnen helfen könnte, entweder in ihre Heimatländer zurückzukehren oder in den Ländern, in denen sie zur Zeit sind, Arbeit und Lebensunterhalt zu finden, würde eine schwierige und auch gefährliche Situation gelöst. Ich spreche damit meine persönliche Auffassung aus, aber ich hoffe, daß der Völkerbundsrat dieser Frage seine Aufmerksamkeit schenkt.«

Er nannte in seinem Bericht Zahlen. Diese Zahlen des eben begonnenen Rettungswerkes bedeuteten Tausende von Männern, die heimkehrten, Söhne zu ihren Eltern, Väter zu ihren Frauen und Kindern. Er wußte, was es war, zu warten, er wußte, was es hieß, wieder zu Hause zu sein. Er selber war zurückgekehrt.

Der erste Bericht und die folgenden sprachen von dem, was getan worden war. Aber niemand außer ihm selber und seinen Helfern, die zum großen Teil ehrenamtlich arbeiteten, wußte, was getan werden mußte, ehe die Schiffe und Züge fuhren. Er fuhr nach Moskau, um von Tschitscherin zu hören, daß Sowjetrußland den Völkerbund als Autorität nicht anerkenne. Nansen bat gelassen um einen Zug, der ihn in zwei Stunden wieder zur Grenze bringe. Tschitscherin beruhigte sich und war damit einverstanden, wenn Nansen die Regierungen der Länder, deren Kriegsgefangene noch in Rußland waren, einzeln um Vollmacht bat. Die Gefangenen gehörten sechsundzwanzig Ländern an. Wahrscheinlich kamen die Vollmachten an, als die Arbeit beendet war. Nansen kümmerte sich nicht mehr darum.

Zurück nach Europa wie aus einem anderen Erdteil, um mit den Regierungen zu verhandeln. Er reiste in ungeheizten Zügen, schlief in billigen Hotels. Was er ersparte, kam den Gefangenen zugute. Zurück nach Moskau. Die russische Regierung verpflichtete sich, wöchentlich zwei Züge aus Sibirien zur Grenze oder zu den Ostseehäfen zu schicken. An der Grenze wurden Auffanglager eingerichtet, in denen die Gefangenen verpflegt, eingekleidet, untersucht wurden. Eine waffenlose Armee kam zurück, Nansen war ihr General ohne Abzeichen, ihr Freund, ihr Betreuer. Er griff zu, verteilte, stand an den Tischen, an denen Verpflegung ausgeteilt wurde. Er sah starre, erschöpfte Gesichter sich öffnen, das Licht kehrte in sie zurück, ein Licht, kostbarer als das Leuchten der Arktis. Er war in den Lagern und sah das Grauen, den Tod, das langsame Verkommen, ein Reisender zwischen Elend und Hilfe. Er brauchte Geld, mehr Geld. Die im International Relief Credit Committee vertretenen Staaten stellten große Summen zur Verfügung, um den Nansen als Vertreter des Völkerbundes gewährten Kredit zu decken. Der Kredit, mit dem er arbeiten konnte, betrug anderthalb Millionen Mark, eine Summe, mit der seine Beauftragten genau und hervorragend arbeiteten.

Er verhandelte mit den Vertretern der Hilfsorganisationen und schuf eine Zentralorganisation, die unter dem Namen »Nansenhilfe« die Arbeit der sowjetischen, deutschen, österreichischen Regierung, des Internationalen Roten Kreuzes und der YMCA – der Young Men's Christian Association – zusammenfaßte. Die Zentralstelle in Berlin schickte Züge mit Lebensmitteln, Kleidung, Medikamenten nach Rußland, und die russische Regierung legte Verteilungsstellen an. Von den Zügen, die durch Rußland fuhren, wurde nicht ein einziger erbrochen und bestohlen. Die vierzehn Schiffe für den Transport der Kriegsgefangenen hatte er von der englischen Regierung in mühsamen Verhandlungen bekommen. Noel-Baker war sein engster Mitarbeiter, der norwegische Kapitän Finne sein Sekretär.

Aus zwei Monaten wurden fast zwei Jahre. Es waren zwei Jahre einer Odyssee guten Willens, zwei Jahre der Suche eines alten Odysseus nach seinen Söhnen. Sie sprachen sechsundzwanzig Sprachen und hatten ein Gesicht. Es war das Gesicht des leidenden Menschen, der mehr Mensch ist als jeder andere. Er sah mehr, als je einer in diesen Jahren gesehen hatte.

In seinem abschließenden Bericht auf der dritten Versammlung des Völkerbundes 1922 teilte er mit, daß 427 386 Kriegsgefangene nach Hause zurückgekehrt seien. Er nannte Zahlen. Jede Zahl war ein gerettetes Menschenleben für den Frieden. Keiner war vergessen worden, weder die acht Amerikaner noch die achtzehn Schweden, die in den Sog gerissen worden waren. Während die deutschen, österreichischen, türkischen und die Kriegsgefangenen vieler Länder aus Rußland und Sibirien heimkehrten, wurden die russischen Gefangenen in Deutschland zurückgeführt. Über Wladiwostok waren 10 000 Gefangene transportiert worden. Amerikanische Organisationen brachten eine Million Dollar zusammen, um die hohen Reisekosten für diese Gefangenen zu decken. Zwischenfälle nahmen in seinem Bericht den Raum von ein paar Zeilen ein, aber sie bedeuteten mühsame, schwierige und zuletzt erfolgreiche Verhandlungen. 10 000 kriegsgefangene Bulgaren wurden in Griechenland zurückgehalten, und die griechische Regierung antwortete ausweichend. Schließlich erklärte sie sich bereit, die Gefangenen zurückzuschicken; aber 800 sollten so lange in Griechenland bleiben, bis 500 griechische Kinder, die in Bulgarien verschwunden waren, aufgefunden wurden. Suchkomitees wurden gebildet, die Kinder wurden gefunden, und die letzten bulgarischen Gefangenen kehrten zurück. Ein anderer Zwischenfall: Etwa 1000 türkische Gefangene, die in sibirischen Lagern gewesen waren und über Wladiwostok heimkehrten, wurden von einem griechischen Kriegsschiff aufgebracht und in einem griechischen Lager zurückgehalten. Die Leidensgeschichte dieser Verlorenen zog sich durch eine Reihe von Sitzungen des Völkerbundsrates. Schließlich waren sie frei.

Nansen sagte in seinem abschließenden Bericht: »Niemals in meinem Leben bin ich mit einem so entsetzlichen Maß an Leiden in Berührung gekommen wie dem, das zu lindern ich den Auftrag hatte. Aber dieses Leiden war nur das Ergebnis eines Krieges, der vier Jahre lang die Welt erschütterte. Der Völkerbund tut recht, sich mit solchen Fragen wie der Heimführung der Kriegsgefangenen zu befassen, aber was ich wirklich bei meiner Arbeit erfahren habe, ist dies: es ist lebenswichtig für den Völkerbund, die Wiederholung solcher Katastrophen zu verhindern, deren unausbleibliches Ergebnis ein so unbeschreibliches Elend ist.«

Barnes, ein englischer Vertreter im Völkerbundsrat, sagte, als er Nansens Bericht gehört hatte: »Während Dr. Nansen sprach, versuchte ich, mir die Lage eines Mannes vorzustellen, der von seiner Familie Hunderte und Tausende von Meilen entfernt ist, eines Mannes, der von den Seinen nichts weiß, wie sie von ihm nichts wissen. Ich versuchte, mir vorzustellen, was die Rückkehr dieses Mannes in seine Heimat für ihn bedeutet und wie ihm zumute war, als er mit denen, die ihm teuer waren, wieder vereinigt war. Das, nur verhunderttausendfacht, ist es, was Dr. Nansen für den Völkerbund getan hat.«

Es war einer der großen Augenblicke des Völkerbundes, einer jener seltenen Augenblicke, in denen die Grenzen sich auflösten und die menschliche Gesinnung des Menschen aufleuchtete.

Das fünfte Komitee faßte in einem Bericht zusammen: »Der Völkerbundsrat beauftragte durch eine Erklärung vom 11. April 1920 Dr. Nansen mit der Zusammenfassung aller Bemühungen, die bis dahin gemacht worden waren, den Kriegsgefangenen zu helfen und ihre Rückführung zu sichern. Dr. Nansen, dessen tätige Menschenliebe niemals umsonst angerufen worden ist, übernahm diese schwere Verantwortung. Zu jener Zeit hielten ihn viele, die Erfahrung genug besaßen, für voreilig und unbesonnen; die Aufgabe war überwältigend schwer, und Hilfsquellen waren kaum vorhanden. Diejenigen, die optimistisch dachten, glaubten, daß nur ein Teil der Soldaten zurückgeführt werden könnte und daß auch diese Arbeit sich bei riesigen Kosten über Jahre erstrecken würde. Am 15. Juli 1922 hatte Dr. Nansen die Heimführung der Gefangenen beendet, und die Geldmittel, die ihm zur Verfügung gestellt worden waren, überschritten nicht acht Millionen Mark.«

»Nichts war vorhanden, aber Nansens erfinderische Fähigkeiten improvisierten alles. Es gab keine Schiffe; die Krisis des Verkehrswesens hatte ihren Höhepunkt erreicht. Nansen fand Schiffe. Das Mißtrauen der Sowjetregierung mußte überwunden werden, und Nansen versicherte sich ihres guten Willens. Das International Committee for Relief Credits konnte nur begrenzte Geldmittel zur Verfügung stellen – weniger als ein Pfund Sterling für jedes gerettete Leben –, und das nur in Form von Anleihen. Nansen sicherte sich soviel Hilfe, soviel guten

Willen, soviel Zusammenarbeit, daß der Mangel an Geldmitteln ihn nicht hindern konnte.«

»Einen Monat nach seiner Ernennung zum Hohen Kommissar setzten die Transporte ein. Am 15. September 1920 waren schon 100 000 Männer in ihre Heimatländer zurückgekehrt. Im Juni 1921 wuchs ihre Zahl auf 350 000, und das Rettungswerk war zu drei Vierteln vollendet. Im März 1922 waren nur noch ein paar hundert Nachzügler übrig, einige viertausend, die schwer zu erreichen waren und von denen nicht alle unbedingt heimkehren wollten. Ihrethalben wurde die Tätigkeit der Organisation bis zum 1. Juli 1922 aufrechterhalten. Die paar hundert Männer, die von dieser Möglichkeit keinen Gebrauch gemacht haben, werden nun auf normalen Wegen zurückkehren.

427 386 Gefangene, die 26 verschiedenen Nationalitäten angehörten, sind in ihre Heimat zurückgekehrt, dank der Arbeit des Hohen Kommissars des Völkerbundes, unterstützt vom Internationalen Roten Kreuz und anderen Wohlfahrtsorganisationen, die wir gebeten hatten.

Wir hoffen, daß die Geschichte dieses großartigen Unternehmens bald geschrieben wird. Sie würde Berichte von heroischer Ausdauer enthalten, die der Erzählungen von der Durchquerung Grönlands und der großen arktischen Reise würdig wären. Sie würde enthüllen, was Menschenfreundschaft, verbunden mit unbeugsamem Willen, erreichen kann.«

XXV

DIE FLÜCHTLINGE

Noch immer war der Anblick von Konstantinopel hinreißend. Der Hauch großer Geschichte wehte durch die Stadt am Bosporus. Einst war sie neben Jerusalem und Rom die dritte der Städte in der Welt gewesen. Die schlanken Schäfte der Minarette stiegen wie Pfeile empor. Dunklen reglosen Flammen glichen die Zypressen. Die Gärten und Mauern leuchteten. Das in den Gassen zusammengepreßt strömende Leben war Orient. Aus der Dämmerung der Kirchen schwebten griechische Gesänge.

Doch auch Konstantinopel hatte in diesen Jahren nach dem Kriege andere Züge bekommen, das Fieber war auch in ihm. Im Hafen lagen englische und französische Kriegsschiffe. Matrosen und Soldaten der alliierten Armeen lärmten durch die Gassen, aus den Tanzhallen brach schon am Nachmittag grelle Musik. Die Hotels waren überfüllt, fremde Fahnen wehten auf ihnen. Konstantinopel war eine Stadt der Niederlage geworden, die Türkei hatte den Krieg verloren, und es war eine Stadt der Russen. Der alte russische Traum von Byzanz schien sich erfüllt zu haben; aber es waren die russischen Flüchtlinge und die Überreste der Wrangel-Armee, die Konstantinopel füllten und sich ohne Ziel durch die Straßen schoben, überall lagen, auf etwas warteten, das nie mehr kommen würde.

Nansen kannte die großen Städte Europas und Amerikas. Es war lange her, Jahrzehnte, seit er zum ersten Male in Paris, London, Berlin gewesen war, um zu Tausenden über seine Abenteuer im Eis zu sprechen. Zwischen jene Jahre und die Gegenwart hatte sich eine undurchdringliche Wand geschoben, zwischen ihr und der Vergangenheit gab es keine Verbindung mehr.

Die Völker hatten den Frieden besessen. Sie hatten ihn weggeworfen, verschleudert, zerstampft. Aus den Marschliedern des Aufbruchs war ein Klagelaut geworden. Jetzt versuchten die Völker, aus tausend Splittern das Bild des Ganzen wieder zusammenzufügen. Auch er, Nansen, versuchte es, er, gläubiger Teilhaber der Hoffnung von vielen, daß das Geschehene nie wieder geschehen würde, daß aus Trümmern eine neue und menschliche Welt entstehen würde! Und jetzt fuhr er durch Europa nach dem Kriege von einer Hauptstadt in die andere, und neue ehrgeizige Hauptstädte waren dazugekommen. Er fuhr durch die Länder, um zu verhandeln, zu beraten, zu bitten, mit der gleichen vollen Stimme, die ohne Umschweife das Notwendige sagte, nur daß sie dringender und überzeugender geworden war. Ein Privatmann, der an das Allgemeine dachte, ein alternder Mann, dem man das Alter kaum ansah, der nach langen erschöpfenden Sitzungen keine Spur von Müdigkeit zeigte und der es noch immer gern hatte zu tanzen, am liebsten zu norwegischer Musik. Europa war ein dunkles Land geworden, und so waren auch die Züge seiner Menschen. Wenn er in einem billigen Hotelzimmer lag und an den langen Tag dachte, der hinter ihm lag, sah er die Gesichter derer wieder, mit denen er gesprochen hatte, Gesichter voller Ablehnung, Mißtrauen, Feindseligkeit, Gesichter, auf denen das Französische, Griechische, Englische, das Nationale wie eine starre Maske lag, aber auch Gesichter, die sich langsam zu einem Ja öffneten. Die »neue Welt« hätte mit neuen Menschen gebaut werden sollen, aber das gab es nicht. Es waren die alten Menschen und der gleiche Stoff.

Noch immer war London das mächtige Herz des Empire, und die Glockenrufe des Big Ben flossen durch den Nebel. Noch immer leuchtete der Herbsthimmel über Paris in diesem unvergeßlichen grauen Blau. In Moskau konnte man im Anblick des Kremls noch immer Mittelalter empfinden. Prag und Belgrad, die Hauptstädte junger, aus dem Zusammenbruch Österreichs emporgeschossener Staaten, waren voll ehrgeizigen, frischen Lebens. Doch in Wirklichkeit lagen Schatten überall. Der Frieden war unterzeichnet worden, aber nur der Krieg war zu Ende gegangen. Nansen glich einem Journalisten, der von Stadt zu Stadt fuhr, um ihren veränderten Herzschlag zu spüren. Er glich einem Reisenden. Für wen oder was war er unterwegs? Für den Frieden. Das war eine Sache, die man nicht fassen konnte. Auf der Suche nach dem Frieden. Er hatte recht gehabt, wenn er zu Keilhan gesagt hatte, daß er, wenn er sich erst einmal in alles das einlassen würde, niemals mehr herauskäme. Er kam nicht mehr heraus. Jetzt war er in Konstantinopel – Nansen Hoher Kommissar für die russischen Flüchtlinge, vom Völkerbundsrat im August 1921 ernannt. Noch immer war die Hagia Sophia das alte Herz von Byzanz in tiefer Stille. Er suchte nach anderen Herzen.

Ein Sturm war über die Welt gegangen, und er wehte noch. Menschen waren wie Herbstblätter dahingewirbelt worden. Eine ungeheure Bewegung ging über die Erde, eine Völkerwanderung ohne Ziel. Niemand wußte, wie viele ihre alte Erde verloren hatten; aber es waren Millionen. Polen waren vor den Deutschen nach Rußland geflohen. Hungernde flohen aus den russischen Elendsgebieten. Hunderttausende flohen vor der Armee der russischen Revolution. Die geschlagenen und von den Alliierten im Stich gelassenen Armeen von Koltschak, Wrangel, Denikin flohen nach China, Europa. Anderthalb Millionen Russen waren in Polen, Deutschland, Frankreich, Italien, überall, unerwünschter, widerwillig geduldeter Abfall des Krieges, Spreu, die in der Windstille lag, um vielleicht durch einen neuen Stoß weitergeweht zu werden. Anderthalb Millionen Mal die gleiche Geschichte, die gleiche verwirrende, armselige und gehetzte Odyssee: der Griff nach ein paar notwendigen Sachen, die Wanderung, der flüchtige Schlaf zwischen erschöpften, sterbenden Elendsgenossen, neue Flucht, Auseinandergerissenwerden von Mann und Frau, Mutter und Kind, und endlich das tiefe Aufatmen: gerettet. Alle Unterschiede waren ausgelöscht, der General floh nicht anders als ein Bauer, der Staatsmann hetzte auf den Straßen der Flucht wie ein Knecht.

Die freiwilligen Hilfsorganisationen – vor allem die American Relief Association und die nationalen Rot-Kreuz-Gesellschaften – taten das möglichste; es waren großartige, doch versprengte Versuche. Die Regierungen der Länder, in denen russische Flüchtlinge lebten, gaben große Summen aus, um sie zu verpflegen und provisorisch unterzubringen. Das war etwas, aber es konnte nicht genug sein und enthielt keine Lösung. Im Februar 1921 bat das Internationale Rote Kreuz den Völkerbund, einen Hohen Kommissar zu ernennen. Er sollte die Hilfsarbeit zusammenfassen, die rechtliche Stellung der Flüchtlinge klären, ihre Rückführung nach Rußland organisieren oder, da das in vielen Fällen unmöglich sein würde, mit den Regierungen darüber verhandeln, wie die Flüchtlinge in das Arbeitsleben der Länder eingegliedert werden konnten. Im Juni beschloß der Völkerbundsrat die Ernennung eines Hohen Kommissars, im August setzte sich Drummond, der Generalsekretär des Völkerbundes, mit Nansen und Hoover in Verbindung. Hoover konnte die Aufgabe nicht übernehmen. Nansen war in den norwegischen Bergen. Es konnte wie Flucht aussehen, wie Ausweichen vor den bitteren Tatsachen der Zeit. Aber er hätte ohne dieses tiefe, gestillte Atmen nicht leben können. Er brauchte die Quellen, den Wald, die Berge. Er brauchte diese Macht, in der alle Stimmen erloschen und die große Ruhe begann – um wieder zurückzugehen, wieder in der Zeit zu sein.

»Wir fanden einen geschützten Platz mit weiter Aussicht, wo wir gut gedeckt saßen, jeder an seine Tanne gelehnt. Im Nordwesten glühte noch der Himmel, aber es dämmerte, und langsam kam die Nacht über den Wald dahergezogen. Es war nicht so windig wie gestern abend, nur hier und da ging ein Rauschen durch die Wipfel. Die Singdrossel war noch am Werk; sie kam von einem Lied in ein anderes, brachte bald hohes, munteres Gezwitscher und Geschwätz, bald lange spottende Strophen – vielleicht auf all das Grauen, das sie im Süden sah? –, und dann zitterten wieder tiefe Brusttöne durch die Schwermut des Waldes. Das Rotkehlchen half dabei nach Kräften, und es klang fast wie ein Wettstreit zwischen den beiden, aber die Singdrossel gewann ...«

»Dann wurde es allmählich stiller, nur hier und da trillerte durch den Frieden des Waldes noch eine verspätete Strophe, die in einer Kehle steckengeblieben war. Der schwache Purpurschein des Himmels im Osten wurde dunkler, der tiefblaue Schatten der Erde zog höher am Gewölbe des Himmels empor. Es duftete nach frischer Erde. Hoch oben zitterte ein einzelner fahler Stern. Unten zwischen den Bäumen wurden die Schatten dichter; man konnte die Blätter auf dem Waldboden nicht mehr unterscheiden. Im Osten flossen die Bergrücken zu einer dunklen Masse zusammen. Ein Windstoß fuhr durch die Stille. Die Dämmerung wurde dichter.«

»Wie feierlich das Herabsinken der Nacht auf die Erde ist – Tag für Tag –, doch immer neu. Groß, einfach, still – der große Weltraum, das seit dem Beginn der Zeiten Unveränderliche, vor dem alle Ziele der Menschen versinken.«

Das war es, was er spüren mußte, um sich selber wieder zu besitzen, im Einverständnis mit sich selber und mit der Welt zu leben, und wenn er das gehabt hatte, dieses ruhige, unzerstörbare Gestilltsein des Geistes, konnte er wieder hinabgehen.

Mitte August antwortete er auf Drummonds Telegramm

mit Ja, und Anfang September begann die Arbeit. Er bat die verschiedenen Hilfsorganisationen und die Regierungen der Länder, in denen russische Flüchtlinge lebten, ein Komitee zu bilden, dessen Mitglieder ihn über das Problem der Flüchtlinge und über die bisher geleistete Arbeit unterrichteten. Durch die von ihm persönlich gewählten Vertreter war er in Verbindung mit den Hauptstädten. Mit Hilfe des Internationalen Arbeitsamtes wurden Büros eingerichtet, in Athen, Belgrad, Bukarest, Sofia, Konstantinopel, Helsingfors, London, Warschau, Paris und an anderen Orten. Die Flüchtlinge, soweit sie erfaßt werden konnten, wurden gezählt, Arbeitsplätze gesucht und nach Fähigkeiten und Möglichkeiten verteilt. Die Regierungen wurden gebeten zu überlegen, welche Art von Flüchtlingen nach der allgemeinen Struktur des Landes aufgenommen werden konnten, Bauern, Landarbeiter, Arbeiter, Handwerker und wie viele. Die Ergebnisse waren nicht ermutigend, alle Länder hatten ihre eigenen Schwierigkeiten, und russische Flüchtlinge waren ein fremdes Element.

Anderthalb Millionen russische Flüchtlinge lebten in Europa und Asien, 45 000 Flüchtlinge aus den deutschen Kolonien an der Wolga und aus der Ukraine waren in Deutschland, 31 000 in Finnland, 35 000 in Bulgarien, 70 000 verkamen in den Randstädten der Mongolei und Chinas. Wenige konnten von dem leben, was sie gerettet hatten. Handwerker konnten leichter Arbeit finden. Am bittersten war die Lage der Intellektuellen, der Lehrer, Professoren. Ihre Hände waren tot. Ihr Geist war gelähmt, sie lebten in fremden Sprachen. Aber es war notwendig, daß für alle Arbeit gefunden wurde. Arbeit bedeutete nicht nur Brot und nicht nur Erleichterung für das Land, in dem sie lebten, Arbeit bedeutete Rettung vor der Resignation. Wenn man arbeitete, lebte man.

Zu den russischen Flüchtlingen kamen griechische, bulgarische, armenische. Vier Millionen Menschen hatten ihre alte Erde verloren. Sie trauerten, seufzten, waren mißtrauisch, die politischen Flüchtlinge aus Rußland arbeiteten Nansen und seinen Helfern mit Verdächtigungen entgegen; andere fingen an, sich dort, wo sie waren, an die Erde zu klammern und zu arbeiten. Andere bewegten sich ziellos zwischen den Ländern. Das junge Polen, das eben den erschöpfenden Krieg gegen Sowjetrußland hinter sich gebracht hatte, wies die russischen Flüchtlinge, die meisten davon Juden, aus. Sie preßten sich im

Freistaat Danzig zusammen, um wieder nach Polen zurückzufluten.

Am bittersten war die Lage der russischen Flüchtlinge in Konstantinopel. Es war eine Stadt der Russen geworden. Überall tauchten die grauen Gesichter dieser Gefährtenschaft des Elends auf, ein ständig wachsender Schatten im fiebrigen Leben der Stadt. Die Überreste der Wrangel-Armee waren von der französischen Militärbehörde, die russischen Zivilflüchtlinge vom amerikanischen Roten Kreuz unterstützt worden. Beide wollten die Hilfe jetzt einstellen. Nansen fuhr nach Konstantinopel, verhandelte und erreichte, daß die Hilfe wenigstens vorläufig weitergeführt wurde, bis die Flüchtlinge in anderen Ländern untergebracht waren – aber wo? Telegramme an die Regierungen und Hilfsorganisationen. Bitten um Geld, Geld. Das amerikanische Rote Kreuz gab 30 000 Dollar. Er fuhr nach Bulgarien, um vierhundert Tonnen Weizenmehl zu kaufen; das bedeutete für 10 000 Menschen Brot auf zwei Monate. Er verhandelte mit der tschechoslowakischen Regierung. Sie war bereit, 5000 Landarbeiter und 1000 Studenten aufzunehmen. Aber wie sie transportieren? Er benutzte die Schiffe, auf denen die Kriegsgefangenen vom Schwarzen Meer gekommen waren. Die Schiffe fuhren bis Triest, von dort wurde die Bahn benutzt. Die bulgarische Regierung wollte einige tausend russischer Kinder aufnehmen. Andere hätten Konstantinopel längst verlassen wollen und können, um zu Verwandten oder Freunden zu gehen, aber sie hatten keine Pässe. Die Flüchtlinge hatten ihr Land verloren, sie gehörten zu niemandem und nichts, sie lebten in einem Niemandsland, das an den Grenzen des Landes aufhörte, in dem sie waren, und in diesem Lande waren sie rechtlos. Er verhandelte mit den Regierungen beinahe der ganzen Welt. Brasilien erklärte sich bereit, 20 000 Russen aufzunehmen. Der ungeheure Strom floß langsam in fünfundvierzig Länder. 25 000 Kosaken der Wrangel-Armee kehrten nach Sowjetrußland zurück. Die russische Regierung erklärte sich damit einverstanden, daß durch Vertreter Nansens einige Zeit später eine Prüfung durchgeführt wurde, um festzustellen, ob sie noch am Leben waren.

Er hatte nie viel Schlaf gebraucht. Jetzt dauerte der Tag von Morgen bis Morgen. Er aß wenig und bescheiden. Jetzt kam er kaum dazu, sich niederzusetzen. Er war alles in einem: Fürsprecher, Freund, Betreuer. Er war Gesandter von Hunderttausenden ohne Volk, ohne Land, Arbeitsvermittler, Ernährer, ungewählter und von keinem bestätigter Präsident eines Volkes, das vielen Nationen angehörte, eines Volkes von Elenden, Zerschlagenen, Hoffnungslosen und Hoffenden. Manche mochten ihm vorwerfen, daß er am Ende langer, erschöpfender Tage in Konstantinopel fähig war zu tanzen. Er war kein melancholischer Schatten, er hielt nichts von Gebeugten, von denen, die über den Lauf der Welt ein finsteres, verschattetes Gesicht machen. Er lebte, und weil er lebte, half er.

Von Athen, Konstantinopel, von Prag, Belgrad, Sofia zurück nach Genf. Durch die Berichte des Völkerbundsrates über Mandatsfragen, Grenzen und Grenzverletzungen, über Danzig, Polen, das Saargebiet, durch das mühsame Tagewerk der Kommissionen zog sich immer wieder das Wort »refugee« – Flüchtling. Nansens Berichte klangen nicht anders als andere Berichte. Sie sprachen von Verhandlungen, Abkommen, von Spenden, Hilfswerk – die Amerikaner waren von unerschöpflicher Hilfsbereitschaft. Sie sprachen von der Hilfe für russische Frauen, die aus Not Prostituierte geworden waren. Ohne Paß, ohne Arbeit waren sie Gefangene der Stadt, in der sie verkamen. Was sollten sie tun? Er hatte sich an Frauenorganisationen gewandt, und sie hatten geholfen, soweit es möglich war.

Der Wert des einzelnen Menschenlebens war zu einem Nichts geworden. Es hatte den Wert eines herabgefallenen Herbstblattes. Im Klagelaut von Hunderttausenden verlor sich die einzelne Stimme. Und doch war es das, was getan werden mußte: die Rettung des einzelnen. Die Welt lebte nicht von Massen, sondern von Menschen. Wenn ein Haus brannte, wenn jemand ins Wasser stürzte, waren sofort Leute da, um zu retten und zu helfen. Wenn Tausende und Hunderttausende verkamen, blieben sie gleichgültig. Die Gleichgültigkeit war der Tod der Welt.

In einem der Berichte wurde die Geschichte des Schiffes erwähnt, das von der bulgarischen Regierung mit russischen Flüchtlingen nach Odessa geschickt worden war, um von der russischen Regierung zurückgewiesen zu werden. Ohne Brot, ohne Wasser trieben sie fast einen Monat auf dem Schwarzen Meer. Als sie endlich Konstantinopel erreichten, wurde ihnen das Betreten des Landes verboten. Ein englischer Kapitän zwang die türkische Polizei, die Hungernden und Verzweifelnden an Land zu lassen. Da lagen sie auf der nackten Erde. Niemand wollte für sie verantwortlich sein, nicht die Russen, nicht die Bulgaren, nicht die Türken. Zuletzt kam Hilfe, und nach einer Zeit des Leidens ohne Ende konnte der noch lebende Rest von ihnen nach Frankreich fahren. Das war eine Episode, und sie enthielt die Geschichte der Zeit, die Geschichte von der Heimatlosigkeit des Menschen auf der Erde. Hunderte solcher Episoden gab es.

Die Geschichte der Rettung des Menschen war eine Geschichte von Bitte, Verhandlung, Feilschen, Geschäft, eine Geschichte von Tränen, Verzweiflung, Aufgeben – und Rettung. In Ägypten lagen noch 5000 Mann der Weißen Armee Denikins. Sie sollten nach Europa zurückgebracht werden. Nansen mußte der englischen Regierung gegenüber die Verantwortung für diese Flüchtlinge übernehmen und die Hälfte der Summe, die er von den gewährten 150 000 Pfund Sterling einsparen würde, an die englische Regierung zurückzahlen. Er war imstande, 80 000 Pfund zu sparen, die Hälfte zahlte er zurück, die andere Hälfte konnte dem Hilfswerk für die Flüchtlinge zugute kommen. Er schien etwas wie ein Bankier und Schiffsreeder geworden zu sein. In den Berichten wurden die Schwierigkeiten kaum erwähnt und nur das genannt, was getan worden war.

Die Flüchtlinge bekamen Brot: sie konnten leben. Sie erhielten langsam Arbeit: das gab ihnen das Bewußtsein ihrer Existenz zurück. Aber es war nicht genug. Ohne Papiere hatte der Mensch kein Gesicht, er lebte auf einem Totenschiff. Ohne einen Paß, der die Identität bestätigte, lebte niemand in dieser Welt. Es mußte möglich gemacht werden, daß die Flüchtlinge wie jeder andere von einem Land in ein anderes reisen konnten. Nansen machte Vorschläge, entwarf mit Sachverständigen, berichtete, und im Juli 1922 erklärten sich die Vertreter einer Reihe von Staaten mit dem Nansenschen Entwurf einer Art von Paß einverstanden: dem Nansenpaß. Wie das Papier genannt wurde, war ihm gleichgültig; es sollte den Verlorenen Recht und Sicherheit geben. Viele, die den Paß bekamen, wußten nicht, wem sie ihn verdankten. Viele wußten nicht, von wem das Brot kam, der Arbeitsplatz, der Ort zum Schlafen. In den Berichten des Völkerbundes hätten sie es finden können.

»Wenn man sich vergegenwärtigt, daß praktisch jedes Land

die russischen Flüchtlinge ablehnt und daß die meisten Flüchtlinge des Notwendigsten vollkommen entblößt sind, kann man sich die Schwierigkeiten diplomatischer und finanzieller Art, die zu überwinden waren, vorstellen...«

»Alles das ist während einer Zeit kritischer und gespannter Beziehungen zwischen den Türken und den alliierten Behörden in Konstantinopel durchgeführt worden, und trotz der Schwierigkeiten in bezug auf Paßkontrolle und innere Verwaltung, die entstanden, als die türkischen Behörden nach dem Abkommen von Mudania gewisse Funktionen zurückerhielten, ist es dem Hohen Kommissar gelungen, Erleichterungen für den Abzug russischer Flüchtlinge von den türkischen wie den alliierten Behörden zu erlangen.«

»Es ist nur gerecht, darauf hinzuweisen, daß die Gegenwart einer besonderen Kommission des Völkerbundes sich auf den juristischen Status wie auf die Wohlfahrt jener Flüchtlinge günstig erwies, die bisher noch nicht abtransportiert werden konnten, sondern sich selber in der Stadt und im Gebiet von Konstantinopel erhielten.«

»Im Frühjahr dieses Jahres wurde der Hohe Kommissar auf die Absicht der rumänischen Regierung aufmerksam gemacht, aus militärischen Gründen ungefähr 10000 Flüchtlinge aus Bessarabien nach Rußland abzuschieben. Viele dieser Flüchtlinge hatten ihre russische Staatsangehörigkeit verloren und konnten Rußland nur unter persönlichem Risiko betreten. Die Hohe Kommission kann die Völkerbundsversammlung davon unterrichten, daß die rumänische Regierung, sobald sie auf die Lage dieser Flüchtlinge aufmerksam gemacht wurde, davon absah, Massentransporte durchzuführen. Sie bestand nur auf der Durchführung ihres Erlasses in bezug auf unerwünschte Flüchtlinge und erlaubte im übrigen der Mehrheit der Flüchtlinge, in Bessarabien zu bleiben, vorausgesetzt, daß die in Frage kommenden Organisationen Vorkehrungen für die Unterbringung der Flüchtlinge in anderen Ländern treffen könnten. Die betreffenden Organisationen haben in enger Zusammenarbeit mit dem Hohen Kommissar alles getan, um dieses schwierige Werk durchzuführen.«

»Die polnische Regierung hielt es ebenfalls für notwendig, Maßnahmen zur Austreibung einer großen Zahl von Flüchtlingen zu treffen, die seit Oktober 1920 polnisches Gebiet illegal betreten hatten. Diese Flüchtlinge wurden beschuldigt,

Rußland nicht aus politischen, sondern aus wirtschaftlichen und anderen Gründen verlassen zu haben und der polnischen Regierung zur Last zu fallen. Die polnische Regierung hielt sich für berechtigt, Maßnahmen zur Beseitigung dieses Zustandes zu treffen, und veröffentlichte eine Erklärung, nach der alle Flüchtlinge aus anderen als politischen Gründen das Land bis zum 15. April 1923 zu verlassen hätten, wies aber zugleich ausdrücklich darauf hin, daß diejenigen Flüchtlinge, die nachweisen könnten, daß sie in Polen aus politischen Gründen Zuflucht gesucht hatten, bleiben könnten. Die Lage dieser Flüchtlinge war besonders schwierig, da sie bis zum 1. Januar dieses Jahres von der sowjetischen Vertretung in Warschau nicht als russische Bürger bestätigt wurden, ihre russische Staatsangehörigkeit also verloren hatten und russisches Gebiet nicht mehr betreten durften.«

»Auf dringende Vorstellungen von Vertretern der Flüchtlingsorganisationen hin bat der Hohe Kommissar die polnische Regierung, das Inkrafttreten ihrer Erklärung so lange aufzuschieben, bis Maßnahmen zum Abtransport der Flüchtlinge getroffen werden könnten. Die polnische Regierung erklärte sich bereit, ihre Verfügung so großzügig wie möglich auszulegen und in gewissen Fällen besondere Genehmigungen zu erteilen und das Datum der Ausweisung bis zum 1. September 1923 auszudehnen, vorausgesetzt, daß ausreichende Maßnahmen getroffen wurden, um den Abtransport der Flüchtlinge zu gewährleisten.«

»Der Hohe Kommissar, in Zusammenarbeit mit den betreffenden Flüchtlingsorganisationen, hat Maßnahmen getroffen, um die Auswanderung der von der Ausweisung betroffenen Flüchtlinge nach den Vereinigten Staaten und anderen Ländern zu sichern, und einige tausend Visa sind bereits zugesagt worden.«

Alles das, in sachlichen Worten ausgedrückt, bedeutete Reisen, Unterhandlungen, die genaue Kenntnis der Tatsachen. Es bedeutete unerschöpfliche Geduld, Überredungskraft. Er hatte niemanden hinter sich, der ihn stützen konnte, als sich selbst und die Not.

Er regte die Errichtung einer russischen Universität in Berlin an, und das amerikanische »Joint Distribution Committee« garantierte für die notwendigen Mittel. Was für die jungen Menschen getan wurde, wurde für die Zukunft der Welt getan, und die Welt lebte nicht nur von Brot; der Geist war eine langsam wirkende Wirklichkeit. Die jungen russischen Studenten an tschechischen Universitäten, die Kinder der Flüchtlinge, die jungen Menschen, die in Fachschulen ausgebildet werden konnten, sie waren die Träger einer Welt, in der der Geist der Zusammenarbeit und des Wohlwollens stärker sein sollte als der Geist des Hasses.

In Polhögda standen die Bücher, die Nansen geschrieben hatte. Ganze Reihen waren es, und sein Name stand unter den Titeln in vielen Sprachen. Jetzt hörte er sie, jetzt wehte es ihn aus allen diesen Sprachen an. Russisch, Griechisch, Armenisch oder welche Sprache auch immer – er hörte ein Wort: Hilfe. Jetzt, in Hotelzimmern, provisorischen Büros oder in Genf schrieb er kühle, sachliche Berichte. Jeder dieser Berichte, gesammelt in den Jahrbüchern der Sitzungen des Völkerbundsrates und der Komitees, war Bericht einer nicht enden wollenden Reise durch die Finsternis der Not, durch das Eis von Gleichgültigkeit, Haß, Unverständnis. Aber es gab die Leuchtfeuer der Hilfe, der Freundlichkeit. Inmitten alles dessen, was geschah, mochte es vermessen und sentimental klingen, was er sagte. Aber er wußte genau, was er meinte, wenn er sagte, daß Nächstenliebe Realpolitik sei. Er hatte Tausende von Gesichtern gesehen. Wie Blätter waren sie an ihm vorübergeweht. Aber es waren nicht Blätter, es waren Gesichter, von denen jedes die Zeichen des Menschen trug. Er brauchte sich nur an einige Gesichter zu erinnern, das Gesicht einer Frau in einem alten Militärmantel und Schaftstiefeln in Konstantinopel, die ihm die Hand drückte und in russisch etwas zu ihm sagte; das Gesicht eines kleinen Jungen, der selbstvergessen einen Teller Suppe aß; das Gesicht eines Mannes, der ein Brot an sich drückte, irgendwo in einer der vielen Städte, die er wie ein Sachwalter des Leidens aufsuchte, um weiterzufahren, in Konstantinopel, Sofia, Belgrad. Er brauchte sich nur an eines dieser Gesichter zu erinnern, um zu wissen, daß er nicht umsonst gearbeitet hatte. Er erinnerte sich eines Satzes von William Blake, daß Barmherzigkeit ein menschliches Herz, Mitleid ein menschliches Gesicht habe. Wenn das Lächeln durch ein erstarrtes Gesicht brach, wurde es vollkommen menschlich. Dieses Lächeln enthielt die Zukunft.

XXVI

DAS BROT

Das Erschreckende war die Stille. Sie war bedrückend unerträglich und kam von überall. Sie floß vom grauen Himmel des Spätherbstes, der nach Winter aussah. Sie kroch aus der grauen, endlosen Erde, auf die bald Schnee fallen würde. Dann würde die Stille vollkommen sein. Sie trat aus den leeren Häusern des Ortes. Sie kam aus dem Zug, der an diesem Morgen langsam in die kleine Station eingefahren war, aus der langen Reihe von Männern, Frauen, Kindern, die auf Suppe und ein Stück Brot warteten und das sie von nun an jeden Tag bekommen würden. Keine Stimme, kein Flüstern, kein Lachen. Niemand sagte, daß es zu langsam ginge. Er hörte nur die Bewegung der Füße, die einen Schritt vorrückten, wenn der erste in der Reihe seine Ration empfangen hatte. Er hörte den Helfer nach dem Namen fragen, hörte die geflüsterte Antwort – Pause. Der Helfer suchte in der Liste, fand den Namen und sagte ja oder sagte nichts. Die Schöpfkelle tauchte in den großen Behälter ein, das Eßgeschirr klirrte leise. Alles war leise, gedämpft. Eine Stimme flüsterte: Danke; leise, als sei der Helfer ein Gott. Hundertmal schon hatte er an diesem Morgen das russische »Danke« gehört.

»Ihren Namen?« – Eine Männerstimme antwortete. Pause. Der Suchende fand den Namen in der Liste nicht und fragte, ob er von hier sei. – Nein. Es war zwecklos zu fragen, woher er gekommen sei, denn nur die in die Ortsliste Eingetragenen wurden verpflegt. Der Helfer sah Nansen an, der an dem Tisch voller Brote stand. Es war gutes, schwarzes Brot. Niemand sprach. Hier wurde schon lange nicht mehr gesprochen, nur gehungert und gestorben, und auch das Sterben ging in dieser erschreckenden Stille vor sich. Auch der Mann, der von irgendwoher gekommen war, sah jetzt Nansen an. Er hatte ein gutes Bauerngesicht, wie aus Erde gemacht, aus guter, russischer Erde, die ihr Volk betrogen hatte und es hungern ließ. Es lag bei ihm, Nansen, daß der Mann ein Stück Brot und einen Topf voll Suppe bekam. Wenn er zu dem Helfer sagen würde: »Ja, gib es ihm«, mußten alle, die in dieser Reihe standen und nicht aus dem Dorfe stammten, es bekommen. Dann nahm er das Brot und die Suppe denen weg, die in der Liste standen und geduldig warteten. Wenn er ja sagte ... er konnte es nicht. Die Vernunft war eine Mörderin, die Barmherzigkeit eine Betrügerin, die Menschenliebe reichte nur für fünfhundertzwölf Männer, Frauen, Kinder aus. Hier warteten vielleicht achthundert. Was geschah mit diesen zweihundertachtundachtzig? Er wußte es: sie würden sterben. Er hatte sie gesehen, die Toten, die niemand begrub, die Sterbenden, die auf den Tod warteten. Er hatte gesehen, was sie in ihrer Verzweiflung gegessen hatten: trockenes Gras, Baumrinde, Stroh von den Dächern, Lehmerde. Sie waren daran gestorben, etwas früher, als es sonst geschehen wäre.

Der Mann trat aus der Reihe aus und sah Nansen an. Er hatte es angenommen. Er verstand es nicht, daß auf dem Tisch Brot lag, doch nicht für ihn, daß eine so gute Suppe im Kessel dampfte: nicht für ihn. Aber er nahm es an. Dann ging er weg, ein Bauer, der das Feld nie mehr bestellen, ein Mann, der sterben würde. So die anderen zweihundert oder fünfhundert oder zehntausend oder hunderttausend.

Nansen sah ihm nach. Er hörte die Stimme des Helfers fragen, hörte die Antwort. Pause. Dann das Eintauchen der Schöpfkelle, das geflüsterte »Danke«. Ein kleines Mädchen ging an ihm vorbei, ein Gefäß mit Suppe und ein Stück Brot in der Hand. Es verbeugte sich vor ihm und sagte: Danke. Das hieß: Ich darf leben. – Nansen ertrug es nicht und ging weg.

Er schämte sich, daß er sich jeden Tag satt essen konnte. Er schämte sich, daß er gute, warme Sachen trug. Er schämte sich, zum menschlichen Geschlecht zu gehören. Nichts war so wirklich wie der Hunger. In diesem Ort, irgendeinem Ort der Ukraine, würden fünfhundert Menschen durch den Winter kommen. Dreihundert mußten sterben. Er hätte etwas tun können: ihren Tod verzögern. Das war alles. Hunderttausende würden das nächste Frühjahr sehen. Millionen mußten sterben. Er mußte das annehmen. Er hatte sich angemaßt, den Retter zu spielen, und war für diese Hungernden der Richter über Leben und Tod geworden. Die Liebe war eine Farce, wenn sie die Hungernden nicht sättigte.

Er hatte geahnt, nein, er hatte es schon gewußt, was er erfahren würde, aber er konnte den ganzen Umfang des Leidens nicht ermessen, als er Anfang April 1921 das Telegramm von Ador, dem Präsidenten des Internationalen Roten Kreuzes, erhielt. Ador bat ihn, die Arbeit der europäischen und amerikanischen Hilfsorganisationen im Kampf gegen den Hunger in Rußland zusammenzufassen und ihre Leitung zu übernehmen.

Er hatte gewußt, was kommen würde. In diesen Jahren war er ein paarmal in Rußland gewesen. Er war Zeuge des Elends der Kriegsgefangenen geworden, aber er hatte auch gesehen, daß die Verhältnisse in Rußland zu einer ungeheuren Katastrophe führen mußten. Was immer geschehen war, wer immer für das alles verantwortlich gemacht werden würde: das Land war erschöpft, das Verkehrswesen zusammengebrochen, der Bürgerkrieg hatte es verwüstet. Er hatte gewarnt und beschworen. Er hatte die Vernunft, die politische Vernunft, angerufen und auf seinen Brief eine so blinde wie kalte Antwort erhalten. Man hatte das Problem fallenlassen, weil man realpolitisch dachte und auf den Sieg der Gegenrevolution hoffte. Er hatte die Reste der Weißen Armeen in Konstantinopel gesehen. Koltschak war erschossen worden, ein betrogener Gläubiger. Die russischen Flüchtlinge überschwemmten die Erde von Frankreich bis China.

Er konnte sich sagen, daß er getan hatte, was er konnte. Die Gefangenen waren nach Hause gebracht worden. Der Auftrag war erfüllt, und eines Tages, bald, würden alle, die noch lebten, zu Hause sein. Das Hilfswerk für die Flüchtlinge hatte begonnen.

Was das Telegramm Adors enthielt, wußte er. Hinter den paar dringenden Worten lag: Hungersnot in Rußland und langsames, schauerliches Sterben. Man hätte es verhindern können und hatte es nicht getan.

Er kam aus dem Gebirge zurück – da lag das Telegramm, und er wußte nicht, was er tun sollte. Hatte es sich herumgesprochen, daß er der Mann war, der das Unmögliche möglich machte? Brauchten sie ihn dazu? Er wußte nicht, was er tun sollte, und sagte zu Werenskiold, dem alten Freunde, daß er, wenn er das annehme, nie mehr zu wissenschaftlichen Arbeiten kommen würde. Werenskiold antwortete: »So wie ich dich kenne, wirst du nie mehr ruhig schlafen können, wenn du nein sagst.«

Werenskiold hatte recht gehabt. Als er dann wußte und gesehen hatte, was in Rußland geschah, hätte er keine Ruhe mehr gefunden. Dann kam ein Telegramm von Maxim Gorki, der die Welt für Rußland um Hilfe bat.

Nansen sagte ja und verließ die Stille von Polhögda. Schon am 15. August war er in Genf, um an der Sitzung des internationalen Komitees teilzunehmen. Er wurde zum Hohen Kommissar für die Rußlandhilfe ernannt. Berichte gaben ihm ein genaueres Bild. Wenn er gedacht hatte, daß er in den sibirischen Lagern der Kriegsgefangenen die Grenze menschlichen Leides gefunden hätte, dann hatte er sich geirrt.

Die Ernte von 1920 war in Rußland mäßig gewesen. Die Dürre des nächsten Jahres vernichtete in vielen Gouvernements die Aussaat ganz oder zum größten Teil. Rußland war erschöpft. Revolution im Innern, Bürgerkrieg, Krieg gegen Polen, Abschluß vom Ausland, die Seuchen der Jahre 1918 bis 1920, das Chaos der Enteignung – Nansen wußte das alles. Die Dürre traf das Land in seinem Herzen, in der Getreidekammer an der Wolga und in der Ukraine, die über die Hälfte der russischen Gesamternte geliefert hatten. Im Jahre 1913 hatte die Getreideernte 2342 Millionen Pud betragen (1 Pud gleich 16,38 kg), 1921 waren es 935 Millionen. Die Hungergebiete erstreckten sich über einen großen Teil von Ostrußland mit den Gouvernements Perm und Wjatka über Kasan, Ufa, Samara, Saratow, Orenburg bis nach Astrachan. Am schwersten heimgesucht waren die Gebiete von Samara, Saratow, Ufa, die Tatarenrepublik Kasan. Von einer Bevölkerung von über 20 Millionen Menschen in 15 Gouvernements hungerten fast 16 Millionen. Das waren 78 %. Die Sterblichkeit der Kinder betrug zwischen 80 und 100 %. Die Tiere starben an Futtermangel oder wurden abgeschlachtet, um das Fleisch gegen Lebensmittel einzutauschen, solange es etwas gab. Nach den ersten Monaten gab es kein Fleisch mehr. Hunde, Katzen, Ratten, Mäuse, Kadaver gefallener Tiere wurden gegessen. Als Brotersatz wurde Mehl aus Baumrinde, Steppengras, Scheunenkehricht, Stroh benutzt. Tonerde wurde gegessen. Knochen wurden gemahlen. Pferdemist wurde gebacken. Das Stroh der Dächer wurde verwendet. Dann gab es auch das nicht mehr.

Die Hungernden verließen ihre Dörfer und zogen in die Städte. Die Hungernden lagen in provisorischen Flüchtlingsheimen, in Massenquartieren, erschöpft, verdreckt, verlaust. Sie lagen auf den Straßen, an den Ufern der Flüsse, in den Bahnstationen, um auf Züge zu warten, die nie kamen und die sie überdies von einem Hunger zu einem anderen gebracht haben würden. Sie starben, wo sie lagen. Sie preßten sich in Güterzügen zusammen, hingen an Wagen und Lokomotiven. Die Schwächsten stürzten herunter und starben an der Strecke. Tote lagen in den Häusern, auf den Straßen. Die Lebenden hatten nicht mehr die Kraft, die Gestorbenen zu begraben, oder es war ihnen gleichgültig. Fälle von Kannibalismus wurden berichtet. Die Selbstmorde nahmen erschreckend zu. Kinder stürzten sich in Brunnen, um nicht weiter zu hungern. Flecktyphus, Cholera, Malaria brachen aus. Das Land starb. In Südamerika wurde der Mais in Lokomotiven verfeuert. Ganze Schiffsladungen wurden in das Meer geworfen.

Nie, nie mehr hätte er Ruhe gefunden, wenn er nein gesagt hätte. Am 27. August 1921 war Nansen in Moskau und verhandelte mit Tschitscherin. Ein Abkommen über die Zusammenarbeit der Hilfsorganisationen mit den sowjetischen Behörden und über die Verteilung der Lebensmittel wurde getroffen. Die Hilfsarbeit der Nansen-Mission sollte von einer Zentralstelle in Genf geleitet werden. Ein Büro in Berlin führte den Transport der Lebensmittel und Medikamente bis zur russischen Grenze durch, dann übernahmen die Russen die Weiterleitung der plombierten Züge zu den Sammelstellen. Von dort wurden sie zu örtlichen Stellen geleitet. Angehörige des Nansen-Komitees waren für die Verteilung verantwortlich. Nach einer oberflächlichen Schätzung wurden 4 Millionen Tonnen Brotgetreide gebraucht; viertausend Züge von je 50 Wagen. Die russische Regierung bat Nansen, sich bei den Westmächten für eine Anleihe für Sowjetrußland einzusetzen.

Er sah die Hungergebiete. Über dem ausgetrockneten Land lag tödliche Stille. In dieser Stille ging nichts anderes als ein ungeheures Sterben vor sich.

Wieder nach Genf, und am 9. September sprach er vor dem Völkerbundsrat. An diesem Tag vor fünfundzwanzig Jahren war die »Fram« aus dem Eise zurückgekommen. Es war ein Tag der Freude und des Triumphes für seine Gefährten, für Norwegen und für ihn gewesen. Fünfundzwanzig Jahre waren vergangen, und so unverständlich waren die Wege des Lebens, daß er jetzt als Fürsprecher für Hungernde vor den Vertretern der großen Völkerorganisation stand, die den Frieden erschaffen sollte. Er wußte, zu wem er sprach. Die Vertreter der Staaten im Völkerbund waren durch die Richtlinien ihrer

Politik gebunden. Rußland war der Gegner. Jener Delegierte hatte von seinem politischen Standpunkt aus recht, wenn er sagte, daß man Rußland retten müsse, ohne den Bolschewismus zu retten – »von den beiden Geißeln, die Rußland in den letzten Jahren heimgesucht haben, dem Bolschewismus und der Hungersnot, ist der Bolschewismus die schrecklichere, und das ist es, was wir zu berücksichtigen haben«.

Von ihrem Standpunkt aus hatten sie recht, wenn sie ihm vorwarfen, daß er keinen Blick für die Realitäten der Politik habe. Mußte es nicht auch in der Politik einen Augenblick geben, in dem die Frage nach dem System aufhörte zu bestehen? Er sprach nicht für die sowjetische Regierung, sondern für die Hungernden von Samara und Saratow. Er hatte gesehen, wovon sie nur gelesen und gehört hatten. Sehen war etwas anderes. Er war in die Häuser eingetreten, in denen sie stumm lagen, in die Seuchenlazarette. Er hatte die Kinder gesehen, die sterbenden Geistern glichen. Er hatte sich in dieser erschreckenden Stille eines Niemandslandes bewegt, unfähig, diese Realität aufzunehmen – die Realität der Politik des Hungers.

Er hatte mit der russischen Regierung ein Abkommen über die Verteilung der Lebensmittel getroffen. Auf die Frage, ob Rußland dieses Abkommen einhalten würde, konnte er nur antworten, daß er länger als ein Jahr mit russischen Stellen bei der Rückführung der Kriegsgefangenen zusammengearbeitet hatte und daß die russischen Behörden alle Verpflichtungen und Vereinbarungen, die sie ihm oder seinen Vertretern gegenüber eingegangen waren, gehalten hatten.

»Ich möchte Ihnen ein Beispiel für meine Erfahrungen geben«, sagte er, »soweit sie die Kontrolle von Lebensmitteln und Kleidung betreffen. Eine Organisation, die sich die Hilfe für Gefangene in Rußland zum Ziel gesetzt hatte, schickte Ausrüstung für 60 000 Gefangene – Kleidung, Schuhe, Unterwäsche usw., Dinge, die von höchstem Wert waren und die in Rußland für riesige Preise verkauft werden können, weil die Russen das alles selber brauchten. Innerhalb der russischen Grenzen ging jedoch nicht ein einziges Stück verloren.« Er hätte andere Beispiele geben können.

Er sagte: »Wir wissen, daß mindestens 20 Millionen Menschen hungern. Wir wissen, daß alles, was sie brauchen, nur ein paar hundert Meilen von ihnen entfernt vorhanden ist. Wir wissen, daß nur eine einzige Sache notwendig ist: die eine Hälfte der menschlichen Rasse muß der anderen, leidenden Hälfte helfen. Die Rüstungskosten der Mitglieder des Völkerbundes betragen jedes Jahr Millionen von Pfund Sterling, um sie gegen politische Gefahren zu schützen. Weniger als zehn Prozent davon und nur in der Form einer Anleihe für Rußland würden die Katastrophe verhindern und die größte aller politischen Gefahren beseitigen. Ich bin sicher, daß diejenigen, die über diese Situation nachdenken, erkennen müssen, daß Europa nicht abseits stehen darf. Es muß sofort handeln und alle diese Leben retten.«

Er bat den Völkerbund, eine Anleihe für Sowjetrußland zu genehmigen, ähnlich wie man Österreich und Ungarn geholfen hatte. Millionen von Hungernden konnten gerettet werden. Außerdem – er glaubte es, und wer konnte ihm beweisen, daß er unrecht hatte? – würde die Gewährung dieser Anleihe die Spannungen zwischen Rußland und der übrigen Welt verringern.

Das sechste Komitee, vor dem Nansen am 27. September sprach, stellte fest, daß die Schwere der Hungersnot in Rußland nicht geleugnet werden könnte; daß das von Nansen vorgetragene Problem von höchster Wichtigkeit sei, sowohl vom menschlichen als auch vom wirtschaftlichen Standpunkt aus. Es stellte fest, daß Eile notwendig sei. Es entschied, daß die Mitglieder des Komitees im Auftrag ihrer Regierungen nicht imstande seien, der Gewährung eines offiziellen Kredites zuzustimmen.

Nansen sprach am 30. September vor der Versammlung des Völkerbundes. Er sagte, daß, wenn er nur fünf Millionen Pfund bekäme, damit bis Weihnachten noch viel getan werden könnte. Er sagte:

»Die Regierungen erklären, daß sie der Bewilligung der Gelder nicht zustimmen können. Die Regierungen laden die Verantwortung den privaten Organisationen auf. Ich bezweifle die Richtigkeit dieser Anschauung. Wir tun, was wir durch private Wohltätigkeit zu tun imstande sind. Aber sogar unsere persönliche Hilfe wird erschwert, und ernstlich erschwert, durch einen ganzen Feldzug von Verleumdungen und Mißdeutungen. Lügen aller Art werden in Umlauf gesetzt. Ich möchte Sie an die Geschichte erinnern, die in allen Zeitungen stand, daß der erste Zug, den Herbert Hoover nach Rußland schickte, um die Hungernden zu verpflegen, von der Roten Armee beschlagnahmt wurde. Es war eine Lüge, aber Sie finden diese Geschichte noch immer in europäischen Zeitungen. Ich wurde beschuldigt, eine Expedition nach Sibirien geschickt zu haben, die der Revolution Waffenhilfe bringen sollte. Es war eine Lüge, aber ich habe diese Lüge in den Zeitungen gelesen. Es wurde berichtet, daß mein Freund Kapitän Sverdrup die Leitung darüber hatte, aber in Wirklichkeit brachte er landwirtschaftliche Maschinen nach Sibirien. Nun gut, das war schließlich nicht so gefährlich. Aber Geschichten dieser Art werden wieder und wieder verbreitet. Ich glaube, daß ich die Beweggründe für diesen Feldzug kenne. Man glaubt, daß die von uns vorgeschlagene Hilfsaktion die sowjetische Regierung stärken wird. Ich glaube, daß man sich irrt. Ich glaube nicht, daß wir die sowjetische Regierung stärken, wenn wir dem russischen Volk zeigen, daß es menschliche Herzen in Europa gibt und daß es hier Menschen gibt, die dem hungernden russischen Volk helfen wollen. Aber angenommen, es würde die sowjetische Regierung stärken: Kann unter den Mitgliedern dieser Versammlung eines sein, das sagen wird, es sei besser, zwanzig Millionen Menschen verhungern zu lassen, als der sowjetischen Regierung zu helfen? Ich bitte die Versammlung, diese Frage zu beantworten.«

»Ich halte es für unmöglich, daß Europa ruhig zusehen kann, ohne etwas zu unternehmen. Ich glaube es nicht. Die Völker Europas werden ihre Regierungen zwingen, einen Beschluß zu fassen. Ich glaube, daß die meisten der hier vertretenen Regierungen sich denen anschließen werden, die unterdes gehandelt haben. Ich erinnere Sie daran, daß eine ganze Reihe kleiner Staaten schon zur Linderung des Leidens in Rußland beigetragen hat. Wenn die anderen geben würden, was ein halbes Bataillon kostet, würden wir genug Geld haben. Sagen Sie mir, ob Sie das nicht tun könnten. Aber sagen Sie es frei heraus, lassen Sie nicht wieder und wieder in Komitees darüber verhandeln, während dort die Menschen verhungern.«

»Der Auftrag, den ich von der Konferenz erhielt, verpflichtet mich, die Regierungen der Welt anzurufen. Ich werde es fortsetzen und die Völker Europas beschwören, das entsetzlichste Elend der Geschichte zu beseitigen, und ich glaube, was immer diese Versammlung entscheiden mag, daß wir imstande sein werden, etwas zu tun, um das gegenwärtige Leiden zu mindern. Aber es ist ein furchtbarer Wettlauf, den wir mit dem russischen Winter rennen, der schon schweigend und unaufhaltsam von Norden kommt. Bald werden die russischen Flüsse zugefroren sein. Bald wird der Transport im Eis ersticken. Sollen wir zulassen, daß der Winter Millionen von Stimmen, die um Hilfe rufen, zum Verstummen bringt? Noch ist Zeit, aber viel Zeit ist nicht mehr zu verlieren.«

»Versuchen Sie, sich vorzustellen, wie es sein wird, wenn der russische Winter wirklich kommt. Versuchen Sie, zu begreifen, was es bedeutet, wenn keine Nahrung mehr da ist und die ganze Bevölkerung durch das öde Land wandert, um nach Nahrung zu suchen – Männer, Frauen, Kinder, die zu Tausenden im Schnee zusammensinken werden. Versuchen Sie, sich vorzustellen, was es bedeutet, gegen den Hunger zu kämpfen – falls Sie jemals erfahren haben, was das ist: gegen den Hunger zu kämpfen und gegen die unheimlichen Mächte des Winters. Dann werden Sie wissen und verstehen, wie die Lage sein wird. Ich bin davon überzeugt, daß Sie nicht ruhig sitzenbleiben und mit kaltem Herzen antworten können, es täte Ihnen leid, Sie könnten nicht helfen.«

»Im Namen der Menschheit, im Namen alles dessen, was edel und heilig ist, beschwöre ich Sie, die selber Frauen und Kinder haben, zu überlegen, was es heißt, Frauen und Kinder vor Hunger sterben zu sehen. An dieser Stelle rufe ich Sie an, die Regierungen, die Völker Europas, die ganze Welt: zu helfen. Handeln Sie jetzt, beeilen Sie sich, ehe es zu spät ist zu bedauern, daß Sie nichts getan haben.«

Er sprach in die Stille hinein. Er wandte sich zu jedem Gesicht, um es zu öffnen. Er bat, beschwor. Ein großer alter Mann brachte die Botschaft seines Lebens und verkündete das Gesetz von der Freundlichkeit. Politik zuerst, sagten sie. Er verwarf es. In dieser Stunde gab es keine Politik außer der einzig möglichen, einzig menschlichen Politik der Hilfe. Die politisch-ökonomischen Utilitaristen in Rußland glaubten an die Wirtschaft. Er verwarf es. Es hatte keine Wirklichkeit für ihn, nicht jetzt. Für ihn war jetzt nichts so wirklich wie der Hunger. Man mußte helfen. Die Welt fing mit der Hilfe an, oder die Entwicklung der Welt war falsch gewesen, die Welt war Eis und die Gebote der Nächstenliebe eine Farce.

Er war blaß und erschöpft, als er aufhörte zu sprechen. Die Galerie brach in ungeheuren Beifall aus. Der »Manchester

Guardian« nannte die Rede das schönste Stück englischer Prosa seit vielen Jahren und druckte sie ab. Viele Abgeordnete klatschten Beifall, manche schwiegen. Lord Cecil verteidigte Nansen gegen die Verleumdungen. Er sagte: »Man hat mir berichtet, daß gewisse Leute nicht aufhören, Dr. Nansen vorzuwerfen, daß er als nationalistischer Norweger spräche und daß er von persönlichen Gründen geleitet werde. Ich halte es für notwendig, öffentlich zu erklären, daß Dr. Nansen vollkommen freiwillig und ohne jedes Entgelt irgendeiner Art handelt. Andere Leute verdächtigen ihn, daß er in obskure politische Angelegenheiten verwickelt sei. Uns, die Dr. Nansen kennen, ist das alles einfach absurd. Es ist vollkommen unwahr. Es ist nicht nur unwahr, es ist auf eine geradezu phantastische Weise unwahr.«

Das war alles. Er hatte gesprochen, gebeten, beschworen. Das Problem wurde einer Konferenz in Brüssel überwiesen, die am 6. Oktober 1921 tagte. Die Regierungen waren bereit, über eine Anleihe mit Rußland zu verhandeln, wenn es die Schulden des zaristischen Rußland anerkenne. Es war Oktober. Auf die graue, trockene Erde in Rußland fiel der Schnee.

Schon im August hatte Nansen von Riga an die »Save the Children International Union« ein Telegramm geschickt: »Tausende von russischen Kindern sterben an Hunger, und auf Millionen wartet das gleiche Schicksal. Überzeugt, daß nur sofortige, uneingeschränkte Hilfe sie retten kann, bitte ich die ›Save the Children International Union‹, an Männer, Frauen und besonders Kinder zu appellieren, alles, was nur möglich ist, zu geben und schnell zu geben, um die kleinen Hungernden in Rußland zu retten. Niemals in der Geschichte der Welt war Hilfe so dringend notwendig. Jede Minute ist kostbar.«

Zuweilen, in Zeiten schwerer Krisen, erwacht in den Menschen das Empfinden für die wahren Grundlagen des Zusammenlebens, und sie antworten spontan. Die Zentralstelle der Nansen-Hilfe wurde zu einem Hauptquartier freiwilliger Helfer. Großherzige und rührende Angebote strömten herein. Alles wurde angeboten: Mehl, Kleidung, Hering, Maschinen, Medizin. Unbekannte und berühmte Namen standen auf den Listen, der Arbeiter neben dem Schriftsteller, die Hausfrau neben dem Politiker, hundert Mark, zehn Pfund, drei Dollar neben Tausenden. Jede Summe bedeutete Brot, Suppe, bedeutete Sattwerden und ruhigen Schlaf. Zweiunddreißig Organisationen aus zehn Ländern arbeiteten mit der Nansen-Hilfe zusammen. Unter den ersten, die Hilfe zusagten, war das Deutsche Rote Kreuz. Deutschland hungerte selber, aber der Leidende weiß, was Leiden ist. Schon im September konnte der als Sanitätsschiff ausgerüstete »Triton« nach Leningrad abfahren. Ein Sanitätszug mit medizinischer Ausrüstung und Stärkungsmitteln für Kinder fuhr in das schwer betroffene Gebiet von Kasan und arbeitete mit russischen Stellen zusammen.

Die Nachrichten aus den Hungergebieten waren bedrükkend. Im Gouvernement Samara hatten im August 1921 45% kein Brot, im September 76%, im Dezember 99,2%.

Nansen fuhr in die Hungergebiete, überwachte, griff ein, half selber. Er war unter Hungernden, die vom Typhus angesteckt waren, und die Arbeit war gefährlich. Er verlangte von seinen Helfern, daß sie glatte Ledersachen trugen, durch die Läuse nicht eindringen konnten, da Läuse den Typhus verbreiten. Er verlangte von ihnen, daß sie ihre eigenen Rationen für sich selber verwendeten und nicht weggaben. Er mußte darauf bestehen, daß an den Verpflegungsstellen nur die Männer, Frauen und Kinder Lebensmittel erhielten, die in den Listen geführt wurden. Er wußte, was das hieß: Tausende, die von überall herkamen, wie angezogen von dem Wunder, das geschah, mußten zurückgewiesen werden; sie starben. Das Wunder war begrenzt. Aber in Amerika verfaulte der Weizen auf den Feldern. Man sprach von Weltwirtschaftskrise.

Er trat in die Hütten ein, in kalte, stinkige Luft. Stille, Kälte, Tod. Er ging durch die Hospitäler und sah die Gesichter der Kinder. Es waren keine Kindergesichter mehr, das Alter der Welt lag auf ihnen. Im November funkte er in einem Radiotelegramm nach Europa: »Morgens findet man in den Straßen von Bussuluk Leichen, die infolge Mangels an Transportmitteln liegenbleiben. Ich sah eine Leiche, von Hunden zerfleischt. Auf dem Friedhof sah ich achtzig Leichen nackt zu einem Haufen zusammengeworfen.« Der Wert des Menschen war zu nichts zusammengefallen. Man konnte gleichgültig werden, oder man mußte noch mehr tun. Dafür entschied er sich.

Am 25. Dezember telegraphierte er an Lloyd George: »Eingreifen der europäischen Regierungen notwendig. Die englische Regierung muß ein Beispiel geben. Millionen von Menschen können bei sofortigem Handeln gerettet werden. Konnte in Polen Getreide kaufen und kann mehr bekommen.

Rumänien, Polen, Finnland, Schweden bieten Getreide an. Eine Anleihe von fünf Millionen wird ausreichen. Ich stehe jederzeit zur Verfügung.«

Schweigen. Die Regierungen schwiegen. Daß er als Bolschewist verdächtigt wurde, daß man ihm in seinem eigenen Lande vorwarf, für das sowjetische System zu arbeiten, berührte ihn nicht. Er hatte gesehen. Er konnte mit Berichten antworten, in denen es hieß, daß kaum fünf Prozent der noch Lebenden durch den Winter kommen würden. Er konnte von Hungernden berichten, die frische Gräber erbrachen und die Leichen aßen. Die Verwesung der Erde hatte angefangen. Er konnte Bilder von Hungernden zeigen, von Kindern mit aufgequollenen Bäuchen und eckigen Knochen. Ein Kind war etwas so Wunderbares, es enthielt immer Zukunft. Die Zukunft starb, ehe die Gegenwart angefangen hatte. Er konnte von einem Zug berichten, in dem sich ein paar tausend Hungernde zusammengepreßt hatten, um nach Polen zu kommen. Zwei Drittel davon starben unterwegs. In den Hospitälern fehlten die Medikamente und die Ärzte, deutsche, russische, Ärzte aus verschiedenen Ländern starben an Typhus.

Im Winter kam Nansen aus Rußland zurück. In einem Aufruf verteidigte er sich gegen den Vorwurf, daß die Rote Armee die Züge beschlagnahme. Die alte Lüge. Er wies nach, daß nicht ein einziger Zug erbrochen worden war. Er fuhr von Stadt zu Stadt in Europa, er reiste nach Amerika, um zu sprechen, darzustellen, zu bitten, ein alter, vom Grauen geschüttelter Mann, ein einsamer Botschafter des guten Willens, ein Freund der Welt. Er sprach vom Leiden, von sterbenden Dörfern, verlassenen Städten. Er sprach von seinen Versuchen, die Regierungen zu bewegen einzugreifen, ergebnislosen Versuchen. Er sprach in Genf, London, Manchester, in Paris, Stockholm, Berlin, Oslo. Er wies auf die Lügen hin, die in der Presse standen, obgleich er immer wieder den Nachweis erbracht hatte, daß es Lügen seien. Er sprach in New York, Chikago. Tausende hörten ihn, Tausende antworteten. Die Zeitungen schrieben großartige, lange, sentimentale Berichte. Sentimentalität war eine Lüge, der Hunger aber war eine Wirklichkeit, und schnelle Hilfe war die einzige andere Wirklichkeit, die den Hunger auslöschen konnte.

»Ich glaubte zu wissen, was der Kampf gegen den Winter bedeutet. Aber der Kampf, der jetzt in Ostrußland rast, ist entsetzlicher als alles, was ich mir habe träumen lassen können. Es ist schauerlicher als alles, was ich zu denken gewagt hatte. Ich werde nicht aufhören, den europäischen Völkern davon zu berichten. Es ist notwendig: die europäischen Völker müssen die Wahrheit erfahren. Vor fünf Wochen habe ich an der Wolga diese großen bittenden Augen auf mich gerichtet gesehen. Um ihretwillen und im Namen der Liebe wende ich mich an die öffentliche Meinung und durch sie an die Regierungen Europas. Laßt uns handeln! Das nächstemal ist es zu spät.«

Die Angebote strömten zur Zentralstelle nach Genf. Sie wurde zum Sammelbecken menschlicher Solidarität. Organisationen und einzelne schrieben, schickten, boten persönliche Hilfe an. Der Arbeiter, der seine Ersparnisse gab, bedeutete soviel wie die Organisation, die 10 000 oder 60 000 Kinder verpflegen wollte. Für einen Augenblick wurde Europa zu einem Ganzen, die Spenden in Waren, Kleidung, Geld kamen von Norwegen, Schweden, Holland, Italien, Deutschland. Züge mit Getreide, Lebensmitteln, Medikamenten, Züge mit »Nansen-Paketen« fuhren nach Rußland. Im August 1922 wurden anderthalb Millionen verpflegt, so daß sie ihres Lebens sicher sein konnten. Die »Gesellschaft der Freunde«, die Quäker, richteten allein 900 Hilfsstationen ein und verpflegten mehr als 300 000 Menschen. Die »American Relief Commission« unter Herbert Hoover arbeitete neben der »Nansen-Hilfe« und mit ihr zusammen.

Er handelte ohne Lohn, ohne Amt, einer jener Menschen, wie Goethe sie meinte, die das Leiden eines anderen Volkes so bitter empfinden wie das Leiden des eigenen. War es eine Narrheit, in die er sich eingelassen hatte, er, ein Mann, der dem Alter entgegenging und das Recht hatte, die Ernte seines Lebens einzubringen? Gut, es mochte eine Narrheit sein, und die Welt war eine Wildnis. Dann war es die Narrheit Pestalozzis. Dann war es die Narrheit, von der die Welt allein lebte. Dann unternahm er den unsterblichen Ritt Don Quijotes gegen die Welt. Dann war es die Narrheit, die getränkt ist mit der Weisheit des Kühnen, mit dem Wissen dessen, der die Abgründe kannte. Hoffnung ist der Traum der Wachenden, hatte er in seinem letzten Brief geschrieben, ehe seine fünf Gefährten und er in die Boote gegangen waren, um die Küste von Grönland zu erreichen. Grönland war überall. Grönland würde es immer geben. Aber es würde auch immer ein paar Boote geben und immer den Mut, der an Rückzug nicht dachte. Es gab das Eis, und es gab den Sieg über das Eis. Im Sommer 1922 war das Ärgste vorbei.

Im Dezember 1922 erhielt er den Friedens-Nobelpreis. Er kam aus Griechenland zurück. Die eine Hälfte des Betrages gab er der Hilfsarbeit für die griechischen Flüchtlinge, die andere für die Versuchsfarmen in Saratow und Jekaterinoslaw, die er mit Mitteln der Nansen-Hilfe errichtet hatte. Ihre Gewinne kamen der Nansen-Hilfe zugute und so dem Wiederaufbau in Rußland.

In seiner Rede »Der Frieden« sagte er am Ende: »Lassen Sie mich ein paar Worte über die Rußlandhilfe sagen. Der Völkerbund war zu meinem großen Bedauern nicht dafür. Ich glaube, daß, wenn der Völkerbund seine gewichtige Autorität eingesetzt hätte, ehe es zu spät war, die Lage in Rußland hätte gerettet werden können und die Situation in Europa und Rußland sich von der Situation, wie sie gegenwärtig ist, wesentlich unterscheiden würde.«

»Ich will über das, was an Hilfe geleistet worden ist, nichts weiter sagen. Ich möchte nur darauf hinweisen, daß die wirkliche Schwierigkeit nicht darin lag, Lebensmittel zu beschaffen oder sie an die Hungernden zu verteilen. Es gab damals wie heute mehr als genug, und es fehlte durchaus nicht an Transportmitteln. Unsere Hauptsorge war, daß wir nicht genug Geld hatten. Das war immer die Schwierigkeit unseres Hilfswerkes, und sie ist es noch immer.«

»Da die europäischen Regierungen eine Anleihe von zehn Millionen Pfund ablehnten, die ich für absolut notwendig hielt, um die hungernden Millionen in Rußland zu retten, konnte nichts weiter getan werden, als an die private Wohltätigkeit der ganzen Welt zu appellieren.«

»Die Antwort war überwältigend und übertraf alle Erwartungen. Geld kam aus allen Ländern und nicht zuletzt aus meinem eigenen. Obgleich einige meiner Landsleute anderer Meinung waren, gab mein eigenes kleines Land dank der Hilfe des norwegischen Parlamentes und der norwegischen Regierung so großherzig, daß, wenn die anderen Länder im Verhältnis dazu gegeben hätten, die russische Hungersnot jetzt der Vergangenheit angehören würde.«

»Es gab eine Ausnahme, aber sie geschah nicht in Europa.

Wieder gab Amerika mehr als irgendeiner, zuerst durch Hoovers Organisation und später durch die Regierung selber, die zwanzig Millionen Dollar spendete, um den Hunger zu bekämpfen, nur unter der Bedingung, daß die russische Regierung zehn Millionen Dollar für den Kauf von Saatgetreide verwenden sollte. Alles in allem muß Amerika zwischen 50 und 60 Millionen Dollar für den Feldzug gegen die russische Hungersnot gegeben und Millionen von Leben gerettet haben.«

»Warum weigerten sich einige Leute zu helfen? Besser, sie fragen sich selber. Vor allem aus politischen Gründen. Sie verkörperten die nackte Selbstsucht, die andere Gesichtspunkte einfach nicht zu verstehen wünscht. Das ist im Augenblick Europas größte Gefahr. Diese Leute nennen uns Fanatiker, Schwachköpfe, sentimentale Idealisten, weil wir, wahrscheinlich, den Glauben daran nicht aufgeben mögen, daß auch in unseren Feinden ein bißchen Gutes ist, und weil wir daran glauben, daß durch Freundlichkeit mehr erreicht werden kann als durch Härte. Zugegeben, daß wir an Freundlichkeit glauben – ich denke nicht, daß wir deshalb wirklich gefährlich sind. Aber jene Leute, die hinter ihren politischen Standpunkten verknöchern und die sich menschlichem Leiden, dem Hunger und dem Sterben von Millionen verschließen – sie sind es in Wirklichkeit, die Europa zertrümmern.«

»Nicht nur in Rußland droht eine neue und furchtbare Hungersnot. In ganz Europa sieht es düster genug aus, und niemand weiß, was geschehen wird. Die Verzweiflung ist so tief, so überwältigend, die Lage aller Dinge so hoffnungslos, in den fruchtbaren Gebieten Rußlands wie in anderen Ländern, daß alles, was wir zu tun versuchen, einem Tropfen gleicht, der in einen Ozean fällt.«

»Wir müssen alle zusammenarbeiten. Wir müssen das feurig leuchtende Kreuz überallhin schicken. Wir müssen unsere Leuchtfeuer entzünden, bis ihr Licht von jedem Gipfel flammt. Wir müssen unsere Fahne in jedem Lande aufziehen. Wir müssen die Welt mit einer Kette der Brüderlichkeit umgürten. Die Regierungen müssen unsere Hand annehmen. Alle müssen Schulter an Schulter stehen, nicht in Schlachtordnung, sondern in ehrlicher Arbeit für die neue Zeit.«

»Noch nie hat die leidende und irrende Menschheit sich tiefer nach Frieden gesehnt als jetzt, nach den Menschen, die den Ruf des Friedensfürsten hören, nach den Führern der Welt, die das weiße Banner emporheben, auf dem in goldenen Buchstaben ein Wort leuchtet: Arbeit.«

»Jeder von uns kann dieser Armee angehören, jeder kann zu ihrem siegreichen Fortschritt beitragen, um eine neue Schöpfung zu bewirken, brüderliche Liebe zu erwecken und den aufrichtigen Wunsch nach Frieden, den Willen zur Arbeit in der Welt wiederherzustellen und die Freude an der Arbeit wiederzufinden; den Menschen ihren Glauben an das Morgenlicht einer besseren Zeit zurückzugeben.«

Er war aus Griechenland gekommen, um die Ehrung durch den Friedens-Nobelpreis zu empfangen, und das mochte ein Anlaß sein zu sagen, was er glaubte. Bei jedem anderen hätte es verschwommen und schwärmerisch geklungen. Nicht bei ihm. Vielleicht sprach er nicht so sehr in die Gesichter der glänzenden Versammlung hinein als in die Gesichter derer, die sich geöffnet hatten, als sie ein Stück Brot und einen Teller Suppe bekamen. Er sprach von Erfahrungen.

Er war aus Griechenland gekommen. Nach einem Atemzug der Rast in Polhögda kehrte er nach Griechenland zurück.

XXVII

DIE ERDE

Das beste Bild, das man von sich erhalten konnte, entstand im dunklen Fenster eines Zuges, in dem man nachts unterwegs war. Wieder unterwegs. Er wußte schon nicht mehr, in wie vielen Zügen er in diesen Jahren gesessen hatte, am Tage und in der Nacht. Der eiligste Reisende Europas. Wenn diese Fahrten auf einer Karte eingetragen würden..., was für ein Gewirr von Linien zwischen Paris, London, Moskau, Athen, Konstantinopel.

Er hob den Blick von den Listen und Berichten und sah sich im Fenster wie in einem dunklen Spiegel: einen Mann von sechzig Jahren mit kahlem Kopf und scharfem Gesicht. Tief lagen die Schatten der Nacht unter den Augen und Backenknochen, und die Nacht zog durch das Gesicht. Hinter ihm und zugleich im Fenster war das Abteil mit der trübe brennenden Lampe, den verschlissenen Bezügen der Sitze, dem schmutzigen Boden. Die Züge in Europa glichen einander jetzt fast überall. Ein Licht blitzte auf wie ein Stern. Vielleicht war das Europa jetzt: Nacht, ein Gewoge von Nacht und Dämmerung und darin ab und an ein Licht, aufblitzend, schwindend.

Andere Lichter nun, der Zug fuhr langsamer, die Bremsen knirschten. Kein Öl, dachte er. Der Zug hielt, eine Stimme rief einen Namen, Schritte gingen am Zuge entlang, er sah die Mündung von Gewehren und hörte Stimmen. Serbisch... der Unterschied zwischen den Sprachen in der Nacht war nicht groß, alle klangen verloren, wie auf einem verlassenen Stern, und man wußte nicht, wohin der Zug fahren würde. Dann begann die Bewegung der Fahrt von neuem. Die Achsen sollten geschmiert werden, dachte er wieder. Kein Öl. Was gab es überhaupt noch in Europa außer Leiden und Hunger, Verwirrung, Elend? Die Grenzen waren höher als jemals. Die Länder waren voneinander getrennt durch Mißtrauen, Haß, Irrtum. Aber wenn man nachts in einem Zug fuhr, wurden alle Länder zu einem großen Land. Es war Nacht, gleichviel, ob man durch Deutschland, Rußland oder Mazedonien fuhr. Wann hatte er zum letzten Male nachts an einem Feuer gelegen? Es war lange her, als der Jäger Johann und er von Oernelund in den Ankerwäldern auf Jagd zogen. Sie hatten am Feuer gelegen, und Johann hatte von seinen Erlebnissen mit Auerhähnen und Elchen erzählt. Dann hatten sie am Feuer geschlafen. Nichts war mit dem Schlaf an einem Feuer im Freien zu vergleichen. Der Schlaf war dünn und rein, und wenn man aufwachte, fühlte man die Stille der Erde. Gegen zwei Uhr waren sie aufgebrochen und in das Tal hinab am See entlang gegangen. Langsam erwachte der Wald. Das Licht kam. Die ersten Vögel ... ein Kuckuck rief im Osten, und dann polterten die Birkhähne. Der Morgenjubel des erwachenden Waldes war etwas Unvergeßliches.

Nächte am Feuer ... In der Kindheit, als er, ein junger Mensch, allein in den Wäldern lebte, das Heidekrautfeuer, als sie das Eis hinter sich hatten, das Tranfeuer, trübe und kaum wärmend, in der Winterhütte. Dort, im riesigen, toten Schweigen der arktischen Nacht hatte er den Wert der einfachen Dinge verstehen gelernt. Brot war eine Kostbarkeit. Quellwasser besser als jeder Trunk, die Erde etwas Wundervolles. Man begriff das alles, wenn man es verloren hatte, es entbehrte. Er wußte es, weil er am Grunde gelebt hatte, und deshalb wußte er, wie es allen zumute war, die nichts mehr besaßen, den Gefangenen, den Flüchtlingen, den Hungernden.

Der Zug fuhr langsamer. Eine Brücke, die zerstört worden war. Er konnte den Fluß in der Tiefe fühlen und sah an den Brückenköpfen das Aufblitzen von Bajonetten, die Schatten von Wachen.

Universität der Arktis, dachte er plötzlich, und er und Johansen die Schüler zu Füßen einer Lehrerin, die Ewigkeit hieß. Das hatte ihn fähig gemacht, an diesen Lehrgängen des Leidens teilzunehmen, und er war zugleich ein Lehrer oder Helfer und ein Schüler gewesen. Diese Lehrgänge ohne Ende. Man konnte durch das zufriedene Gesicht eines Kindes, das satt war, über das, was die Welt brauchte, besser belehrt werden als durch eine politische Rede. Eine Frau, irgendwo, in Konstantinopel oder Sofia, die ihm die Hand drückte, weil sie bleiben durfte, wo sie war, gab ihm eine bessere Lektion als ein Propagandaredner.

Das schwarze Fenster war wie ein Spiegel, in dem die Stationen seines Lebens auftauchten und zurücksanken wie Lichter an der Strecke, auf der er nach Thrazien fuhr. Wer war er eigentlich? Arktisforscher? Das schien nie gewesen zu sein. Wissenschaftler? Er stahl sich die Zeit, um die eine und andere Abhandlung vorwärtszubringen. Nansen, einer der norwegischen Delegierten im Völkerbund, Mitglied des fünften und Vorsitzender des sechsten Komitees. Hoher Kommissar für die Rückführung der Gefangenen, Hoher Kommissar der Rußlandhilfe, Hoher Kommissar für Flüchtlinge.

Der Krieg war zu Ende, davon sprach kaum noch jemand. Das Gras wuchs über den einsinkenden Schützengräben, die Toten zerfielen, die Gewehre und Geschütze verrosteten. Der Frieden war schon drei Jahre alt. War es Frieden? Das Morgenlicht war erloschen, es war zu Berichten, Vorlagen, Protesten, Untersuchungen geworden, zu Fragen. Lauter Fragen... die Frage der Aalandsinseln, die Danziger Frage, die Saarfrage, die Frage der Mandate über die Kolonien der Besiegten, die Frage der Grenzen des Irak. Der Frieden mußte erarbeitet werden, er war hartes, geduldiges, oft genug fruchtloses Tagewerk. Man erreichte die Zukunft nicht mit einem Sprung, sondern in langsamen Schritten, mit geduldiger Arbeit gegen Mißtrauen, Hochmut, Verblendung. Jemand hatte gesagt, daß die Welt nach einem Kriege besser würde. Was für ein Irrtum. Das Unterste kam heraus – und das Beste, das Noble. Hatte er in diesen Jahren nicht unzählige Beweise selbstvergessener Hilfsbereitschaft gesehen? Was hätte er ohne die Arbeit dieser Tausenden von Schwestern, Ärzten, von freiwilligen Helfern getan? Er hatte angeregt, geplant, organisiert, er hatte die dünnen und doch unglaublich starken Fäden in der Hand gehalten. Sie hatten gearbeitet, Tag und Nacht. Er sah Gesichter auftauchen und verschwinden, überanstrengte, übernächtigte, lächelnde Gesichter, er sah Hände, die Brot verteilten, Kleidungsstücke ordneten, Listen führten, Namen schrieben. Sie alle führten den Feldzug für den Frieden gegen Elend, Hunger, Not, gegen alles das, was der Krieg gebracht hatte. Vielleicht brauchte die Welt zuweilen eine Reinigung bis zum Grunde, um wieder zu wissen, was der Mensch sein sollte und was er war, wie kostbar ein einzelnes Leben war, das in Kriegen millionenfach verschleudert und zerfetzt wurde.

Es schien jetzt zwei Europa zu geben. Das eine bestand aus Staaten, die durch Grenzen sorgsamer denn je voneinander getrennt waren, durch Wachen, Drahtzäune, Geschütze, und die hochmütig, überlegen oder ängstlich nur ihre eigene

Existenz anerkannten. Das andere Europa besaß keine Grenzen, es war das Europa der Hungernden und Leidenden. Für das erste hatte er keinen Sinn. Dem anderen galt seine Arbeit. Sie würde für lange Zeit nicht enden. Die Völkerwanderung der Flüchtlinge würde noch lange anhalten.

Jetzt war er auf dem Wege nach Griechenland, nicht um Olympia zu sehen, jenen kostbaren Ort Europas, an dem die Abgesandten der griechischen Stämme waffenlos erschienen, oder um den Ort des Orakels von Delphi aufzusuchen und dem Raunen seiner Weissagungen zu lauschen. Das Orakel war seit langem verstummt, es flüsterte jetzt nur noch in der eigenen Brust und sagte: Haß oder Hilfe. Er war auf dem Wege nach Griechenland, um Hilfe zu bringen.

Vor ein paar Tagen hatte Nansen von seinem Assistenten in Konstantinopel ein Telegramm erhalten, in dem er dringend ersucht wurde, den Völkerbund um Erlaubnis zu bitten, daß das Kommissariat für russische Flüchtlinge seine Organisation für die Tausende von griechischen und armenischen Flüchtlingen nutzbar machte, die aus Smyrna, Kleinasien und Thrazien kamen.

Am 18. September 1922 hatte er das Telegramm mit einem ergänzenden Brief dem Präsidenten der Völkerbundsversammlung vorgelegt. Am Nachmittag des gleichen Tages hatte das fünfte Komitee die Angelegenheit diskutiert, Nansen beauftragt, die Lage zu untersuchen, und den Rat gebeten, Mittel zur Verfügung zu stellen. Am Abend waren schon die ersten großen Summen bewilligt. Die englische Regierung gab 55 000 Pfund Sterling. In der gleichen Nacht wurden die ersten Züge mit Lebensmitteln zusammengestellt und die ersten Schiffe besorgt. Eine neue Völkerwanderung hatte begonnen.

Griechenland hatte im Weltkrieg mit den Alliierten gegen Bulgarien und die Türkei gekämpft. Im Frieden von Sèvres waren Smyrna und sein kleinasiatisches Hinterland Griechenland zugesprochen worden, griechische Truppen waren eingerückt. Die Türkei oder das, was von ihr geblieben war, Anatolien, war erschöpft. Niemand glaubte, daß der »alte kranke Mann von Europa« wieder gesund werden könnte. Mustapha Kemal Pascha baute mit Geduld und Schärfe den Rest des türkischen Nationalstaates wieder auf, organisierte die türkische Armee. 1922 stieß die griechische Armee über Smyrna in das anatolische Bergland vor, um den alten, gehaßten Gegner zu schlagen, ehe er zu stark wurde. Kemal Pascha hielt die Griechen den schweren Winter über an einer Linie fest, die für ihn vorteilhaft war, aber die griechische Armee vom Hinterland trennte, und schlug sie im Sommer 1922. Smyrna fiel. Die griechische Bevölkerung wurde niedergemetzelt, das griechische Stadtviertel ging in Flammen auf. Die noch lebenden Männer von sechzehn bis zu fünfzig Jahren wurden in das Innere von Kleinasien getrieben, wo sie bei schwerer Arbeit verkamen, die Frauen, Kinder, Greise wurden zur Küste und den griechischen Inseln gehetzt. Kleinasien sollte türkisiert werden. Niedermetzelung und Austreibung waren die einfachsten Mittel.

Die griechische Bevölkerung von Kleinasien floh. Die Fliehenden ließen die Ernte auf den Feldern, den Wohlstand in ihren Häusern, alles, was zu ihrem Leben gehört hatte. Wie eine Flutwelle warf sich ihre Masse an die Küste von Kleinasien, preßte sich in Schiffe und Fischerboote. In einem Schiff, das mit zweitausend überladen gewesen wäre, standen siebentausend tagelang, ohne sich rühren zu können, in der heißen Septembersonne, ohne Wasser und Nahrung. Typhus und Cholera brachen aus, und die Sonne Homers flammte über dem Elend. Dort, wo sie landeten, lagen sie, erschöpft, verarmt, ohne Decken, ohne Brot.

So flohen sie aus Thrazien. Sie trieben ihr Vieh auf den verstopften Straßen. Sie zerrten Wagen dahin, beladen mit dem, was sie hatten fassen können. Nach ein paar Monaten war die Bevölkerung Griechenlands von fünf Millionen um anderthalb Millionen angewachsen. Eine Million war aus Kleinasien gekommen, 190 000 aus Thrazien, 70 000 aus den kaukasischen Provinzen, 70 000 von Konstantinopel.

Das griechische Volk nahm seine Söhne und Brüder aus den uralten griechischen Ländern mit aller Wärme auf. In Athen wurden 5000 Räume in Privathäusern zur Verfügung gestellt. Schulen wurden zu Krankenhäusern, Rathäuser zu Wohnhallen, die Flüchtlinge hausten in den Logen und im Saal des Opernhauses. Im alten Palast am Verfassungsplatz wurde die Zentralstelle der Brotverteilung eingerichtet; von hier wurde die Fürsorge für die Flüchtlinge geleitet. Athen war zu einem riesigen Lagerplatz geworden, und auf Straßen und Plätzen standen die Wagen und brannten die Feuer. Schweigend erhob sich über dem Leiden der alte Berg der Akropolis, die Säulen schimmerten im Licht, aber keiner dachte an das große Vergangene, die Gegenwart erdrückte es. Die Geschichte verliert ihren Glanz, wo gehungert wird. Auf den nackten Hügeln standen Zelte aus Lumpen oder Hütten, aus dem Blech von Ölkanistern geschlagen. So lagen die Flüchtlinge am Strande von Piräus, Mehlsäcke wurden zu Jacken, Hosen, Röcken verändert, Autoreifen zu Schuhen. Was für eine Heimkehr in das alte Vaterland!

Nansen geriet mit ein paar Begleitern in die Flucht der Griechen aus Thrazien. In den Scheunen verkam das Getreide, und Griechenland würde Brot für Hunderttausende brauchen. Er telegraphierte an die griechische Regierung, ob sie ihm Geld zur Verfügung stellen könne, damit er das Getreide kaufe. Sechs Stunden später kam schon die Antwort, daß für ihn in der Bank von Konstantinopel 250 000 Pfund lägen und daß er in ein paar Tagen mit weiteren zwei Millionen Pfund rechnen könnte. Nansen suchte nach Schiffen und Zügen für den Transport und fand sie, konnte aber niemanden überreden, wenigstens ein paar Tage noch zu warten, bis er sein Getreide an Nansen verkauft hatte. Sie flohen, sie hatten von Smyrna gehört. Die Türken kamen.

Ein Jahr später hieß es in Nansens Bericht vor dem Völkerbundsrat: »Unmittelbar nach der letzten Versammlung des Völkerbundes reiste der Hohe Kommissar nach Konstantinopel, Ost-Thrazien und Athen, um das Problem der Flüchtlinge im Nahen Osten zu untersuchen, und nahm enge Verbindung mit den türkischen und griechischen Behörden wie mit den Leitern der Hilfsorganisation auf, die unterdes schon begonnen hatten, den Flüchtlingen beizustehen.«

»Er beabsichtigte, durch Kleinasien zu reisen, konnte aber diesen Plan unglücklicherweise nicht durchführen. Er versuchte zu tun, was er konnte, um den Türkischen Roten Halbmond, die Rot-Kreuz-Organisation der Türkei, in seiner Arbeit zu unterstützen. Zweihundert Tonnen Mehl wurden nach Smyrna geschickt, und 1000 türkische Flüchtlinge in Konstantinopel wurden zu ihren Heimen an der kleinasiatischen Küste geleitet, rechtzeitig genug, um die Herbstbestellung durchzuführen. Durch die Seuchenkommission des Völkerbundes wurden dem Türkischen Roten Halbmond ärztliche Hilfsmittel – vor allem Impfstoffe – zur Verfügung gestellt.«

»Unterdes waren 900 000 Flüchtlinge nach Griechenland

gekommen, darunter 300 000 aus Ost-Thrazien und ungefähr 50 000 Armenier, die von der griechischen Regierung unterstützt wurden. Die Flüchtlinge aus Kleinasien hatten ihre Häuser so überstürzt verlassen, daß sie nur ihre Sommerkleider trugen und ohne Winterkleidung waren.«

»Die griechische Regierung tat das möglichste, um die Flüchtlinge über das Land zu verteilen, so daß sie mit der Bevölkerung langsam verschmelzen konnten...«

»Die Flüchtlinge auf den Inseln Samos und Chios, deren Lage bedrohlich gewesen war, wurden mit größeren Mengen Mehl versorgt. Unmittelbare Hilfe wurde von den Beauftragten des Hohen Kommissars in West-Thrazien durchgeführt. Der Hohe Kommissar schickte 150 Tonnen Mehl zu den verwüsteten Städten an der Südküste des Marmarameeres. Die türkischen Behörden wurden in der Beschaffung von Schiffen zur Rückführung der Flüchtlinge von Konstantinopel nach Smyrna und zu anderen Teilen Kleinasiens unterstützt.«

»Besondere Anerkennung muß dem vom Amerikanischen Roten Kreuz durchgeführten Hilfswerk ausgesprochen werden, das in kurzer Zeit Maßnahmen zur Verpflegung der Flüchtlinge traf und zu Beginn der Katastrophe alles tat, um mehr als 800 000 Flüchtlinge vom Hungertod zu retten. Das Amerikanische Rote Kreuz setzte seine Hilfsarbeit in der gleichen großherzigen Weise bis Ende Juni 1923 fort, und noch um diese Zeit wurden von ihm 500 000 Flüchtlinge versorgt.«

»Es ist fast unmöglich, die äußerste Not zu beschreiben, die unter Hunderttausenden von Flüchtlingen während des letzten Winters herrschte, als es für sie weder Zelte, Hütten noch irgendeine Unterkunft gab. Ihre trostlose Lage wurde dadurch noch verschärft, daß weder Decken noch Winterkleidung vorhanden waren. Der Hohe Kommissar versuchte, was nur möglich war, und dank der uneigennützigen Bemühungen des All-British-Appeal, unterstützt durch die British-Ex-Service-Women's Associations, konnte durch die Freundlichkeit einiger großer Geschäftshäuser die Öffentlichkeit um Hilfe gebeten werden. Der Aufruf wurde unter Hunderttausenden ihrer Kunden verbreitet. 13 000 Pfarrgemeinden halfen. Der Völkerbund wandte sich an die 1200 Zweigstellen der Völkerbundsvereinigungen. In kurzer Zeit wurden 200 000 Kleidungsstücke nach Griechenland geschickt.«

»Die abnehmende körperliche Widerstandsfähigkeit der

Flüchtlinge, beschleunigt durch unzureichende Nahrung und den strengen Winter, zog Seuchen nach sich, die sich unheimlich schnell ausbreiteten. Die Sterblichkeit unter Kindern und ihren Müttern nahm beängstigend zu. In vielen Lagern brachen die Blattern aus. Cholera und Typhus mußten bald folgen. Der Hohe Kommissar konnte glücklicherweise die Zusammenarbeit der Seuchenkommission des Völkerbundes und der griechischen Behörden sichern...«

Nüchterne Sätze, die die Arbeit eines Jahres enthielten, Reisen, Besprechungen, Besuche von Lagern. Nansen fuhr, von der Konferenz in Lausanne beauftragt, auf einem griechischen Zerstörer nach Konstantinopel, um mit Vertretern der türkischen und griechischen Regierung über ein Austauschabkommen zu verhandeln. Das Abkommen kam zustande, offiziell verließen alle Griechen Kleinasien und Thrazien, die türkische Bevölkerung griechischer Gebiete kehrte nach Kleinasien zurück. Dann der Kauf von Mehl und Getreide; er fuhr nach Bulgarien und kaufte 1000 Tonnen; aus Ägypten kamen 500 Tonnen. Anweisung an alle französischen, englischen, skandinavischen Schiffe, aus den Häfen Kleinasiens die griechischen Flüchtlinge nach Griechenland zu bringen. Der Völkerbundsrat hatte den Austausch der Flüchtlinge für absurd und unmöglich gehalten. Dann war es die einzig mögliche und natürliche Lösung.

Mit Verpflegung, mit Beschaffung von Kleidung, mit Notquartieren war etwas getan, aber nicht genug. Die Flüchtlinge würden in Griechenland bleiben. Also mußten für sie feste Häuser, ganze neue Dörfer und Städte gebaut werden. Anderthalb Millionen Menschen mußten in das Wirtschaftsleben von Griechenland eingeordnet werden. Das Land war durch zehn Jahre Krieg geschwächt, die innere und äußere Politik unklar und unsicher. Die Arbeit ausländischer und griechischer Hilfsorganisationen reichte nicht aus. Griechenland brauchte eine Anleihe, die ein großzügiges Arbeits- und Siedlungsprogramm ermöglichte.

Die Hilfsarbeit der ausländischen Hilfsorganisationen und der griechischen reichte nicht aus, obwohl vor allem amerikanische Organisationen und fünfzig andere Hilfsorganisationen zu lindern, zu ordnen versuchten. Nansen verwandte sich für eine Anleihe, die vom Völkerbund im Dezember 1924 genehmigt wurde. Die Bank von England zahlte im voraus drei

Millionen Pfund, und das Siedlungsprogramm konnte in großem Maßstabe durchgeführt werden.

Die griechischen Flüchtlinge bestanden aus zwei Gruppen. Viele waren aus Smyrna gekommen und hatten städtische Berufe. Die Flüchtlinge aus Thrazien waren Bauern. Für beide Gruppen mußten Siedlungen gebaut werden. Grund mußte ausgesucht, Wasserleitungen mußten gelegt werden. Neue Industrien wurden eingeführt. Die Griechen in Kleinasien hatten seit Jahrhunderten Teppiche gewebt, die als türkische Teppiche in Europa verkauft wurden. Frauen und Kinder vor allem hatten das getan. Webstühle wurden beschafft. Aber da die Räume der neuen Häuser dafür zu klein waren und die Teppichweberei sich als Hausindustrie nicht bezahlt machte, wurden in den neuen Flüchtlingsdörfern Fabriken gebaut und die Weberei auf der Grundlage der Kooperative betrieben. Eine bisher in Griechenland unbekannte Industrie wurde lebendig. Seidenspinnerei, Töpferei wurden gefördert. Gold- und Silberschmiede arbeiteten in Gruppen zusammen.

Für die Bauern mußte Land gefunden werden. Glücklicherweise gab es in Mazedonien und West-Thrazien noch genug unbebautes Land. Dort, wo die türkische Bevölkerung das Land verlassen hatte, war es einfach, die Häuser standen noch, die Felder warteten auf Hände. Die griechische Regierung übergab der Refugee Settlement Commission, die aus einem Amerikaner, einem Engländer, zwei Griechen bestand, 500 000 Hektar zur Besiedlung. Die öffentlichen Arbeiten wurden unter der Leitung griechischer Ingenieure durchgeführt. Sümpfe wurden entwässert und in Ackerland verwandelt. Das Land wurde vermessen, dräniert, verteilt. Die Bauern brauchten Vieh, landwirtschaftliche Maschinen, Bäume. Der Stab der Kommission wuchs auf 1500 Menschen an, unter ihnen Architekten, Ärzte, Ackerbauexperten, Ingenieure. Damit, daß Dörfer gebaut und die Flüchtlinge auf sie verteilt wurden, war es nicht getan. Städter mußten von Bauern getrennt, versprengte Familien wieder vereinigt werden. Die in den Dörfern von Thrazien und Kleinasien zusammen gelebt hatten, wollten auch hier wieder zusammen sein, das Dorf war ihre Lebensgemeinschaft gewesen. Neu-Ephesus sollte die Fortführung des Lebens auf der verlorenen Erde sein. Die Häuser, aus billigem Material und schnell errichtet, waren nicht schön, aber die

Bauern konnten wieder leben, der Brunnen floß wieder, und abends konnten sie wieder vor den Häusern sitzen.

Das Refugee Settlement legte in Mazedonien Versuchsfarmen an, von denen die Bauern Anregungen und Hilfe erhielten. Im Bezirk von Chalkidike wurde australischer Weizen eingeführt, der dem dörrenden Schirokko besser widerstand. Der Anbau von Tabak wurde gefördert. Die Bevölkerung von Kavalla stieg von 21 000 auf 58 000 Einwohner.

Zwei Millionen Menschen waren in einigen Jahren umgesiedelt worden. Eine halbe Million Türken war in die kleinasiatischen Gebiete zurückgekehrt. Anderthalb Millionen Griechen lebten sich langsam in die alte Erde von Griechenland ein. Die Hilfe des Völkerbundes, die Fürsorge amerikanischer, englischer und vieler anderer Organisationen, die erstaunliche Entschlossenheit Griechenlands, Mut und Energie der Flüchtlinge, brachten das Unmögliche zustande. Die Tragödie verlor ihre Schatten, und was wie Belastung ausgesehen hatte, wurde zum Gewinn für das Mutterland, das nationale Unglück wurde zum Segen. Die Erde wurde wieder grün.

Es würde noch Jahre dauern, bis aus dem Grün die gleichmäßige Folge von Ernten wurde. Die Flüchtlinge würden noch lange abends vor den Häusern der neuen Dörfer sitzen und nach Osten sehen; doch ihre Kinder würden nicht mehr auf fremder Erde leben, es würde die Erde ihrer griechischen Heimat sein. Die Wanderung war zu Ende.

Eines Abends ging Nansen in eines der Kinderheime, die vom amerikanischen Near East Relief eingerichtet worden waren. Achthundert Kinder lagen schlafend auf Decken in den kahlen Baracken von Zappeion. Sie hatten ihre Eltern verloren. Wie kleine, getretene Tiere hatten sie am Strande und in den Straßen gelegen, bis man sie aufgelesen hatte. Jetzt waren sie sicher, und nichts störte den Schlaf. Morgen früh würden sie aufwachen, essen und trinken, der Tag würde ohne Schatten sein. Ihr Schlafatem wehte durch den riesigen dunklen Raum, in dem ein paar kümmerliche Lampen brannten.

Er hatte nicht gewußt, daß der Frieden den Atem eines lebendigen Wesens besitzt. In den Baracken von Zappeion fand er ihn. Er erinnerte sich eines Satzes, den er vor Jahren in sein Tagebuch geschrieben hatte: »Ich blicke tiefer in eine neue Welt, die gebaut werden soll, und ich will sie bauen.« Er wußte nicht mehr, was er damit gemeint hatte. Der Krieg und die

Jahre danach hatten allen Dingen einen anderen Wert, allen Worten eine tiefere Bedeutung gegeben. Eine neue Welt ... seit Jahren bewegte er sich in Leiden. Ehe die »neue Welt« gebaut werden konnte, mußten die Hungernden gesättigt, die Obdachlosen ein Dach erhalten. Die neue Welt fing mit dem ruhigen Schlaf der Kinder von Zappeion an.

XXVIII

KEIN PLATZ IN DER WELT

Europa in den Jahren nach dem Kriege war ein kranker Leib voller Geschwüre. Kaum daß eines anfing zu heilen, brach ein anderes auf, und jedesmal hatten die Ärzte ihn gerufen. Er war von Beruf kein Arzt, er kannte das Allheilmittel nicht. Er dachte manchmal an die Zeit, als seine fünf Gefährten und er auf dem »Jason« vor der Küste von Grönland trieben. Er hatte den Doktor gespielt und Krankheiten aller Art behandelt, mehr mit Vernunft und gutem Menschenverstand als mit medizinischem Wissen. Er hatte den dankbaren Blick des Matrosen nie vergessen, der eine schwere Blutvergiftung bekam und den er gerettet hatte. Das war lange her, das schien nie gewesen zu sein. Jetzt, seit Jahren, war er wieder so etwas wie ein Arzt, der die Profession nicht gelernt hatte, und wieder arbeitete er mehr mit Vernunft, Einsicht, gutem Willen; allerdings kannte er den Kranken genauer und besser als alle Ärzte.

Diese Geschwüre ... aber so sah ein Leib aus, wenn er alles getan hatte, um sich zu verwüsten und zu schwächen. Kaum daß die Züge mit Gefangenen rollten, hatte er den Feldzug für die russischen Flüchtlinge geführt. Kaum hatte er die ersten Schritte in dieses Elend getan, waren die griechischen Flüchtlinge wie eine Woge über das alte Vaterland geflossen. Dann war die russische Hungersnot gekommen.

Aus zwei Monaten waren Jahre geworden. Sie waren bis zum Rande gefüllt mit Reisen, Berichten, Aufrufen, mit der Kontrolle von Listen. Um Leiden zu lindern, Hungernde zu sättigen, Flüchtlingen eine neue Heimat zu geben, brauchte man keine großen Worte, und die große Geste zerfiel. Die großen Worte waren Lügen, die großen Gesten enthielten nichts. Die wirklichen Worte der Welt waren: Brot, Salz, Wahrheit. Aber auch sie waren nur etwas, wenn sie mit Wirklichkeit gefüllt wurden.

In seinem Bericht vom März 1924 hieß es: »Die polnische Regierung hat allen russischen Flüchtlingen einen endgültigen und allgemeinen gesetzlichen Status gegeben. 3589 jüdische Flüchtlinge, denen Ausweisung drohte, wurden rechtzeitig nach Amerika gebracht; ebenso konnten andere 588 Flüchtlinge das Land verlassen. Die französische Regierung hat ein erstes Kontingent von 1500 Flüchtlingen aufgenommen und wird sie in der Landwirtschaft und Industrie beschäftigen.«

»Im Zusammenhang mit der wirtschaftlichen Krise hat eine größere Anzahl von Flüchtlingen, die in der Industrie arbeitete, Deutschland verlassen, um anderswo Arbeit zu suchen. Im Augenblick leben 500 000 russische Flüchtlinge in Deutschland. Angesichts ihrer schwierigen Lage hat der Hohe Kommissar sich bemüht, die Arbeit der verschiedenen Organisationen, die getrennt voneinander wirkten, zusammenzufassen. Eine wichtige amerikanische Organisation – das Joint Distribution Committee –, davon überzeugt, daß die jungen emigrierten Studenten ein wichtiger Faktor im künftigen Aufbau Rußlands sein werden, hat dem russischen wissenschaftlichen Institut in Berlin durch den Hohen Kommissar eine erste Spende von 10 000 Dollar überweisen lassen. In Berlin ist ein Studentenheim eingerichtet worden, das bedürftigen russischen Flüchtlingen Unterkunft gewährt.«

»Die Frage der Personalausweise für russische Flüchtlinge in Rumänien ist zufriedenstellend gelöst worden; die ersten Ausweise sind bereits ausgestellt worden.«

»Der Vertreter des Hohen Kommissars in China weist dringend darauf hin, daß das Problem der russischen Flüchtlinge in China – etwa 60 000 – nur durch Rückführung und Abtransport gelöst werden kann.«

Diese Berichte schienen nicht viel zu sagen und verschwanden neben Konferenzen und den Verhandlungen des Völkerbundsrates und der Versammlung des Völkerbundes über wichtige politische Fragen – aber sie waren wichtig, zuerst und vor allem für die Betroffenen, aber auch für den Völkerbund. Er bewies auch in diesen geringfügig scheinenden Tatsachen die Richtigkeit und Notwendigkeit seiner Existenz.

1924 hatte das Problem der russischen Flüchtlinge seine Schwere verloren, und das Internationale Arbeitsamt übernahm es, sich mit den Fragen von Arbeit und Auswanderungsbedingungen zu befassen und die Ausbeutung der Flüchtlinge zu verhindern. Nansen war damit noch insofern verbunden, als er die politischen Fragen zu lösen hatte. 1925 war die Zahl der arbeitslosen armenischen und russischen Flüchtlinge auf 180 000 gesunken. Die Einführung des Nansen-Passes hatte sich als wertvoll erwiesen. Die Flüchtlinge hatten größere Bewegungsfreiheit und konnten leichter nach Arbeit suchen, wenn sie auch von der allgemeinen Wirtschaftskrise härter betroffen wurden als die durch die nationalen Regierungen geschützten Arbeiter.

Er war Vorsitzender der Kommission für Mandatsfragen. Er brachte nicht nur die im Völkerbund vertretenen drei nordischen Staaten zu enger Zusammenarbeit; oft genug vereinigte er alle kleinen Staaten zu einem Block gegen die Großmächte. Als Mussolini 1923 widerrechtlich Korfu besetzte und es aussah, als würde der Völkerbund unter dem Einfluß Frankreichs diesen Überfall dulden, war es Nansen, der in einem leidenschaftlichen Ausbruch die italienische Politik angriff, Lord Cecil, den englischen Delegierten, unterstützte und die kleinen Nationen zum Protest vereinigte; das faschistische Abenteuer scheiterte. Es waren nicht Italien und Griechenland, die ihn so sehr interessierten, es war die Frage der Gerechtigkeit. Gerechtigkeit war nicht ein Feiertagswort. Gerechtigkeit war eine Wirklichkeit, oder sie mußte es werden. Als 1924 die Frage der Aufnahme Deutschlands in den Völkerbund diskutiert wurde, fuhr Nansen nach Deutschland, um den Reichskanzler Marx davon zu überzeugen, daß Deutschland nicht abseits bleiben dürfe. Der Völkerbund konnte nur dann wirken, wenn ihm alle Völker angehörten. Langsam mußte eine moralische Umwertung der Lebenswerte eintreten. Der nationale Egoismus mußte überwunden werden. Ehrlichkeit und Wahrheit sollten die Grundlagen der internationalen Beziehungen sein. Recht, er wußte es, gab sich nicht freiwillig in die Hand. Man mußte dafür kämpfen. Er war immer bereit zu kämpfen. Als Lord Cecil bei einer Gelegenheit zu ihm sagte: »Well, Nansen, it looks as if we shall have to fight«, sagte er nur: »Of course.« Natürlich mußte man kämpfen, und es war ihm gleichgültig, ob er mit seiner Meinung allein war. Es gab etwas, das höher stand als der Staat. Das war das Recht, und er konnte darauf vertrauen, daß sein eigenes Volk und die Regierung, die er vertrat, hinter ihm standen, wenn er für menschliches Recht kämpfte. So trat er in die armenische Tragödie ein.

Das armenische Volk war ein kleines Volk, aber seine Geschichte war lang und blutig, es war eine Geschichte von Unterdrückung und Ausrottung. Als der Weltkrieg ausbrach, begann die große Liquidierung der Armenier im türkischen Teil des Landes. Die Intelligenz wurde vernichtet. Im Juni und Juli 1915 wurden 18 000 Männer, Frauen, Kinder von Kharpat und Sivas nach Aleppo getrieben. Ein paar hundert kamen an. Die andern waren auf dem Hungermarsch gestorben oder von türkischen Truppen niedergemacht worden. In der Schlucht von Kernikh wurden 28 000 Frauen und Kinder zusammengeschossen. Die Türken wollten die »armenische Frage« rasch und endgültig lösen. 19 000 Menschen verließen Erzerum, und elf kamen am Ziel an. In der Tat, das türkische Telegramm an die deutsche Regierung enthielt die Wahrheit: »La question arménienne n'existe plus.« Sie verhungerten im Gebirge und in der Wüste. Frauen und Kinder trieben auf Flößen im Tigris. Wenn die Flöße in Mossul ankamen, waren sie leer. Sie starben auf Märschen, in Lagern, in ihren Dörfern und Städten.

Die Armenier von Transkaukasien stellten sich 1921 unter den Schutz der russischen Regierung und bildeten einen Freistaat mit der Hauptstadt Eriwan. Nach dem deutsch-russischen Frieden von Brest-Litowsk brachen die Türken ein und setzten die Ausrottung fort. Armenische Freiwillige kämpften in Rußland und Palästina auf der Seite der Alliierten, und Tausende fielen. Im Friedensvertrag von Sèvres wurde Armenien zu einem freien, unabhängigen Staat erklärt. Kemal Pascha, der Anatolien wieder aufbaute, die türkische Armee organisierte und den Friedensvertrag ablehnte, besetzte das Land; 30 000 Armenier wurden ermordet, Baku wurde besetzt. Die Türken hatten ganze Arbeit getan; vom Ausbruch des Krieges bis zum Jahre 1921 war ein Drittel des armenischen Volkes ausgerottet worden.

Der Friedensvertrag von Lausanne erwähnte die armenische Frage nicht mehr. Keine der europäischen Großmächte wollte den Schutz Armeniens als eines Mandatsgebietes übernehmen. Die Aufnahme Armeniens in den Völkerbund wurde abgelehnt. Gab es dieses Volk überhaupt noch? Anderthalb Millionen waren mit Überlegung vernichtet worden.

Auf der ersten Versammlung des Völkerbundes 1921 hatte Lord Cecil gebeten, Maßnahmen zum Schutz der noch lebenden Armenier zu treffen. Nansen hatte ihn unterstützt und erklärt, daß, ehe die Frage der armenischen Grenzen erörtert werden könnte, etwas getan werden müßte, um die Armenier vor der endgültigen Ausrottung zu schützen; 60 000 Mann würden genügen, um die Türken zurückzuhalten. Ein Komitee, dem Lord Cecil und Nansen angehörten, wurde gegründet.

In der zweiten und dritten Versammlung wurde die armenische Frage wieder vorgebracht und den Armeniern eine »nationale Heimat« versprochen. Die vierte Versammlung 1924 nahm eine Entschließung an, in der das Internationale Arbeitsamt in Zusammenarbeit mit Nansen gebeten wurde, die Möglichkeiten der Ansiedlung einer größeren Anzahl armenischer Flüchtlinge im Kaukasus oder an anderen Orten zu untersuchen. Nansen nahm den Auftrag nach langem Zögern an.

Im Juni 1924 reiste die Kommission nach Armenien ab. Sie bestand aus Nansen als ihrem Leiter, dem englischen Ingenieur Dupuis, dem französischen Agrarökonomen Carle, Savis, einem italienischen Sachverständigen für Wasserwerke, und einem Norweger als Sekretär. Die Aufgabe der Kommission war, die von einem armenischen Ausschuß vorgelegten Pläne der Urbarmachung und Bewässerung der Sardarabawüste zu prüfen und die allgemeine Situation kennenzulernen.

In Athen konnte sich Nansen davon überzeugen, daß die Ansiedlung der griechischen Flüchtlinge große Fortschritte gemacht hatte. In Konstantinopel sah er noch immer russische Flüchtlinge unter erdrückenden Umständen leben. Es waren jene, die von der bulgarischen Regierung als politisch Verdächtige ausgewiesen und auf einem Schiff nach Rußland geschickt worden waren. Die sowjetische Regierung hatte ihre Aufnahme abgelehnt und sie wieder zurückgeschickt. Fast einen Monat waren sie auf dem Meer getrieben, bis sie in Konstantinopel an Land gehen konnten. Da lagen sie noch, am Saume des Meeres. Ein Stück des Strandes war mit einer Art von Dach überdeckt, mit dem früher Boote vor der Witterung geschützt worden waren. Lumpen auf der Erde waren das Bett, Ziegelsteine dienten als Kopfkissen. Hier waren Kinder geboren worden, und Menschen waren gestorben. Da unter dem Notdach nicht Raum genug war, lagen manche ohne Schutz am Strande. Die tägliche Ration war ein Stück Brot und ein Teller Suppe.

»Die Flüchtlinge besaßen etwas Geld, als sie ankamen, etwa siebenhundert türkische Pfund. Aber die türkische Polizei hatte es beschlagnahmt und verweigerte die Rückgabe, weil es für den Transport der Flüchtlinge zu einem anderen Ort benutzt werden sollte – wahrscheinlich zum Friedhof. Als Miete für ihre augenblickliche Unterbringung konnte es wohl kaum verwendet werden.«

Es lag nicht in Nansens Natur, zynisch zu sein, und er wurde es nur selten. Es war dann, wie in diesem Augenblick, der Zynismus der Trauer. Er bewog den amerikanischen »Near East Relief«, sich dieser Flüchtlinge anzunehmen. Später war es möglich, einen Teil nach Frankreich zu bringen; der Rest kehrte nach Rußland zurück.

Mit dem Schiff fuhr die Kommission nach Batum, dann nach Tiflis und Eriwan. Es war eine wundervolle Reise durch das Bergland alter Zeiten, und sie reisten durch Armenien, von den Gehetzten und Geschundenen wie Botschafter einer neuen Zeit begrüßt. Die Aufgabe der Kommission war, die von einem armenischen Ausschuß vorgelegten Pläne auf Urbarmachung und Bewässerung bestimmter Gebiete zu prüfen, die dann besiedelt werden sollten. Dann konnten die armenischen Flüchtlinge aus Griechenland in ihre Heimat zurückkehren.

Nansen erinnerte sich manchmal an seine große Reise durch Sibirien. So frei, so gelöst wie damals hätte er in der reinen Bergluft atmen können, wenn nicht die Schatten überall gewesen wären; aber er hatte Hoffnungen. Und wie damals füllten sich seine Notizbücher mit den Eindrücken des Reisenden, den die Frische eines Morgens entzückt, mit Bemerkungen über Bewässerung, Landwirtschaft, Beschreibungen von Dörfern, von Städten, Darstellungen der Geschichte, die immer wieder bei der Ausrottung endete. Am 21. Juni wohnten sie der Eröffnung des Schirakskykanals bei Leninakan bei, durch den ein großes Trockengebiet bewässert werden konnte.

»Als wir am Morgen aus den Fenstern unseres Wagens blickten, war die Station voller Soldaten, die zur Einweihung des Kanals gekommen waren. Nach dem Frühstück fuhren wir durch die Straßen von Leninakan zu den Ebenen im Nordwesten hinaus, um das Bett des Kanals zu sehen, ehe die Schleusen geöffnet wurden. Überall an den Straßen über die Ebene waren Menschen versammelt, Männer, Frauen und Kinder jeden Alters. Sie waren zu Fuß gekommen oder in überfüllten Fuhrwerken und Wagen aller Art, die mit Wimpeln und Fahnen in allen Regenbogenfarben geschmückt waren. Frauen in leichten, frohen Sommerkleidern, Tausende von Soldaten zu Fuß und beritten – alle in strahlender Laune, um das Fest zu feiern.«

»Links unter uns lag das Tal von Arpachai. Hier sah man die Trümmer einer Stadt, mit einem Kloster und einer Kirche – alles durch den Krieg zerstört, und bisher war nichts wieder aufgebaut worden. Auch Leninakan war voller Ruinen, dem Ergebnis des letzten türkischen Einbruches, aber es war manches schon wieder in Ordnung gebracht worden. Aber heute wollten wir nicht das Vergangene sehen, sondern uns der Gegenwart und Zukunft zuwenden.«

»Je näher wir kamen, um so dichter wurde das Gewühl, überall waren Ansammlungen von Menschen. Ich hatte einmal einen ähnlichen endlosen Zug auf den Straßen gesehen, eine nicht endende Prozession. Es war in Thrazien 1922, als die Griechen und Armenier entsetzt vor den Türken flohen. Doch hier gab es kein Entsetzen, keinen Schrecken, nur Fröhlichkeit und Lachen.«

»Wir erreichten ein Dorf am Ende des Kanals. Hier stand ein riesiger Triumphbogen, in prächtigen Farben dekoriert, die im Blau des Himmels leuchteten. Es war beinahe wie englisches Land am Tage eines großen Rennens mit all diesen überfüllten Wagen und fröhlichen Menschen, nur daß die Wagen von Ochsen gezogen wurden.«

»Ein Mann sprang auf unseren fahrenden Wagen und blieb auf dem Trittbrett stehen. Er wollte uns den Weg zeigen. An den gekreuzten Hämmern auf seiner Mütze sah ich, daß er ein Ingenieur war. Ich sah ihn – irgendwo mußte ich ihn schon gesehen haben. Er lächelte. Ja, wirklich, wir waren einander vor zwölf Jahren begegnet und waren zusammen in der Wildnis von Sibirien gereist – im Amurgebiet, als er beim Bau der Amurbahn als Ingenieur arbeitete. Er hieß Jakimoff. Hier war er zweiter Leiter der Ingenieurarbeiten am Kanal. Wie klein doch die Welt ist... Als ich am Morgen den Zug verlassen hatte, wurde ich von einem anderen Ingenieur gegrüßt, aber ich erkannte ihn nicht. Jetzt erinnerte ich mich daran, daß auch er beim Bau der Amurbahn gewesen war, vor zwölf Jahren.«

»Zusammen mit dem Präsidenten von Armenien, dem Kommissar für Landwirtschaft und einer Reihe von anderen, unter ihnen Mr. Yarrow vom Near East Relief, wurde ich gebeten, über die Hängebrücke zur Schleuse an der Öffnung des Tunnels zu gehen. Auf ein Zeichen fingen der Präsident und mehrere Mitglieder der Regierung an, die Winde in Betrieb zu setzen, und unter ungeheurem Jubel hob sich das Tor der Schleuse; wie Donner rollte der Beifall durch die Schlucht. Salutschüsse hallten von den Felsen wider, die Fahnen wehten, das Volk schrie noch lauter, und dann begann das Wasser in den Tunnel zu fließen. Ich faßte zu, um die Winde zu drehen, und das Volk schrie Beifall. Auch Mr. Yarrow und einige Beamte halfen. Langsam wurde die Öffnung größer, und das gestaute Wasser floß stärker. Man konnte im Geiste schon sehen, wie es die Kanäle in der Ebene füllen und Ströme des Lebens weit über die durstige Erde hin verteilen würde.«

»Doch nun war es Zeit, zu unseren Plätzen zurückzugehen. Der Präsident und viele andere sprachen, und auch ich wurde gebeten, ein paar Worte zu sagen ... Es war wirklich ein großer Tag. Er enthielt die Vollendung eines Werkes, das die Vorbedingungen für Tausende von neuen glücklichen Heimen geschaffen hatte.«

»Dann war alles vorbei, und die Völkerwanderung flutete zurück. Wir fuhren im Wagen durch die Felder in der Nähe des Kanals, in dem das Wasser nun schnell und mächtig dahinfloß. Überall standen Tausende, um sich an diesem Anblick zu freuen; Männer und Knaben badeten in dem neuen Fluß, und die Frauen saßen am Ufer und ließen das Wasser über ihre Füße rinnen.«

»Das ganze Werk, der Damm, der Tunnel und der Kanal eingeschlossen, machte einen großen Eindruck auf uns; unser Experte, Mr. Dupuis, war des Lobes voll. Das Unternehmen war sorgfältig durchdacht worden, und man konnte sehen, daß das Land eine Tradition in Fragen der Bewässerung besaß. Was noch wichtiger war: die Kosten waren überraschend gering ...«

Am Abend gab die Regierung der Kommission einen Empfang im Sirdargarten, der jetzt dem Staat gehörte. Der frühere Besitzer, ein reicher Armenier, der im Winter in Odessa und im Sommer in diesem Idyll lebte, war enteignet worden, aber er hatte sich von seinen Bäumen und Blumen nicht trennen können. Jetzt lebte er in zwei Räumen im Keller des Hauses, das ihm einst gehört hatte, und arbeitete als Gärtner in seinem früheren Garten. Nansen traf ihn bei dem Empfang und sprach mit ihm. Niemand sah in ihm den ehemaligen Besitzer von

Haus und Garten; er war jetzt wie alle anderen ein Angestellter. Auch das gehörte zur Geschichte der Zeit; aus Begegnungen kam Schicksal, und er hatte in diesen Jahren unzählige Schicksale gesehen und berührt.

Das Wasser floß durch die Kanäle, das Land wurde fruchtbar, Menschen bekamen wieder Heimat: hier konnte er Hoffnung haben. Die Pläne, die von der Kommission zu prüfen waren, erwiesen sich als ausgezeichnet, wenn auch die Bewässerung und Kultivierung der Sardarabawüste als zu schwierig und zu kostspielig im Augenblick aufgegeben werden mußte. Aber 36 000 ha Land in anderen Gebieten konnten erschlossen werden. Das hieß: 15 000 armenische Flüchtlinge konnten zurückkehren. Die Kosten für Bewässerung und Dränage würden 100 000 Pfund Sterling betragen.

Nansen und sein Sekretär fuhren durch Transkaukasien, über das Kaspische Meer zurück. Er sah die Wolga wieder und besuchte Saratow. Hier war er gewesen, als Millionen hungerten. Er hatte die Toten gesehen, Leiden von grenzenloser Tiefe. Jetzt stand die Ernte wieder auf den Feldern, und die Gesichter hatten die Schatten des Elends verloren. Später beschrieb er die Heimreise in seinem Buche »Durch den Kaukasus zur Wolga«.

Nach der Rückkehr trug er der sechsten Versammlung des Völkerbundes die Ergebnisse der armenischen Reise vor. Er sagte, daß der Völkerbund die Anleihe von 900 000 Pfund Sterling nicht verweigern dürfte. Die armenische Regierung war bereit, die Steuern der Neubauern zu benutzen, um zur Löschung der Schuld beizutragen.

Er sagte: »In dieser kleinen Republik haben die Armenier zuletzt ein nationales Heim gefunden, und ich kann die Mitglieder der Versammlung nur fragen, ob sie aufrichtig und ernsthaft glauben, daß irgendwo ein anderer Ort für sie gefunden werden kann. Ich glaube, Ihre Antwort zu kennen, und ich appelliere an die Versammlung – alle die Versprechungen, die den Armeniern in den letzten Jahren gemacht worden sind, durch die Unterstützung dieser Anleihe zu erfüllen. Wenn die sechste Versammlung diesen Plan verwirklicht, würde das allein genügen, um sie in der Geschichte lebendig sein zu lassen, denn es würde einen ersten Schritt zum Recht bedeuten; jeder der hier Versammelten weiß, daß internationales Unrecht geschah.«

»Erinnern Sie sich an die Debatten der vorausgegangenen

Versammlungen. Jahr um Jahr sind Versprechungen eines nationalen Heimes gemacht worden. Jahr für Jahr haben wir die Bitten unserer Regierungen, einem mißhandelten und verlorenen Volke Gerechtigkeit widerfahren zu lassen, zur Kenntnis genommen, und Jahr um Jahr haben wir mit wohlmeinenden Worten die Geschichte einer endlosen Quälerei angesehen. Jetzt haben wir die Möglichkeit zu handeln, und hier ist nun ein Plan, von dem wir wissen, daß er wirtschaftlich gesund, finanziell durchführbar und politisch wünschenswert ist. Wenn wir ihn durchführen, werden wir das Leiden zahlloser Flüchtlinge mindern. Wir werden die einzige fähige armenische Regierung der jüngsten Geschichte stärken, und mehr als das, wir werden die Sache des Friedens stützen, den der Völkerbund in der Welt durchsetzen will.«

»Ich erinnere Sie daran, daß kürzlich in einem großen europäischen Land ein Schlachtschiff vom Stapel gelaufen ist. Die Baukosten betrugen 7 000 000 Pfund Sterling, und die jährlichen Kosten der Instandhaltung belaufen sich auf eine halbe Million Pfund. Zwei Jahre Unterhalt für dieses Schiff würden mehr als genug sein, um die Anleihe, um die wir bitten, zu sichern. Das Geld, das für diese Kriegsmaschinerie verwendet wird, verschwindet spurlos; nichts wird besser dadurch. Die Anleihe bringt etwas hervor, sie bildet menschliche Heime, sie erschafft Glück. Das Schlachtschiff ist eine Sicherung gegen die Gefahr eines Krieges, und im gegenwärtigen Augenblick mag das unvermeidbar sein. Aber ist nicht ein Werk des Friedens ebenso eine Sicherung gegen den Krieg? Sind wir wirklich sicher, daß es nicht eine bessere und billigere Sicherung darstellt?«

»Wenn wir diesen winzigen Anfang durchsetzen, werden wir zu größeren Dingen fortschreiten können. Andere Pläne ähnlicher Art und mit größerem Ergebnis können verwirklicht werden. Ich appelliere an die Versammlung, diese Chance nicht zu verlieren. Zu oft schon ist die armenische Tragödie vergessen oder mit Gleichgültigkeit und zynischem Scherz übergangen worden.«

»Ich appelliere an die Mitglieder jeder Delegation, über die Tiefe dieser Tragödie nachzudenken. Aber noch dringender bitte ich die Regierungen der drei großen europäischen Nationen um ihre Unterstützung. England, Frankreich und Italien haben in den letzten Jahren den Lauf der Geschichte und das

Schicksal von Völkern wesentlich bestimmt. Indirekt haben sie ihre Rolle in der Tragödie des armenischen Volkes gespielt. Ich bitte sie jetzt, nach den Irrtümern der Vergangenheit für dieses geschlagene Volk eine hellere Zukunft zu schaffen.«

Es war eine Rede, aus der seine Leidenschaft für Gerechtigkeit hervorbrach. Es war eine Rede, von der in den Zeitungen berichtet wurde und die den stürmischen Beifall der Galerie empfing. Er verlor. Eine neue Kommission bereiste Armenien. Die Westmächte konnten sich nicht entschließen, die Garantie für die Anleihe zu übernehmen.

Er wollte und konnte nicht aufgeben. Er bat um eine kleinere Anleihe und hoffte, daß die Armenier selber einen Teil der Mittel aufbringen konnten. Deutschland und einige kleinere Staaten sicherten nach dem Maß ihrer Möglichkeiten eine gewisse Garantie zu. In der siebenten Versammlung des Völkerbundes sprach er wieder, bat, beschwor. Er hatte, sagte er, in den letzten zwölf Monaten die Geschichte des armenischen Volkes studiert. Er hatte gefunden, daß kaum ein Volk der Geschichte soviel Unglück und Mißhandlung erfahren hatte. Er wollte das, was in den Jahren von 1915 bis 1918 und dann bis 1922 geschehen war, nicht wieder beschreiben. Er wollte die Pilgerschaft des Todes, diese namenlose Infamie – »die die Historiker Deportation nennen werden« –, nicht noch einmal darstellen. Hunderttausende waren erschlagen, erschossen, verkauft worden. Sie waren dahingetrieben worden, bis sie vor Erschöpfung starben.

Wurde dieser alte Mann, der mit den federnden Schritten eines jungen Menschen auf das Podium sprang, nicht allmählich langweilig mit diesen ewigen Anrufen und Appellen über die armenische Frage? Wurde diese volle Stimme nicht langsam unangenehm? Es gab andere Dinge, wichtigere Dinge ... – nicht für ihn. Er fuhr fort zu sprechen. Er wies auf die Anstrengungen hin, die das armenische Volk unterdes gemacht hatte, das Land wiederaufzubauen. Er bat die Versammlung, die Tür nicht zu schließen, ehe nicht jede Möglichkeit erwogen sei.

Er verlor. Nach zwei Jahren, in denen er versuchte, Geld zusammenzubringen, mußte er selber den Antrag stellen, den Plan aufzugeben. Die armenische Frage wurde von der Tagesordnung des Völkerbundes abgesetzt. Die Hilfe für das armenische Volk kam in begrenztem Maße vom amerikanischen Near

East Relief und anderen Hilfsorganisationen. Langsam kehrten die armenischen Flüchtlinge zurück. Von den 90 000 Armeniern, die in den Lagern von Beirut, Aleppo und Alexandria hausten, kehrten bis 1929 etwa 60 000 zurück. Nansen war Vorsitzender des armenischen Unterausschusses, der mit der französischen Regierung im syrischen Mandatsgebiet zusammenarbeitete. Die armenische Sache war seine Sache.

Manchmal, abends nach langen Sitzungen, saß er mit Freunden oder Journalisten, die er kannte, zusammen. Sie bewunderten ihn. Jemand, der ihn in Rußland gesehen hatte, sagte, er sei ihm wie ein Löwe unter Schafen und Ziegen erschienen. Noch immer war er schlank und hochgewachsen, und sein Lachen war jung und voll. Wenn er erzählte, schrieb jemand, rückte er seinen Stuhl etwas vom Tische ab, kreuzte seine Beine, umfaßte das Weinglas und sah von der Seite hinein, während er nachdachte, vor allem dann, wenn er alte Erinnerungen zurückrief. Manchmal glich er einem alt gewordenen Othello.

Erinnerungen ... und manchmal sprach er vom Eis, von Grönland, von Jagden auf Bären. Auf Turnschuhen war er hinter Bären hergejagt ... was für eine Zeit das gewesen war ... Die Winterhütte und Johansen und er wie Wilde ... Wenn er davon sprach, war einsame Luft um ihn, und es war den Zuhörenden, als wüchse er vor ihnen. Jemandem, der ihn nach der Entwicklung seines Lebens fragte, antwortete er, daß es ihm, wenn er sein Leben ansähe, vorkäme, als hätte es seine Form daraus gewonnen, daß Zufälle einander folgten, ohne Plan, eine Sache der anderen folgend, aus einem unbewußten Zwange heraus. – Es sah wie Zufall aus, aber es war kein Zufall. Vom Eis in Grönland und am Pol führte der Weg nach Rußland, Griechenland, Armenien, in die Lager der Gefangenen und der Flüchtlinge. Er führte von den Berichten über das große Abenteuer der Arktis zu den Berichten vor dem Völkerbund. Weil er der Nansen von Grönland und von der »Fram« gewesen war, konnte er der Nansen der menschlichen Abenteuer werden, dieser Abenteuer der Geduld, der Freundlichkeit, der Hilfe.

Wenn sie dann, nach einem Abend der Erinnerungen, vom Tisch aufstanden, war er größer als alle, ein großer, alter Mann, der mit langen federnden Schritten in die Nacht ging. Wer war er? Sie kannten ihn, seine rasche Bereitschaft, seine

Freundlichkeit, seine Hartnäckigkeit, die nicht nachgab. Manchen erschien er wie ein alter, an Land geworfener Wiking, der sein Schiff verloren hatte. Aber sie waren sich alle darin einig, daß sie etwas Seltenes unter sich hatten. Einen Mann.

XXIX

EINE REDE WIE EIN TESTAMENT

Ihre hellen, jungen Gesichter sahen zu ihm empor. Es waren die ernsten, frischen, sanften und kühnen Gesichter von jungen Menschen, englischen Studenten der St.-Andrews-Universität in Schottland. Sie hatten Nansen zu ihrem neuen Rektor gewählt, und er war gekommen, um zu ihnen zu sprechen; am 19. Mai 1926. Darin würde seine ganze Arbeit als Rektor bestehen.

Es war immer erfrischend, immer ermutigend, die Gesichter junger Menschen zu sehen. Neues Saatgut in die Furchen der Zeit, dachte er. Die Zeit wurde alt und erschöpfte sich, die Männer arbeiteten mit Geduld und Wissen, doch die kommenden jungen Menschen fachten das Feuer wieder an. Ihre Gesichter waren noch nicht vom Leben und der Zeit mitgenommen, sie waren noch frei von den Schatten der Resignation und Melancholie, sie enthielten Morgenlicht. Ihre Hoffnungen waren noch nicht getrübt. Was sie glaubten, war unbedingt. Junge Menschen glichen Pfeilen, die sich zum Flug abschossen – zum Fluge wohin? Hatte er es gewußt? Wie ein Pfeil war er davongeflogen. Wenn einige unter ihnen seine Bücher über den Grönlandmarsch und die Fahrt der »Fram« gelesen hatten, mußte er ihnen wohl als eine Legende erscheinen, als jemand, der aus fernen Zeiten zu ihnen kam und erstaunlicherweise noch lebte.

Er sah über sie hin. Diese frischen, sauberen Gesichter ... Er beneidete sie, daß sie jung waren und anfingen. Er war ein alternder Mann von fünfundsechzig Jahren, für den das Licht die langen Schatten des Abends enthielt, nicht für ihn selber, der – wie er glaubte – bis zum letzten Tage unterwegs sein würde, doch in ihren jungen Augen. Er kannte die Welt, in die sie eintreten würden, eine Welt in Trümmern. Es würde nicht leicht für sie sein, aber wie gut war es, daß sie kamen, junge Menschen überall und in allen Ländern, die Brust voller Atem, unbekümmert, unbedingt.

Weshalb hatten sie ihn zu ihrem Rektor gewählt? Weil er in seiner Jugend das große Abenteuer aufgesucht hatte? Weil er etwas wie ein Nachlaßverwalter des Krieges geworden war und Gefangenen, Flüchtlingen, Hungernden geholfen hatte? Genauer: versucht hatte, zu helfen, denn es war noch nicht zu Ende, und er war nicht sicher, ob es je zu Ende gehen würde.

Sie waren jung, er war alt, dazwischen lag sein Leben. Er hatte gelebt, er konnte also aus Erfahrung sprechen, obgleich er wußte, daß junge Menschen auf Alter und seine Erfahrungen wenig Wert legen. Hatte er es getan? Er konnte den alten Nordenskiöld hören ... er, der junge Nansen, hatte ihm seinen Plan, Grönland zu durchqueren, vorgetragen, und der alte Mann hatte ihn unterbrochen und nur gesagt: »O Gott – Grönland ...« Es hatte ihn nicht beunruhigt, er war gegangen.

Er sagte: »Ihr unsterblicher Carlyle hat gesagt: ›Die Erfahrung nimmt einen schrecklich hohen Lohn, lehrt aber wie niemand anders.‹ Halten Sie sich daran, meine jungen Freunde. Hören Sie auf Autorität und Alter, denn Sie können viel von denen lernen, die älter sind als Sie. Aber verlassen Sie sich noch mehr auf Ihre eigenen Augen, und halten Sie sie immer offen. Eine selbsterworbene Wahrheit, sei sie noch so mangelhaft, ist zehn Wahrheiten wert, die Sie von anderen gehört haben, denn Sie haben, außer Ihr Wissen zu vermehren, dazu die Fähigkeit verbessert, Ihre Augen richtig zu gebrauchen.«

Er hätte das mit genug Beispielen erklären können. Aber wenn sie seine Bücher gelesen hatten, wußten sie, daß er den Rat, den er ihnen jetzt gab, selber befolgt hatte. Er hatte dem alten Nordenskiöld zugehört und war gegangen. Er hatte die Einwendungen und die Kritik der erfahrenen Arktisforscher angenommen – damals, als er vor der Royal Geographical Society in London über seinen Plan, mit der »Fram« über den Nordpol zu treiben, gesprochen hatte, und er war aufgebrochen. Von den anderen Abenteuern – wenn es Abenteuer waren – zu schweigen. Waren es nicht Abenteuer auf einer anderen Stufe gewesen, die Heimführung der Gefangenen, die Speisung der Hungernden, die Beruhigung der Flüchtlinge?

Diese jungen Menschen lebten, wie er glaubte, in einer Wende der Zeiten. Jeder von ihnen war auf Erden, sein Teil zu tun, wo immer er auch stehen würde. Zeitenwende ... das Leben war immer groß, bitter, kalt, freundlich; es enthielt immer Flamme und Asche. Manche würden scheitern, das gehörte zum Leben. Andere würden früh aufgeben und mit der Einsicht oder dem Instinkt dessen, der seine Kräfte kennt, in der ruhigen Mitte leben. Einige würden sichtbar werden, sie würden kämpfen – in dieser Zeit, von der manche sagten, daß sie den Niedergang der abendländischen Kultur enthalte. Übrigens war das oft schon gesagt worden, auch in seiner Jugend. War das ein Grund, pessimistisch zu sein? Man mußte die Wirklichkeit sehen. Man mußte wissen, wie die Welt war, und trotzdem den Versuch machen, sie zu ändern. Man konnte ändern. Die Veränderung der Welt war ein langsamer, mühevoller Vorgang; er wußte es. Eine neue Zeit kam nicht von selbst. Man mußte dafür arbeiten. Die einzelnen wußten es. Er hatte Tausende dieser einzelnen gesehen – Ärzte, Schwestern, Helfer in den Lagern von Turkestan und Sibirien, in Seuchenbaracken und Hospitälern von Rußland, Griechenland, Armenien, namenlose Männer, die niemand beauftragt hatte zu helfen; aber sie waren gekommen. Hunderttausende wußten es: alle jene, die geholfen, gegeben, geschenkt, gespendet hatten, der Kaufmann und der Arbeiter, der Schriftsteller und das Kind, das in seinem Schrank nach Kleidern und Schuhen für ein russisches, griechisches, deutsches Kind suchte. Die einzelnen kannten die Gesetze des Wohlwollens und der Hilfe. Wie war es mit den Nationen?

»Nationen haben kaum angefangen, eine Moral auszubilden. Die Tugenden des einzelnen, wie Bescheidenheit, Selbstlosigkeit, Wohltun, Nächstenliebe, Gemeinsinn, erscheinen den Völkern nur zu oft als lächerliche Narrheiten, wenn man sie in der Politik angewandt wissen möchte.«

»Der Völkerbund ist ein großes und beachtenswertes Abenteuer, ein neues Schiff, das mit den Zukunftshoffnungen der Welt an Bord auf neuen Kursen segelt. Wir alle hoffen, daß er den Beginn eines neuen Geschichtsabschnittes bedeutet, denn er versucht, in das Zusammenleben der Völker eben jene Tugenden einzuführen. Er will den Gemeinsinn wecken und wirkliches Zusammenarbeiten zum Besten der Welt bewirken. Somit erwarten wir viel. Aber leider kann der neue Geist der Welt nicht an einem Tage hervorgebracht werden. Unter der Mannschaft dieses Schiffes befinden sich viele Matrosen, die ihre alten Gewohnheiten noch nicht aufgeben konnten.«

Er hatte es erfahren, und er glaubte, diesen jungen Menschen etwas darüber sagen zu müssen, wie die Aufnahme

Deutschlands in den Völkerbund verzögert, hintertrieben worden war. Er konnte es nicht unterdrücken, er mußte von Rußland sprechen und von der Hungersnot.

»Der Prüfstein wahrer Kultur ist das Gefühl für Zusammenhang und Gemeinsinn. Sie, Ihre Familie, Ihre Standesgruppe, Ihr Vaterland sind nur Glieder einer Kette durch Raum und Zeit. Aber von dieser Erkenntnis spüren wir noch nichts zwischen den Völkern und äußerst wenig zwischen den Gesellschaftsklassen.«

Bedeutete es, daß man das Volk vergaß, aus dem man gekommen war, zu dem man gehörte? Er war Norweger. Er hätte nie etwas anderes sein wollen und sein können als Sohn dieses Volkes. Er war dagewesen, als Norwegen ihn gebraucht hatte, Jahre seines Lebens hatte er dafür gegeben, daß sein Land frei wurde, daß es ohne zu große Schwierigkeiten durch den Krieg kam. Jedes Volk war ein Lebewesen besonderer Art, es hatte seinen eigenen Atem, seine eigene Stimme. Weil es ein Volk war, langsam gewachsen wie ein Mensch, konnte es seinen Beitrag zum Ganzen der Welt geben.

»Man hüte sich vor dem Streben nach restloser Einheitlichkeit in Gestalt einer großen unterschiedslosen Menschenfamilie . . . es ist eine Gefahr. Die fortschreitende Verstädterung, die gleichmäßige Erziehung, die Verkürzung aller Entfernungen durch verbesserte Verkehrsmittel drohen die Unterschiede zwischen Völkern, Nationalitäten und Kulturen zu verwischen, die das Leben interessant und schön gemacht haben. Man huldigt heutzutage manchen Idealen, deren Verwirklichung uns zu grauer Eintönigkeit führen würde, in der es schwierig wäre, die eigene Persönlichkeit zu entfalten.«

Das war die Welt, in die diese jungen Menschen eintreten würden. War das Bild, das er gegeben hatte, zu dunkel? Ah, die Welt blieb immer jung und groß.

»Was wir Entwicklung nennen, vollzieht sich in großen Wellengängen. Wer sich im Wellental befindet, hat die Möglichkeit, sich auf den folgenden Wellenkamm zu erheben. Nicht der Standort ist im menschlichen Leben vor allem wichtig, sondern die Richtung, in der wir uns bewegen. Denkt daran, daß es nicht die Bühne ist, die unseren Taten Größe oder Minderwertigkeit verleiht. Ihr selbst müßt eure Rolle auf der Bühne gestalten. Wenn die Welt aus den Fugen geht, ist es an euch, sie wieder einzurenken . . . Auf den alten ausgetretenen

Pfaden gelangen wir nicht mehr zum Ziel. Es wird Zeit, neue Gebiete zu durchforschen. Wir brauchen euch, junge Freunde, euch, die bereit sind, neuen Spuren zu folgen, das Wagnis auf sich zu nehmen, dem Unbekannten die Stirn zu bieten.«

Wagnis ... das Unbekannte ... Sein Leben lang waren ihm diese beiden Worte vertraut gewesen, und ohne sich zu erhöhen oder zu verringern: er hatte besessen, was er die »beiden Gaben des Himmels« nannte: Mut und Unabhängigkeit. Und ein Drittes war notwendig. In seiner auf Englisch gehaltenen Rede nannte er es: spirit of adventure.

Abenteuerlust – doch mehr als blinde Lust, sich in Abenteuer zu stürzen: eine tiefe Leidenschaft, ein geheimnisvoller Seelentrieb, der die Leere füllt, die Grenzen überspringt und das Unbekannte an sich preßt. Und hier wurde seine Rede an diese jungen Menschen zu etwas wie dem Gesang eines alten Mannes, der sich seiner Jugend nicht mit jener trüben Melancholie erinnert, die nur sagt: vorbei, vorbei; er erinnerte sich, und zugleich wußte er, daß diese Leidenschaft immer in ihm gewesen war; daß sie noch immer in ihm flammte und daß sie nie enden würde.

»Abenteuerlust, die in jedem von uns steckt ... Sie ist das geheimnisvolle Verlangen, etwas zu unternehmen, das Leben mit mehr zu füllen als mit dem täglichen Gang vom Haus zur Arbeitsstätte und von dort wieder nach Hause. Sie ist unser ewiger Drang, Schwierigkeiten und Gefahren zu überwinden, Verborgenes zu enthüllen, in Gebiete jenseits des Alltags einzudringen. Sie ist der Ruf des Unbekannten, die Sehnsucht nach dem Lande jenseits der Berge, der tief in der Menschenseele wurzelnde göttliche Trieb, der die ersten Jäger neue Bereiche finden ließ, vielleicht der Urquell unserer größten Taten, der beschwingte Gedanke, der seiner Freiheit keine Grenzen setzt.«

Abenteuerlust, dieser geheimnisvolle nagende Hunger, dieses nie zu stillende Begehren, führte die einzelnen und ganze Rassen hinaus. Er erinnerte an die Wikinger, die den Weg über die Meere öffneten. Er sprach von der englischen Gesellschaft »The Mystery and Company of the Merchant Adventurers«, von Willoughby und Chancellor, die im 16. Jahrhundert den alten norwegischen Seeweg nach Rußland durch das Weiße Meer wieder entdeckt hatten. Er sprach von sich selbst. Er durfte es. Jetzt, vor diesen jungen, atemlos lauschenden Menschen, wußte er, sein Leben übersehend, daß dieser Hunger nach dem Unbekannten immer in ihm gewesen war, von jenem Augenblick an, da das Kind den Schutz des Hauses verlassen und sich in die Wälder von Nordmarken vorgetastet hatte. Er sprach von seinem Leben.

Hatte er es vertan und verpfuscht? War er, wie Barrie, der erfolgreiche Schriftsteller und sein Vorgänger als Rektor, es ausgedrückt hatte, nur seiner »eingebildeten inneren Hälfte gefolgt, die immer auf einem Flügel herumkreist«, nur dem Irrwisch unberechenbar unterworfen gewesen? Manchmal war es ihm so vorgekommen. Manchmal hatte es ihm geschienen, als enthielte sein Leben nur Versuche, nur Anfänge.

Abenteuerlust sprang nicht blind in das Nichts. Sie ließ sich nicht auf das Irgendwie und das Ungefähr ein. Sie bereitete vor und plante, und wenn der Kreuzweg erreicht war, wußte sie, wohin sie zu gehen hatte.

»Der Reisende echten Schlages erwägt zwar sorgsam, wählt dann aber eine Straße und hält unbeugsam an ihr fest. Er gelangt an ein Ziel. Für ihn gibt es nur eine Straße, die Straße, die vor ihm liegt und auf der es kein Zurück gibt.«

Er konnte ihnen den Rat geben, den nur wenige für richtig hielten: keine Rückzugslinie zu haben, die Schiffe zu verbrennen. Dann verbrachte man keine Zeit mit der Rückschau, und übrigens hatte man mit dem, was vor einem lag, genug zu tun. Man hatte keine andere Wahl als das Vorwärts. Man mußte siegen oder verlieren. Er hatte es getan. Er sprach von sich.

Er sprach von der Fahrt auf dem »Viking«, von dem Eis, von der Küste Grönlands. Er hatte die Berge und Gletscher gesehen, Sehnsucht war in ihm erwacht, das unbekannte Innere zu sehen. Dann hatte er sich an den Tisch gesetzt und war ein junger Wissenschaftler gewesen. Er hätte ein »solider Gelehrter und Universitätsprofessor« werden können, und manchmal bedauerte er, daß er die Gelegenheit dazu verpaßt hatte. Bedauerte er es wirklich?

Er rief sich vor den jungen Menschen das Abenteuer des jungen Nansen zurück, der mit fünf Gefährten an der Küste gelandet war. Der lange Marsch, Stürme, Schnee, der verlorene Ton eines Vogels, das Feuer aus Heidekraut, die Fahrt auf dem gebrechlichen Boot – sie waren angekommen.

Erzählte er nur ihnen, diesen jungen Studenten, die Geschichte der »Fram«, den Weg über das Eis, den Winter in der

Hütte auf Franz-Joseph-Land? Sprach er nicht zu sich selbst von jenen unvergeßlichen harten, gloriosen Zeiten, in denen sie das Nichts erfahren hatten, und klang nicht ein Ton von Sehnsucht darin?

»Ich sage Ihnen das alles, um Ihnen verständlich zu machen, daß unmöglich erscheinende Dinge geleistet werden können, wenn sie geleistet werden müssen, und daß ein anscheinend schweres Leben erträglich wird, wenn man ein Ziel vor Augen hat. Es mag Ihnen fast unerträglich vorkommen, einen langen Winter hindurch eingegraben zu verbringen und nur von Bärenfleisch zu leben. Aber ich kann Ihnen versichern, daß es eine glückliche Zeit war, denn uns winkten der Frühling und die Heimat. Sie werden bemerkt haben, daß ich bei dieser Gelegenheit, wie auch bei späteren Plänen, das Mißgeschick hatte, die meisten berufenen Autoritäten der Welt gegen mich zu haben, die meine Ansichten und meine Pläne für unmöglich hielten. Indes genoß ich den Vorteil, mein Leben viel allein verbracht zu haben, woraus die Gewohnheit entstand, Entschlüsse zu fassen, ohne erst andere um ihre Meinung zu fragen. Allein zu stehen, hat offenbar Vorteile. Man wird unabhängiger im Handeln und läuft weniger Gefahr, von anderen falsch beraten zu werden. Daraus folgt aber nicht, daß jeder, der allein steht, notwendigerweise auch stark ist oder daß man jedes Vorhaben ausführen soll, das von Fachleuten abfällig beurteilt wird. Hüten Sie sich vor Eigensinn und Tollkühnheit! Für den Starken bilden Widerstand und Widerspruch eine große Gefahr. Nur der überlegene Geist läßt sich von der Logik des Gegners überzeugen.«

Er erinnerte sie an die Geschichte von Andrée, dem Schweden, die ihnen unbekannt sein mochte; aber er hatte ihn gekannt und hatte ihm abgeraten, mit einem Ballon über den Pol zu fliegen. Andrée war aufgestiegen und verschollen.

Was er sagte, konnte so klingen, als könnte sich die Abenteuerlust nur im großen geographischen Abenteuer des Eises und der Erde bewähren. Man konnte das Abenteuer überall finden, »denn auch das Leben selber ist ein Abenteuer«. Nur sollten sie lernen zu wissen, wohin sie gehen würden, lernen, die eigene Linie zu finden: sich selber zu finden.

Sich selber zu finden in der Einsamkeit ... ja, man brauchte Einsamkeit. Auch das wußte er. Manche Leute mochten über ihn gelächelt haben, wenn er, sooft er nur konnte, in die norwegischen Wälder und Berge gegangen war. Dort wurde er frei. In der Stille des großen Fjell fühlte er sich selbst. Im Schweigen des Winters fielen die Schlacken ab. Er hätte ohne das nicht leben können. Aus der Stille waren die Gedanken gekommen. Nein, es war nicht Zufall, und es bedeutete mehr als Erholung, wenn er, von den langen, erschöpfenden Reisen in das Elend zurückkommend, allein in die Wälder gegangen war. Er war kein Genius, der die Welt mit kostbaren Werken beschenkte. Er war weder ein Prophet noch Gründer einer Religion. Sie alle hatten die Einsamkeit gebraucht, um sich zu klären, zu reinigen. Aber auch er hatte es gebraucht, und es war für jeden notwendig. Viele, gehetzt, ein abgenutztes winziges Glied in der immer mächtigeren Maschinerie des Daseins, fanden die Zeit nicht mehr, über sich und den Sinn des Lebens nachzudenken. Sie waren treibende Getriebene.

Er glaubte, ihnen ein paar Worte über das Glück sagen zu müssen. Glück war eine fragwürdige, dünne Sache. Nicht zu viele Bedürfnisse! Nicht glauben, daß man dies und jenes unbedingt haben müsse. Sich nicht mit zuviel Besitz belasten. Nie vergessen, wie groß und schön die Welt war – trotz allem, was dunkel, schwierig, finster war. Es war gut, auf Erden zu sein, ein Gast in der großen Herberge. Er bat sie, auf seine Warnung zu hören, die auf lange und traurige Erfahrung gegründet war. »Lassen Sie sich Ihren Flug nicht durch alle die Kleinlichkeiten beschweren, die man für Notwendigkeiten des Lebens hält.«

Und dann erhob sich seine Stimme. Es war die Stimme eines Mannes, der das Seine getan hatte. Niemals war sie alt und brüchig geworden, noch immer war sie voller Kraft und Freude. Sie erhob sich zu einem Hymnus auf die Jugend, die vor ihm saß und die den alten Mann wie einen weißhaarigen Wiking sah, auf alle Jugend, die immer wieder beginnt, immer wieder das Wagnis für das Salz erklärt, ohne das die Speise des Lebens schal schmecken würde:

»O Jugend, Jugend, welch ein herrliches Wort! Vor euch ungeahnte Welten hinter den Morgennebeln. Wenn ihr vorwärts segelt, tauchen neue Inseln auf, erheben sich Bergeshöhen über die Wolkenschleier. Gipfel reiht sich an Gipfel, sie alle könnt ihr erklettern. Dichte neue Wälder entfalten sich, damit ihr sie erforscht, und weite Ebenen, damit ihr sie durchwandert.

Ihr seid gelösten Fußes und freien Herzens, auf daß ihr über Sonnenuntergang hinaussegeln möget und das Weltall durchschweifen.

Welch eine Freude, den Tag dämmern zu sehen und zu wissen, daß ihr eine lange Fahrt durch neue Reiche vor euch habt! Auf Lichtstrahlen schwingt sich eure Seele himmelwärts.

Ihr verlacht das Wagnis und lächelt der Gefahr. Am Steuer stehen der Jugend Aufschwung und Selbstvertrauen. Der Sturm kann euch nichts anhaben. Und schaut! Weit voraus über den Schwaden und über dem fliegenden Gischt hebt sich das Land des Jenseits. Uns allen ward ein Land des Jenseits gegeben, das wir suchen. Was braucht es mehr? An uns ist es, den Pfad dahin zu finden. Ein langer Weg, ein mühseliger Weg, mag sein; aber die Stimme ruft, und wir müssen folgen.

Tief in uns allen wurzelt die Abenteuerlust, der Ruf der Wildnis, alle unsere Taten durchbebend, das Leben tiefer, höher und edler gestaltend...«

XXX

AUCH DER ADLER STIRBT

Ein Haus alterte wie ein Mensch. Es verlor seine Frische und Jugend und gewann an Wärme und Reife. Es nahm das Leben derer an, die in ihm wohnten; es füllte sich mit Leben. Ein Haus wie ein Mensch senkte seine Wurzeln um so tiefer, je älter es wurde.

Auch Polhögda war alt geworden. Nansen hatte es bauen lassen, als er auf der Höhe seines Ruhmes stand. Man sagte so: Höhe des Ruhmes. Damals war er aus dem großen Abenteuer des Eises zurückgekommen und hatte sich des Ruhmes gefreut – um weiterzugehen. Er war immer auf der Suche gewesen. »Alles ist nur etwas Vorläufiges«, hatte er in seinem Tagebuch geschrieben, »das beiseitegeräumt werden muß, um zu dem zu kommen, was in Wahrheit Leben ist.«

Damals, als das Haus noch jung war wie er selber, hatte Eva, seine erste Frau, noch gelebt, sie, die den Mut gehabt hatte zu warten und die der »Fram« den Namen gegeben hatte. Seit 1919 lebte Sigrun im Haus. Hatte nicht auch sie immer wieder warten müssen, wenn er aufgebrochen war? Aus der »Fram« und der langsamen Drift des Eises waren die Züge im Europa nach dem Kriege geworden; Tausende von Kilometern war er gefahren.

Die Stimmen seiner Kinder waren die Stimmen von Erwachsenen geworden, die ihr eigenes Leben hatten. Die Bäume um das Haus waren gewachsen, die Büsche waren dicht. Die Arbeitsräume waren voller Bücher, Bilder, Karten. Manuskripte lagen auf den Tischen. Immer mehr Briefe kamen, sie füllten die Mappen. Polhögda lag bei Lysaker auf norwegischer Erde, aber es war ein Ort der Welt.

Hier lebte er, zu selten seit Jahren. Hier arbeitete er, zu oft unterbrochen durch Aufträge, die ihm nicht zukamen und die er nie abgelehnt hatte. Das Zimmer im Turm glich einer Zelle, in die kaum ein anderer eintrat. Durch das Fenster sah er den Fjord und die schwingenden Linien der Berge, und wenn er zum Dach des Turmes emporstieg, war er in der reinen, herben Luft von Norwegen, ohne die er nicht hätte leben können und die ihn erfrischte, wenn er aus der Welt zurückkam. Weil er diese Erde besaß, wußte er, wie es denen zumute war, die ihre alte Erde verloren hatten, weil er in einem sicheren, gewachsenen Haus lebte, verstand er die Obdachlosen. Er liebte es, seinen Tag früh anzufangen. Das Morgenlicht war immer voll Verheißung.

Von Polhögda war er in die Wälder und Berge gegangen; immer seltener in den letzten Jahren. Von hier war er nach Genf gefahren, zu dem Herzort Europas; oder es hätte sein Herzort sein sollen. Von hier hatte er die langen Reisen in die Dämmerung oder in die Finsternis angetreten. Die Gefangenen waren zu Hause; das war abgeschlossen. Die Ansiedlung der griechischen Flüchtlinge im alten Mutterland war fast beendet. Die Hungersnot in Rußland war vorbei, die Felder brachten wieder Frucht. Der Elendsstrom der russischen Flüchtlinge hatte sich langsam in Rinnsale und Tropfen aufgelöst, die in beinahe alle Länder der Welt flossen. Der Nansenpaß, von fünfzig Regierungen anerkannt, war nicht vollkommen, aber er war eine erste Hilfe, ein Schutz gegen das Leben im Nichts. Die Nansenmarke, mit der die Gültigkeit des Passes jedes Jahr erneuert werden mußte, brachte Geld ein, das der Hilfsarbeit zugute kam. Die Versuchsfarmen in Rußland und Griechenland zeigten gute Ergebnisse. 1925 war die Flüchtlingsarbeit dem Internationalen Arbeitsamt übertragen worden. 1928 übernahm Nansen sie wieder, und ein Jahr später ernannte ihn der Völkerbund für weitere zehn Jahre zum Hohen Kommissar für Flüchtlingsfragen. Das bedeutete neue Reisen, Verhandlungen, Berichte. Er hatte die Niederlage der armenischen Frage erfahren. Unter den Titeln der vielen Bücher, die er geschrieben hatte, war ein einziger Titel voller Bitterkeit – »Betrogenes Volk«; er meinte die Armenier. Aber er hatte die Freude, zu sehen und dazu beizutragen, daß Tausende von Armeniern in ihre alte Heimat zurückkehren oder in andere Länder auswandern konnten. Er hatte die Hilfe für deutsche und österreichische Kinder angeregt. Tausende von Kindern lebten für Monate und Jahre in den nordischen Ländern. Manchmal hätte es ihm vorkommen können, als sei er der ungewählte oder nie bestätigte Präsident eines riesigen Volkes, das freilich nie auf einem Raume zusammenleben würde, dessen Angehörige vielen Nationen angehörten, und Dutzende von Sprachen wurden in diesem Reich gesprochen, das beinahe so groß wie die Erde war. Er kannte das Wort »Brot« in vielen Sprachen. »Haus«, »Hunger«, »Kleidung«, »Schlaf« bedeuteten das gleiche in allen Sprachen. Sie waren die Grundworte der menschlichen Sprache. Die meisten Bürger dieses unsichtbaren Reiches kannten nicht einmal den Namen dessen, der für sie sorgte und nicht schlafen konnte, ehe sie nicht schliefen. Andere schrieben Briefe und dankten ihm; es waren die kostbarsten Briefe in den Mappen.

Das alles war in die Stille von Polhögda gekommen, oder er hatte es von seinen Reisen dorthin mitgenommen. Das hatte gebeten, gefordert. Es hatte geschrien oder war mit einem Seufzer oder stumm erloschen. Er hatte nie nein gesagt. Er hatte sich Mißverständnissen, Anfeindungen, Verdächtigungen ausgesetzt. Man hatte ihn unwissend, verstiegen, arrogant, schwärmerisch genannt. Man hatte ihn Reaktionär und Bolschewist genannt, überall, auch im eigenen Lande. Er hatte nicht nein gesagt, als er 1926 gebeten worden war, die politischen Schwierigkeiten in Norwegen zu lösen und eine Regierung der Begabten und Verantwortlichen zu bilden, da die Parteien unfähig schienen und die Entwicklung der sozialistischen und kommunistischen Parteien die politische Lage in Norwegen verändert hatte.

Noch immer fuhr er nach Genf, um in den Komitees des Völkerbundes, denen er angehörte, zu arbeiten. 1928 eröffnete er in Genf den vorbereitenden Kongreß der Weltkirchen. Der im christlichen Sinn Ungläubige, der schon als junger Mensch die Kirche verlassen hatte, sprach zu den Gläubigen, und was er sagte, war nicht nur freundlich. Er erinnerte die Kirchen an ihre Pflicht des unbedingten Gehorsams den Geboten gegenüber. Es gab keinen deutschen, englischen, französischen Gott; es gab Gott und die Gebote. Es gab, in allen Sprachen, nur einen Sinn jener Herzworte des Evangeliums: »Ich bin hungrig gewesen, und ihr habt mich gespeist. Ich bin durstig gewesen, und ihr habt mich getränkt. Ich bin ein Gast gewesen, und ihr habt mich beherbergt. Ich bin nackend gewesen, und ihr habt mich bekleidet. Ich bin krank gewesen, und ihr habt mich besucht. Ich bin gefangen gewesen, und ihr seid zu mir gekommen.«

Und immer wieder war er aus der Welt in die Stille von Polhögda zurückgekehrt, um sich seinen wissenschaftlichen Arbeiten zuzuwenden. Auch wissenschaftliche Arbeit bedeutete

Suche nach den Geheimnissen des Daseins. 1927 schrieb er eine Abhandlung über die Oberflächenformen der Erdrinde. Was auf der uralten, geduldigen Rinde der Erde geschah, wußte er besser als jeder andere.

Und nie hatte er die Arktis vergessen. Noch immer lag Schweigen im Norden. Das Eis trieb in unbelauschter Drift. Bären wanderten durch das weiße Nichts. Fangschiffe zogen durch das sommerliche Meer. Die Stimme des Packeises füllte knirschend den Raum. Die Spiele des Nordlichtes verflammten am leeren Himmel.

Aber auch in der Aktis hatte sich die Zeit verändert: Flugzeug und Luftschiff waren in die Polarforschung eingetreten. Der Russe Negursky war 1914 mit einem Farman-Hydroplan von der Cross-Bay über die Barentsinsel in die Arktis geflogen, um die verschollenen Expeditionen von Sedow, Brussilow, Russanow zu finden. Amundsens und Ellsworths Versuch von 1922, mit einer Junkersmaschine von Wainswright in Alaska den Pol zu erreichen, mißlang. 1924 gründete Nansen die Internationale Studiengesellschaft zur Erforschung der Arktis mit dem Luftschiff. Am 21. Mai 1925 starteten Amundsen und Ellsworth mit zwei Dornier-Wal-Wasserflugzeugen von Kingsbay auf Spitzbergen zum Polflug. Nicht weit davon war Andrée in das Schweigen aufgebrochen. Amundsen erreichte den Pol nicht. Die Maschinen mußten auf dem Eis notlanden. Eine wurde aufgegeben, die zweite kam mit sechs Mann Besatzung zurück. Sie hatten 100 000 Kilometer Eis gesehen. Nirgends war Land. Am 9. Mai 1926 nach Mitternacht stieg der Amerikaner Byrd in Kingsbay auf Spitzbergen zum Flug zum Pol auf. Morgens neun Uhr, an einem Tag von göttlicher Reinheit, überflog Byrd den Pol. Der lange arktische Weg voller Gräber, zerbrochener Schlitten, untergegangener, vom Eis zerpreßter Schiffe war zu Ende gegangen. Dem Blick aus der Luft öffnete sich das herbe Geheimnis des Pols. Es war menschenleer, kalt, grenzenlos. Zwei Tage später flog Amundsen mit dem von Nobile aus Rom gebrachten Luftschiff »Norge« in achtundsechzig Stunden von Spitzbergen über den Pol nach Alaska.

Am 23. Mai 1928 frühmorgens stieg das italienische halbstarre Luftschiff »Italia« in der Kingsbay zum Polflug auf. Um Mitternacht schwebte die »Italia« hundertfünfzig Meter über dem Pol. Ein Kreuz und eine Fahne wurden abgeworfen. Am

Morgen während des Rückflugs vollzog sich die Tragödie. Das Luftschiff sank, die Gondel stürzte auf das Eis, die losgerissene Ballonhülle trieb mit sechs Mann davon. Keiner von ihnen wurde wiedergefunden. Nobile, einige Offiziere, der Funker Biaggi, Malmgren und Behounek trieben auf einer Eisscholle. Malmgren, Zappi und Mariani wanderten über das Eis. Malmgren verschwand im Nichts. Flugzeuge fanden die Schiffbrüchigen. Amundsen beteiligte sich mit einem französischen Flugzeug an der Suche. Die russischen Eisbrecher »Malygin« und »Krassin« nahmen die im Eis Treibenden auf. Amundsen kam nicht zurück. Der alte, harsche Wiking war in das Schweigen gegangen. Nansen hatte ihn gekannt. Er hatte ihm die »Fram« gegeben und nie vergessen, wie sich die Spannung in Amundsens Gesicht löste, als er ihm das Schiff, sein Schiff, anvertraute. Sie hatten nebeneinandergestanden, als Amundsen von seinem Polflug zurückgekommen war.

1929, am 28. und 29. November, überflog Byrd den Südpol. Als erster sah er die ewige Dauer der Eiszeit. Die Pole hatten ihre Geheimnisse verloren.

Und nun würde er den Pol sehen – vom Luftschiff aus. Schon 1925, ein Jahr nach der Gründung der Internationalen Studiengesellschaft zur Erforschung der Arktis, hatte er den Flug vorbereitet, dafür geschrieben, geworben, Verbindungen mit Stellen in Berlin und Moskau aufgenommen, in Norwegen und Alaska Ankermasten bauen lassen und das Luftschiff »Graf Zeppelin«, diesen Triumph der Ingenieurästhetik, im Bau gesehen. Dann hatte sich der Plan aufgelöst, und er war zu anderen Reisen aufgebrochen, die in das dunkle, unruhig schlagende Herz von Europa führten. Aber nun, im Frühjahr 1930, sollte der »Graf Zeppelin«, geführt von Dr. Eckener und unter der Leitung von Nansen, von Norwegen über Alaska und Sibirien den Pol überfliegen, um das Polarbecken zu untersuchen, atmosphärische und meteorologische Forschungen vorzunehmen. Es würde ein Spaziergang werden, ein Picknick. »In einem Luftschiff?... In einer Woche wird alles vorbei sein. Nein, da kann nichts passieren. Natürlich werden wir Hunde und Schlitten mitnehmen. Aber alles wird zivilisiert sein, vorbereitet und spezialisiert. Sehr hübsch wird das werden. Aber die Romantik ist verschwunden, und sie wird nicht wieder zurückkommen. Die ›Fram‹ wird nie wiederkehren.«

Das war sein Kommentar zu dem Unternehmen; aber er

freute sich darauf. Nein, die »Fram« würde nicht zurückkommen. Sie lag jetzt irgendwo und verkam. »Fram« – das war seine Jugend, das war der Geist des Abenteuers, von dem er zu den Studenten von St. Andrews gesprochen hatte. Das Schiff zerfiel, aber der Geist blieb. Er war immer vorausgegangen. Er hatte den Rückzug nicht gekannt.

Damals war er jung gewesen, jetzt war er alt; dazwischen lag ein reiches, volles Leben. Er war alt, er wußte es seit der letzten Schiwanderung am Neujahrstage 1930. Er, der immer vorausgegangen war, blieb erschöpft zurück und lehnte mit geschlossenen Augen an einem Stamm, als man kam, um nach ihm zu sehen. Auch ein Wiking verliert die Kraft.

Der Frühling kam nach Norwegen. Das war in jedem Jahr unvergleichlich, und es war, je älter man wurde, als ob Frische und Zauber aller gelebten Frühlinge sich in dem vereinigten, den man vor Augen hatte und im Blut spürte.

Er hatte den Frühling in anderen Ländern gesehen, und seine Anmut war in den Jahren nach dem Kriege oft genug von Bitternis getränkt worden. Aber immer und immer war der Frühling in Norwegen unvergleichlich. Zögernd kam er, mit einzelnen scheuen Stimmen und Anzeichen, mit langsam wachsendem Licht, dem verschwiegenen Laut eines Vogels, einer scheuen Blüte, die ihrer Freude nicht sicher war, mit dem Flüstern befreiter Wasser, den rinnenden Stimmen von Flüssen, dem Einbruch des Tauwindes in die leblosen Wälder. Langsam stieg der Frühling aus der Erde empor, und dann konnte man ihn hören. Die Erde lebte wieder. Man konnte ihn fühlen, schmecken, riechen, und dann sang der Frühling seine brausende Hymne jungen, freien Lebens – ihm, der jetzt alt war.

Am 13. Mai 1930, einem sonnigen Tag, den Blick auf dem Leuchten des Fjordes, saß er im Garten. Er sprach noch mit seiner Schwiegertochter. Es war Nachmittag, die Welt glänzte im Licht, so jung, wiedergekehrt zum Blühen aus der Gefangenschaft des Winters. Die Erde war immer jung, das Leben war trotz allem eine Herrlichkeit und der einzige Ort des Hierseins. Da sank er zusammen. Als sie ihn aufrichtete, war er tot. Kein langer Abschied, kein Leiden, kein Dahinschleppen. Der Adler war gestorben.

Norwegen begrub Nansen am 17. Mai. Vor fünfundzwanzig Jahren hatte er in Oslo zum norwegischen Volk von der Freiheit und Gerechtigkeit gesprochen; er war immer frei gewesen und hatte Gerechtigkeit gesucht. Er war ein Norweger gewesen. Wo immer er gewesen war: als sie mit der »Fram« im Eis trieben, als er mit Johansen in der Winterhütte gelegen hatte – sie hatten diesen Tag gefeiert, und die norwegische Fahne wehte im arktischen Winde. Dieses Stück Tuch mit dem Kreuz war ihnen Norwegen gewesen, das Meer und die Berge, die Fjorde und die Flüsse, die Berge und das einsame Fjell. Von Norwegen war er in die Welt gegangen, ein Sohn seines Volkes, ein Freund der Menschen, ein Bürger der Welt. Sechs Monate später starb Sverdrup, der Gefährte im Abenteuer, als zöge er ihn nach.

Ein Journalist, der Nansen in Genf gekannt hatte, schrieb: »Ich traf ihn oft gegen acht Uhr morgens am Wilsonkai, aufrecht und kraftvoll nach seinem kalten Bad. Er war immer der erste im Bad und der erste an seinem Tisch. Die Krempe seines großen grauen Hutes wippte in der Sonne ... Sein ganzes Wesen war Kraft ... Wenn er in den Ballräumen von Genf tanzte – und er liebte den Tanz –, fegte er die kleinen, dunklen Diplomaten von den Dielen ... Es gab Politiker in Genf, die Nansen als störend empfanden, aber er gewann die Herzen ...«

Hätte es ihn gefreut zu hören, daß viele ihn vermißten, da sie ihn nicht mehr sehen konnten, wie er mit federndem Schritt durch den Saal ging, um zum Podium hinaufzuspringen und zu sagen, was er dachte, ohne Verschleierung, ohne Zögern? Hätte es ihn gefreut, zu hören, was Lord Cecil von ihm sagte ..., daß er ein furchtloser Fechter für den Frieden, ein Freund der Gerechtigkeit, ein Anwalt für die Schwachen und Leidenden gewesen sei? »Er war ein Diener des allgemeinen Wohles von höchster Bedeutung. Er war eine Art von Menschenfreund, die das Wort von manchen der Auslegungen befreite, die sich ihm angehängt hatten. Er war ein praktischer Menschenfreund, der sich nicht damit zufriedengab, andere Leute um Geld zu bitten; er gab selber alles, Geld und seine Kraft, für das, was er vorhatte ... Er war ein Staatsmann von internationalem Rang ... Er war hervorragend in mancher Hinsicht, aber ich bin mir darüber nicht sicher, ob er intellektuell das war, was man gewöhnlich ein Genie nennt – eine dieser überwältigenden geistigen Kräfte, die in dieser Welt selten genug erscheinen.

Aber ich glaube, daß er etwas war, was noch seltener vorkommt und ganz sicher von höherem Wert als ein Genie ist: ein Held. Er war in eine heroische Form gegossen. Er erinnerte immer wieder an die alten Wikinger von Norwegen, nur ohne ihre Härte und Rücksichtslosigkeit, denn sein Wesen war menschliche Freundlichkeit.«

Welche Nachrichten, die ihn noch hätten erreichen sollen und die er nicht mehr empfing, hätten ihn berührt und gefreut, da er die Fähigkeit einfacher Freude besaß? Daß die Ansiedlung der griechischen Flüchtlinge im Mutterland beendet war, daß ein internationales Nansen-Büro gegründet war ..., daß ein Fridtjof-Nansen-Gedächtnisfonds geschaffen wurde, dessen Ertrag den Flüchtlingen zugute kam? Daß die »Fram« nicht verfiel, sondern, an Land gebracht, zum schönsten Denkmal wurde, das ein Volk seinem Geist und dem Geiste der Kühnheit setzen konnte?

Ein deutscher Schriftsteller fuhr ein paar Jahre später auf der unteren Wolga. »Was Nansen bedeutete«, schrieb er, »verstand ich aus dem Blick einer alten Bauernfrau.« Er hatte Nansen gekannt. Er hatte ihn gesehen, als Nansen im Licht seines ersten Ruhmes stand und er ein Kind war. Er hatte ihn in Genf getroffen, heiter und mit dem Lachen eines Kapitäns, der an Land gegangen war, umschattet und ernst, als er die Hilfe der Welt anrief.

»Als ich Nansens Namen nannte, schlug die alte Frau ein Kreuz und fragte mich mit weitgeöffneten Augen leise, ob ich ihn kenne. Dann berührte sie mit ihrer Hand meine Brust, als wollte sie, daß ich dem Retter ihren Segen brächte.«

Das schien nichts zu sein, und es war eine winzige Bewegung. Aber sie enthielt alles.

ANMERKUNG

Textstellen wurden den folgenden Werken von Fridtjof Nansen – in deutscher oder englischer Übersetzung – entnommen:

Auf Schneeschuhen durch Grönland (F. A. Brockhaus)
In Nacht und Eis (F. A. Brockhaus)
Freiluftleben (F. A. Brockhaus)
Abenteuerlust (F. A. Brockhaus)
Sibiria – Land of Future (William Heinemann, London)
Russia and Peace (Allan and Unwin, London)
Hunting and Adventure in the Arctic (Dent and Sons, London)
Armenia and the Near East (Allan and Unwin, London)

Auszüge wurden entnommen den *Minutes of the Council*, den *Records of the Assembly*, den *Reports of the Committees* des Völkerbundes.

Biographien / Erinnerungen

Susanna Agnelli
Wir trugen immer Matrosenkleider
Erinnerungen an Kindheit und Jugend in einer der reichsten Familien Europas.
Band 2037

Gottfried Bermann Fischer
Bedroht, bewahrt
Weg eines Verlegers
Band 1169

Günter Blöcker
Heinrich von Kleist oder Das absolute Ich
Band 1954

Günter de Bruyn
Das Leben des Jean Paul Friedrich Richter
Band 2130

Elias Canetti
Die Provinz des Menschen
Aufzeichnungen 1942-1972
Band 1677

Pablo Casals
Licht und Schatten auf einem langen Weg
Erinnerungen, aufgezeichnet von Albert E. Kahn
Band 1421

Charles Chaplin
Die Geschichte meines Lebens
Band 1836

Eve Curie
Madame Curie
Die weltberühmte Biographie der Nobelpreisträgerin, die das Radium entdeckte.
Band 2243

Alfred Einstein
Mozart
Sein Charakter – Sein Werk
Mit 99 Notenbeispielen
Band 2039

Lion Feuchtwanger
Goya oder Der arge Weg der Erkenntnis
Band 1923

Otto Flake
Es wird Abend
Bericht aus einem langen Leben
Band 2272

Helmut Fritz
Die erotische Rebellion
Das Leben der Franziska Gräfin zu Reventlow
Band 2250

Hans J. Fröhlich
Schubert
Band 5011

Hans Gal
Johannes Brahms
Leben und Werk
Mit zahlreichen Abbildungen, Notenbeispielen, ausführlichem Verzeichnis der Werke und Register.
Band 2222

Wilhelm Hankel
Goldne Zeiten führt' ich ein
Caesar und sein Wirtschaftsimperium
Band 2244

Frederik Hetmann
Rosa L.
Die Geschichte der Rosa Luxemburg und ihrer Zeit.
Mit dokumentarischen Fotos
Band 2132

Banesh Hoffmann / Helen Dukas
Einstein – Schöpfer und Rebell
Band 2022

Danielle Hunebelle
Dear Henry
Begegnungen mit Henry Kissinger
Band 1442

Heinrich Eduard Jacob
Felix Mendelssohn und seine Zeit
Band 5023

Franz Kafka
Das Kafka-Buch
Eine innere Biographie in Selbstzeugnissen
Band 708

Walter Kempowski
Immer so durchgemogelt
Erinnerungen an unsere Schulzeit
Band 1733

Rose Fitzgerald Kennedy
Alles hat seine Stunde
Meine Lebenserinnerungen
Band 1840

Hans-Christian Kirsch
...und küßte des Scharfrichters Tochter
Heinrich Heines erste Liebe
Band 5012

Gustav Knuth
Mit einem Lächeln im Knopfloch
Band 1739

Joel König
David
Aufzeichnungen eines Überlebenden
Band 2196

Arthur Koestler
Ein spanisches Testament
Aufzeichnungen aus dem Bürgerkrieg
Band 2252

Halldór Laxness
Zeit zu schreiben
Band 2218

Fischer Taschenbücher